금융그룹의 Operational RISK Management

운영리스크관리

조하현 · 원대식 · 이승국

박영사

서 문

우리나라 금융회사의 본격적인 리스크관리역사는 1997년 IMF 금융위기 이후부터라고 볼 수 있다. IMF 금융위기 이전에는 사실상 주먹구구식으로 리스크관리가 이루어졌다 해도 과언이 아닐 것이다. BIS비율도 형식적인 숫자 도출에 불과하였고, 산출한 BIS비율이 무엇을 의미하는지조차도 정확히 인지하지 못한 것 또한 사실이다.

그러나 우리나라는 금융위기 이후 은행권에서 Basel Ⅱ 제도를 본격적으로 도입하면서 리스크관리의 획기적인 전기를 맞게 되었다. 아시아에서 우리나라보다 Basel Ⅱ 제도를 먼저 도입한 나라는 일본과 홍콩뿐이었다. 이렇게 우리나라가 Basel Ⅱ 제도를 도입하게 된 배경은 금융위기라는 뼈저린 교훈이 있었기 때문이다. 리스크관리를 제대로 하지 않고서는 금융회사의 건전한 운영이 불가능하다는 것을 체험으로 알게 되었다.

이제 국내 금융회사들의 리스크관리도 하드웨어 측면에서는 상당한 수준에 이르렀다고 볼 수 있다. 그러나 정작 우리나라에 리스크관리기법을 전수해준 소위 '금융 선진국'들은 진정한 리스크관리의 强者였었나 하는 의구심이 든다. 지난 미국발 서브프라임 모기지 사태는 후진적 리스크관리의 양태를 보여준 대표사례라고 할 수 있다. 리스크관리를 제대로 하자는 사람은 해고하고, 나중에 어떻게 되던 겉으로 보이는 실적만 중요시하는 행태를 보여주었다. 그 결과 위기가 미국에서 유럽으로 전염되어 전 세계 경제는 공황상태 직전으로 몰렸다.

이제 우리는 진정한 리스크관리가 무엇인지 고민해야 될 때가 된 것 같다. 그동안 막연히 따라했던 선진 기법들이 하나둘 베일이 벗겨지면서 그 수명을 다했기에 앞으로 어떻게 리스크를 관리해야 할 것인지 스스로 찾아야 되는 시점이 된 것이다. 리스크관리의 선진국이라 주장했던 국가들의 방식도 완벽하지 않다는 것이 증명된 만큼 선진국 방식이라 해서 무조건 따라하기보다는 철저히 검증하고 개선해서 제대로 된 리스크관리를 해야 하는 것이다. 특히, 측정기법 등과 같은 하드웨어적 구조뿐 아니라 조직의 리스크통제구조risk governance, 리스크성향risk appetite, 리스크문화risk culture 등과 같은 소프트웨어적인 리스크관리체계의 견고화가 절실한 시점이다.

본서는 수년 동안 국내 금융회사의 리스크관리를 연구, 감독 및 검사하는 입장에서, 그동안의 경험을 바탕으로 이루어졌다. 저자들이 학교에서, 컨설팅회사에서, 감독기관에서 습득한 지식과 경험을 바탕으로 국내 리스크관리의 수준을 한 단계 높일 수 있는 방안을 모색한 노력의 결과로 본서가 탄생된 것이다.

최근 금융그룹화가 진전되고 있고 금융그룹의 리스크관리 실패는 곧 국가경제에 큰 위해를 가져오는 만큼 그 어느 때보다 금융그룹의 리스크관리가 중요한 시점이다. 금융그룹은 그룹의 정책 및 리스크관리 방침을 결정하고 각 금융자회사가 그룹 경영계획에 따라 리스크관리를 제대로 하는지를 관리하고 감시하는 역할을 수행하게 된다.

이때 금융그룹에서 가장 중요한 것이 운영리스크관리라고 할 수 있다. 지난 서브프라임 모기지 채권 부실화의 원인도 금융회사의 신용리스크 과소평가, 신용평가사의 신용등급 평가부실 등 신용리스크 관리실패가 주로 언급되고 있지만 실제로는 전통적인 신용, 시장리스크의 관리 실패만으로 보기 어려운 요소들, 즉 운영리스크관리 실패 요인이 밀접하게 결합되어 있는 것으로 분석되고 있다.

Fitch 계열인 Algorithmics사의 보고서에 의하면, 서브프라임 관련 손실의 83%는 운영리스크 요인과 관련된 것으로 분석하고 있는데, 허술한 내부통제체계의 허점을 노려 성과급을 위해 방만하게 시행한 대출이 금리상승 등의 외부영향으로 문제가 드러난 것으로, 잠재된 운영리스크가 금융회사에 미치는 영향을 정확하게 인식하고 대처하는 것이 중요하다고 지적하고 있다.

리스크를 제대로 인식하고 관리하는 것은 리스크관리 철학risk philosophy과 밀접히 연계되어 있다. 단순히 복잡한 산식으로 구성된 외국의 측정기법을 따라하는 것은 진정한 리스크관리가 아닌 것이다. 따라서 본서는 금융그룹 차원에서 리스크를 어떻게 잘 관리할 수 있을 것인지를 리스크통제구조, 운영리스크관리 관점에서 제시하고자 한다.

본서는 제Ⅰ편 금융그룹의 리스크관리, 제Ⅱ편 운영리스크관리체계, 제Ⅲ편 운영리스크 측정 및 검증방안으로 구성되어 있다. 이 책을 통해 금융그룹의 리스크를 무엇으로 어떻게 관리할 것인지 이해하는 데 다소나마 도움이 될 것으로 기대한다. 향후 금융그룹의 리스크관리 전략을 수립하고 경쟁력을 높이려는 기업이나 금융회사 및 감독기관 종사자들과 학교에서 리스크를 배우려는 여러 분들에게 많은 도움이 되었으면 하는 바람이다.

2012년 2월 하순,
추운 겨울을 보내고 이른 봄을 맞이하면서…
조하현, 원대식, 이승국

차 례 • • •

I PART 금융그룹의 리스크관리

제 1 장 금융그룹의 리스크관리체계

제 2 장 리스크 통제구조

제 3 장 운영리스크관리의 필요성

II PART 운영리스크관리체계

PART III 운영리스크 측정 및 검증 방안

금융그룹의 리스크관리

Part I

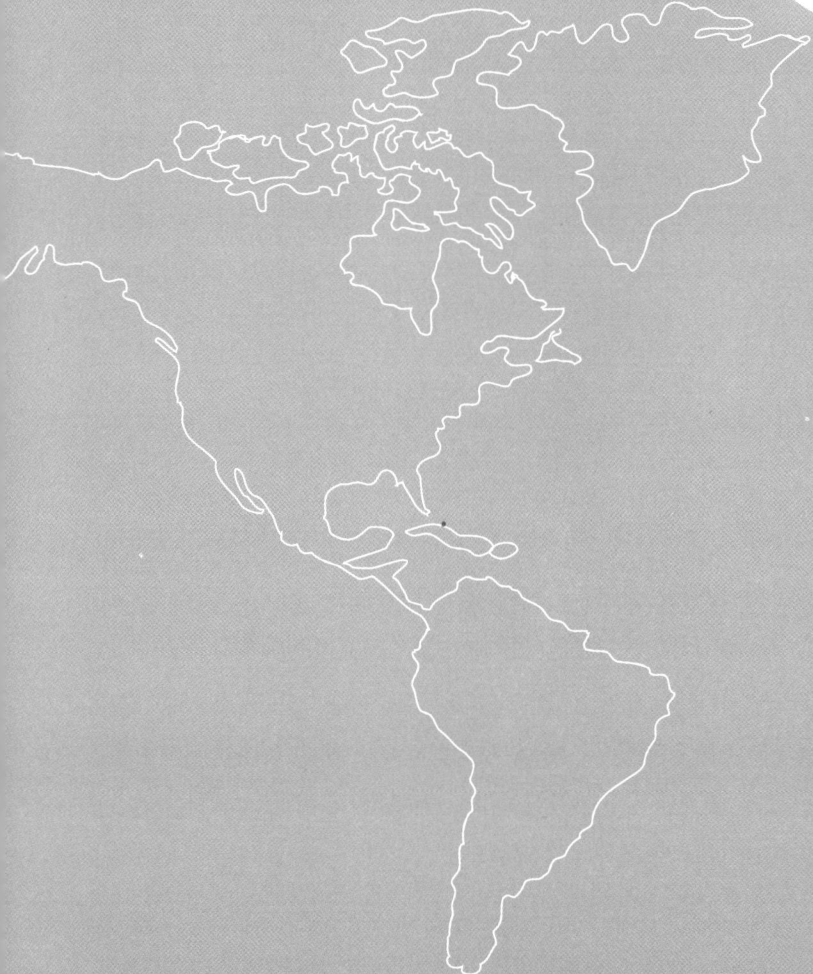

Summary

1990년대 이후 전 세계적으로 금융회사의 대형화, 겸업화, 글로벌화가 진행되면서, 금융회사의 그룹화도 동시에 이루어지고 있다. 미국은 1999년 GLB(Gramm-Leach-Billey)법 이후 주로 금융지주회사의 형태로 상업은행과 투자은행의 겸업화 및 금융그룹화가 진행되었으며 영국의 경우에는 법제상 업무제한은 없었으나 1986년 금융 빅뱅 이후 자회사 혹은 지주회사의 형태로 겸업화되었다. 독일은 겸업주의 전통에 따라 유니버설 뱅킹(universal banking) 체제를 운영하여 전통적으로 내부 겸영형태의 겸업화가 가능했으며, 최근 미국 금융회사 대형화의 영향 등으로 일부가 지주회사 방식으로 전환되었다. 우리나라의 경우 초기에는 주로 자회사 방식으로 겸업화가 이루어졌으나, 2000년 금융지주회사법 제정 이후에는 금융지주회사 방식을 중심으로 금융그룹화가 진행되고 있다.

금융그룹화가 금융회사의 리스크에 미치는 영향을 살펴보면 리스크를 증가시키는 요인과 감소시키는 요인이 혼재되고 있는데, 리스크 감소 요인으로는 대형화 및 겸업화에 따른 지역 및 업무다각화로 인한 리스크 분산효과를 들 수 있는 반면, 높은 수익성 추구를 위한 공격적 경영, 전염리스크, 규제차익, 리스크 집중 등은 리스크를 증가시키는 요인으로 작용하고 있다. 이와 같이 금융그룹화에 따른 새로운 리스크 발생 문제 등에 대비하기 위해 금융그룹 차원의 통합리스크관리체제(integrated risk management system)가 필요한데, 금융그룹 경영 차원에서는 제한된 자기자본 활용을 극대화하고, 위험을 감안한 부문별 혹은 자회사별 성과측정 및 관리 등을 위해 그룹 차원의 통합된 리스크관리가 요구되며, 금융시스템의 안정성을 제고하고 금융소비자를 보호한다는 차원에서도 금융그룹의 통합리스크관리 감독의 중요성에 대한 인식이 확산되고 있다.

금융그룹의 리스크를 합산·평가하고, 계열사별·리스크 유형별로 리스크를 관리하기 위해서는 수평적 관점에서 금융그룹의 통합리스크를 관리할 조직이 필요한데, 이사회(Board of Directors) 산하에 리스크위원회(Risk Committee)를 두고, 금융그룹의 주요 리스크 정책 결정과 모니터링 업무 등과 같은 핵심적 역할을 담당토록 하며, 관리조직의 유형은 그룹차원의 시너지 창출효과와 계열사의 개입 정도에 따라 크게 집권형, 혼합형 및 분권형으로 구분한다.

통합리스크관리를 위해서는 실제 금융회사가 영업활동 과정에서 부담하는 위험, 즉 보유자산의 실제위험에 대비하기 위해 필요한 자본인 경제자본(economic capital)을 금융그룹 차원에서 어떻게 합산·산출할 것인가가 중요하며, 금융그룹의 부실위험을 보전하기 위한 경제자본을 계산하기 위해서는 크게 두 가지 측면을 고려한다. 첫째, 금융그룹화에 따른 다각화 등 리스크 감소 요인과 전염효과 등 리스크 증가요인을 모두 고려해야 하며, 이를 위해 리스크 간의 상관관계를 감안하여 부실위험을 측정·합산할 필요가 있으며, 둘째, 위험에 대응하여 자본을 보유한다는 취지에 맞게 자본의 중복계상 등 금융그룹내 내부거래를 모두 감안해야 한다.

제 1 장 금융그룹의 리스크관리체계

대형화, 겸업화, 글로벌화로 금융그룹화가 전 세계적으로 진전되면서 리스크 관리 측면에서는 업무의 다각화 등에 따른 리스크 감소 요인과 전염효과contagion effect 등에 따른 리스크 증가 요인이 모두 부각되었다. 특히 지난 글로벌 금융위기에서 확인되었듯이, 대형 금융그룹의 부실은 금융시스템 리스크를 유발하는 등 중요한 리스크 요인으로 인식되고 있다. 이에 따라 금융그룹화 진전에 따른 리스크 변화 등에 대응하기 위해 금융그룹 차원의 통합리스크관리체제IRMF: Integrated Risk Management Framework 구축의 필요성이 증대되고 있다.

금융그룹혹은 금융지주사의 통합리스크관리란 각 계열사의 리스크 총량을 산출·합산하여 금융그룹 전체 차원에서 총 리스크 수준에 상응하는 적정 자본규모를 유지하는 한편, 각 계열사별로 적정 자본한도를 배분하고 성과를 평가하는 금융그룹 차원의 일련의 통합된 리스크관리체계를 의미한다.

2000년 이후 국내에서도 금융지주회사 등의 형태로 금융그룹화가 급속히 진전됨에 따라 금융그룹의 건전성 확보와 자본의 효율적 관리를 위해 통합리스크 관리체제를 구축하고 리스크 관리능력을 제고해야 할 필요성이 커지고 있다. 현재 국내 대부분의 금융그룹에서 통합 리스크관리체제를 도입하거나 구축하는 단계에 있으나, 특히 리스크총량 산출을 기준으로 한 통합리스크 평가 등은 아직도 초기 단계에 머물고 있는 실정이다. 해외 글로벌 금융그룹에서는 그룹 차원의 통합리스크 관리 및 내부통제 체제를 구축하여 리스크를 평가·관리하고 있고, 금융감독 측면에서도 통합리스크관리체제 강화를 유도하기 위한 방안을 시행하고 있다.

본 장에서는 각 권역별 글로벌 감독당국들의 협의체인 Joint Forum 등에서 수행된 최근의 연구결과 및 논의내용을 중심으로 금융그룹의 바람직한 통합 리스크관리체제에 대해 살펴보았다. 특히 리스크 합산을 통한 금융그룹 전체 차원의 리스크 총량을 산출하는 최신 기법과 이를 통한 리스크 한도배분 및 성과평가 방안을 주로 소개하였다. 아울러, 금융그룹의 통합 리스크관리 강화를 유도하기 위한 글로벌 차원의 노력 및 주요국의 감독정책을 소개하고, 규제·감독상의 정책적 시사점도 모색해 보았다.

1. 1 금융그룹의 통합리스크관리 필요성

1990년대 이후 전 세계적으로 금융회사의 대형화, 겸업화, 글로벌화가 진행되면서, 금융회사의 그룹화도 동시에 크게 진전되고 있는데, 미국의 경우는 1999년 GLB法Gramm-Leach-Billey 이후 주로 금융지주회사의 형태로 상업은행과 투자은행의 겸업화 및 금융그룹화가 진전되었고, 영국은 법제상 업무제한은 없었으나 1986년 금융 빅뱅 이후 지주회사의 형태로 겸업화가 크게 진전되었다. 한

그림 1-1 금융그룹화 진전의 영향

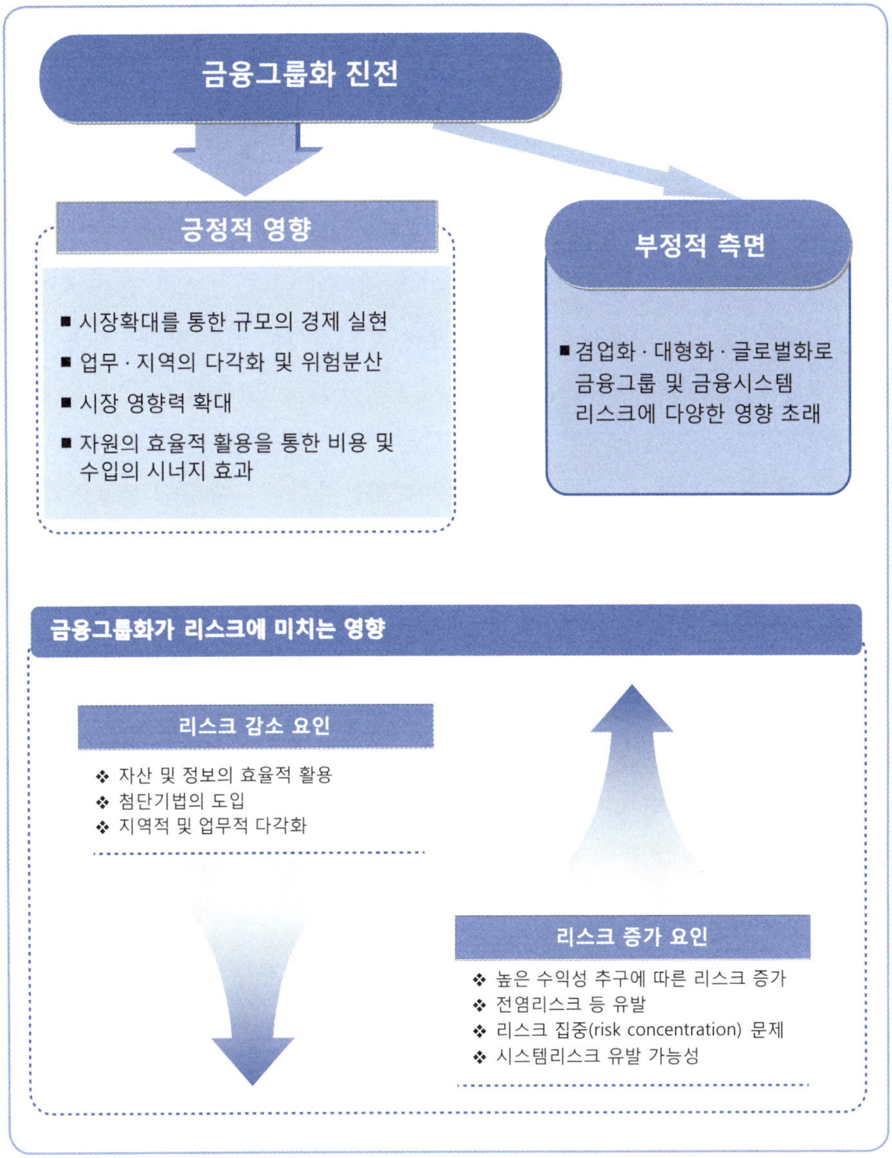

편, 독일의 경우는 겸업주의 전통에 따라 유니버설 뱅킹universal banking 체제를 운영하여 전통적으로 내부 겸영형태가 가능했으며, 최근 미국 금융회사 대형화의 영향 등으로 일부가 지주회사 방식으로 전환하였다.[1] 국내의 경우, 초기에는 주로 자회사 방식으로 겸업화가 이루어졌으나, 2000년 금융지주회사법 제정 이후에는 금융지주회사 방식을 중심으로 금융그룹화가 진전되고 있다.

이러한 금융그룹화가 금융회사의 리스크에 미치는 영향을 살펴보면, 리스크를 증가시키는 요인과 감소시키는 요인이 혼재되어 있다. 리스크 감소 요인으로는 대형화 및 겸업화에 따른 지역적 · 업무적 다각화로 인한 자연스러운 리스크 분산효과가 있을 수 있으며, 높은 수익성 추구를 위한 공격적 경영, 전염효과, 규제차익regulatory arbitrage, 리스크 집중 등은 리스크를 증가시키는 요인으로 작용할 수 있다. 추가하여, 대형 금융그룹은 대마불사too-big-to-fail 등의 문제를 유발하면서 시스템리스크systemic risk에 심각한 부정적 영향을 초래하게 된다.[2]

우선, 부정적 영향으로 겸업화, 내부거래 등에 따른 그룹내 익스포저로 인해 계열사의 리스크가 그룹 전체의 리스크로 확대되는 전염리스크contagion risk를 들 수 있다. 이론적으로는 계열사 간에 완벽한 차단벽이 존재할 경우, 자회사의 부실이 여타 자회사에까지 영향을 미치지 않으나 현실적으로 완벽한 차단벽을 구축하는 것이 쉽지 않은 실정이다. 또한 지난 글로벌 금융위기를 통해 보았듯이, 심리적 요인에 의한 평판 전염reputation contagion 등이 발생할 가능성도 높을 것으로 판단된다.

또한, 금융업종별 상이한 규제 정도에 따라 규제차익regulatory arbitrage이 발생할 수 있고, 규제가 미흡한 부분을 통해 위기가 발생할 수 있게 된다. 금융그룹은

1 금융회사들은 생존전략 차원에서 대형화를 통해 비용을 절감하고 시너지를 제고하는 등 규모의 경제를 추구하게 되었으며, 금융권역간 업무영역에 대한 규제완화 및 금융공학의 발달로 겸업화도 급속히 확대되었다. 이와 같은 겸업화를 통해 금융회사들은 다양한 금융상품을 판매하는 것이 가능해지는 등 범위의 경제(economy of scope)를 추구할 수 있게 되었다.

2 금융안정위원회(FSB), 바젤위원회 등 글로벌 금융감독기구에서는 이들 대형 금융그룹에 대해 '시스템적으로 중요한 금융회사'(SIFI: Systemically Important Financial Institutions)로 지정하고 규제를 강화하고 있다.

통합자원배분, 통합리스크관리 등을 통해 업종별 규제차익을 얻을 수 있는 것이 일반적이다. 일례로 현재 금융권의 자기자본규제 기준이 은행, 보험, 증권, 여전 등 각각 다르기 때문에 금융그룹의 경영진은 규제비용이 적은 부문으로 리스크를 전가하려는 유혹을 가지기 쉽다. 이와 같이 규제차익의 가능성은 금융그룹의 리스크를 특정 자회사 등으로 집중하는 결과를 초래할 수 있다.

또한, 리스크를 증가시키는 요인으로 자본의 중복계상double gearing을 들 수 있다. 금융그룹 내 자본의 중복계상이 일어나면 동일한 자본금이 복수 계열사의 리스크를 커버하는 데 사용되기 때문에 그룹의 자기자본이 실제 필요자본에 비해 과대평가되는 문제점이 발생하게 된다.

마지막으로, 리스크이전risk transfer 기법 및 관련 시장의 발달은 리스크가 예전보다 복잡한 경로를 통해 발생하면서 금융그룹의 리스크관리를 더욱 어렵게 하는 요인으로 작용하고 있다. 일반적으로, 리스크 이전기법의 발달로 금융회사는 신용부도스왑CDS: Credit Default Swap과 같은 신용파생상품을 통해 리스크를 완화하고 관리하는 것이 가능해졌다. 그러나 동시에 리스크 이전기법의 발달은 금융그룹에 거래상대방리스크counter-party risk 등과 같은 새로운 리스크 요인을 가져오는 한편, 금융시스템 전반에 리스크를 분배하게 되는 문제점도 초래하게 되었다. 금융그룹 차원에서 각 계열사는 다양한 목적과 방법으로 해당 리스크별로 리스크 이전시장에 참여하게 되는데, 즉, 금융그룹의 각 계열사는 때로는 리스크를 헤지하기 위해, 때로는 파생상품에 대한 투자를 목적으로 리스크 이전시장에 참여하게 된다. 이에 따라 금융그룹 차원에서는 복잡한 리스크 발생 가능성에 직면하게 되며, 과거와 같은 각 계열사 차원에서의 리스크관리와 같은 방식으로는 이러한 복잡한 리스크에 대응하는 데 충분치 않게 되었다.

이와 같이, 금융그룹화에 따른 새로운 리스크 발생 문제 등에 대비하기 위해 금융그룹 차원의 통합리스크관리체제IRMF가 필요하다. 금융그룹의 경영 차원에서는 제한된 자기자본 활용을 극대화하고, 리스크를 감안한 부문별 혹은 자회사별 성과측정 및 관리 등을 위해 그룹 차원의 통합된 리스크관리가 필요하며,

금융시스템의 안정성을 제고하고 금융소비자를 보호한다는 차원에서도 금융그룹의 통합리스크 관리 및 이에 대한 감독의 중요성에 대한 인식이 확산되고 있다.

1.2 금융그룹의 통합리스크 평가 및 관리

통합리스크 관리조직

금융그룹의 리스크를 합산·평가하고, 계열사별·리스크 유형별로 리스크를 관리하기 위해서는 수평적 관점에서 금융그룹의 통합리스크를 관리할 조직이 필요하다. 이사회BOD: Board of Directors 산하에 리스크관리위원회RMC: Risk Management Committee를 두고, 금융그룹의 주요 리스크 정책 결정과 모니터링 업무 등과 같은 핵심적 역할을 담당하도록 한다. 리스크관리조직의 유형은 그룹차원의 시너지 창출효과와 계열사의 개입 정도에 따라 크게 집권형, 혼합형 및 분권형으로 구분 가능하다.

금융그룹 차원의 리스크 평가

통합리스크 산출의 필요성

통합리스크관리를 위해서는 실제 금융회사가 영업활동 과정에서 부담하는 리스크, 즉 보유자산의 실제 리스크에 대비하기 위해 필요한 자본인 경제적 자본EC: Economic Capital을 금융그룹 차원에서 어떻게 합산하여 산출할 것인가가 중요하다.

금융그룹의 부실위험을 보전하기 위한 경제적 자본을 계산하기 위해서는 크

그림 1-2 금융그룹 통합리스크관리의 권한배분 유형

권한분배에 따른 의사결정 모델

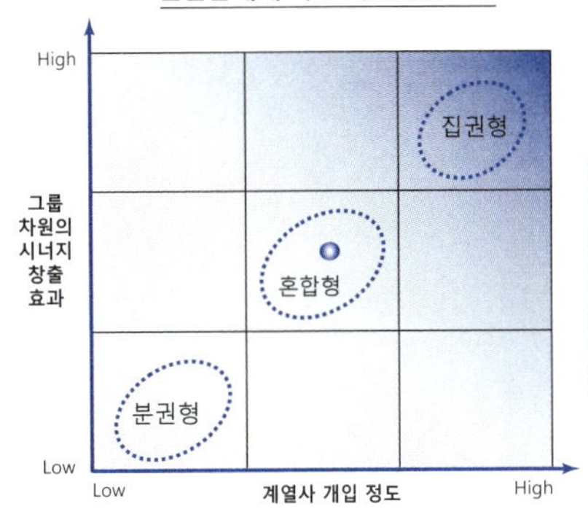

그룹 리스크관리 의사결정의 주요 특징

구분	분권형	혼합형	집권형
그룹 리스크 관리협의회의 역할	▪ 자회사 이슈 및 그룹 Policy 공유 ▪ 자회사에 권한 부여	▪ 자회사 이슈 및 그룹 Policy 공유 ▪ 자회사에 일정 수준의 가이드라인 부여	▪ 자회사 이슈 협의 ▪ 결정 사항을 자회사에 통보
자회사 RMC 및 협의회의 역할	▪ 자회사 자체의 Policy 수립 및 실행사항 협의	▪ 그룹 가이드라인 범위 內에서 자회사 리스크 관리지침 결정 및 시행	▪ 그룹 지침 시행 관리 및 모니터링
그룹 Corporate Center의 리스크 관리부서 규모	▪ 소규모 인원 필요 (4명 이하)	▪ 중간 규모 인원 필요 (4~6명)	▪ 대규모 리스크 담당 인력 필요 (10명 이상)
자회사에 대한 개입 정도	▪ 최소 개입	▪ 선택적 개입	▪ 광범위한 개입

게 두 가지 측면을 고려해야 한다. 첫째, 금융그룹화에 따른 다각화 등 리스크 감소 요인과 전염효과 등 리스크 증가 요인을 모두 고려해야 하며, 이를 위해 리스크 간의 상관관계intra-risk correlations를 감안하여 부실위험을 측정 · 합산할 필요성이 존재한다. 둘째, 리스크에 대응하여 자본을 보유한다는 취지에 맞게 자본의 중복계상 등 금융그룹 내 내부거래를 모두 감안해야 한다.

규제자본 측면의 통합리스크 산출방법

은행, 보험, 증권 감독당국의 협의체인 Joint Forum2001이 제시한 방법으로 주로 자본의 중복계상 등 내부거래의 이중적 요소에 초점을 맞추어 실제 금융그룹이 부담할 수 있는 규제자본의 양을 측정할 수 있다. 금융그룹의 필요 규제자본을 측정하는 구체적 방법은 빌딩블럭 방식, 리스크기반 합산방식RBA: Risk-Based Aggregation, 리스크기반 공제방식RBD: Risk-Based Deduction, 총차감방식TDM: Total Deduction Method 등으로 구분 가능하다. 그러나 Joint Forum 접근법은 금융그룹이 가지고 있는 자산의 리스크 간 상관관계가 고려되지 않고 있어 실질적인 리스크를 측

정하는 지표로 보기엔 한계가 존재한다.[3]

Basel Ⅱ의 규제자본 접근법은 연결기준 재무제표를 기준으로 금융그룹의 필요 자기자본을 산정하는 방식이다. 연결기준에 의해 필요 자기자본을 계산함에 따라 Joint Forum 접근법과 마찬가지로 자본의 중복계상을 제거할 수 있다는 장점이 있다. 아울러, 제한적이기는 하지만 자산의 상관관계를 일부 고려하여 금융그룹의 위험가중자산RWA: Risk Weighted Assets을 측정한다는 점에서 Joint Forum 접근법에 비해 상대적으로 정확한 리스크 측정이 가능하다고 할 수 있다.

그러나, Basel Ⅱ 기준은 필요 자기자본 산출 시 기본적으로 리스크를 신용, 시장 및 운영 리스크 3가지로만 구분하고 있고, 자산의 전체 리스크를 측정할 때 특수한 가정을 통해 상관관계를 매우 제한적으로 반영한다는 한계를 가지고 있다. 특히, 리스크유형 간의 상관관계는 반영하지 못하고 있다는 점에서 정확한 리스크 측정을 한다고 보기는 어렵다고 할 수 있다. 아울러, 금융그룹화 진전에 따라 새롭게 발생하는 리스크 등은 전혀 고려하지 않고 있다는 단점을 가진다.

금융그룹 측면의 통합리스크 산출방법: 경제적 자본 접근법

이와 같이, 기존 방법들이 모두 한계를 가짐에 따라 최근에는 각 익스포저 별로 경제적 자본을 산출하고, 합산과정에서 상관관계를 명시적으로 고려하여 통합 리스크량을 산출하는 경제적 자본 접근법에 대한 관심이 제고되고 있다.

Building-Block 접근법

경제적 자본을 이용한 통합 리스크 산출방법으로는 금융그룹을 자회사별로 나눈 다음, 상향식bottom-up 3단계를 거쳐 합산하여 산출하는 빌딩블럭 접근법이 가장 일반적이다. 1단계는 개별 리스크를 측정하는 단계로 금융회사별 혹은 사업부문별로 각각의 리스크 유형을 합산silo risk management한다. 2단계는 금융회사

3 동 방식에 대한 상세 설명은 원대식(2008), 이명활(2011)을 참고하기 바람.

별 · 사업부문별로 리스크를 합산하는 과정이며, 계열 금융회사별로 통합리스크를 평가하고 관리하는 단계에 해당된다. 3단계에서는 각 계열사별 혹은 사업부문별로 산출된 리스크를 금융그룹 차원에서 최종적으로 합산하는 단계이다.

리스크합산 기법

리스크를 합산하는 대표적인 기법은 크게 분산-공분산 방법Var-CoVar, Copula 함수, 시나리오 접근법 등 3가지로 구분할 수 있다.

① 분산-공분산(Var-CoVar) 방법

경제적 자본 접근법에 기초하여 리스크를 합산하는 가장 기본적이고 전통적인 방법으로 리스크간의 상호 연관성이 선형 상관관계linear correlation를 갖는다는 가정하에 리스크 총량을 계산하는 방식이다. 금융그룹의 리스크 총량을 비교적 간단한 공식에 의해 쉽고 간편하게 계산할 수 있다는 장점을 가지는 반면, 리스크간의 상관관계가 선형이 아닌 경우 금융그룹의 리스크 총량을 과소평가하게 되는 단점이 존재한다.

② Copula를 이용한 방법[4]

전통적인 상관관계 측정방법을 통해 실제 리스크 익스포저 간의 복잡한 상관관계를 정확하게 반영하는 데 한계가 있음에 따라, 최근에는 Copula 함수를 도입하려는 시도가 이루어지고 있다. Copula 함수를 이용할 경우 다변량 분포함수를 개별 한계분포함수와 Copula로 분해하는 것이 가능해져, 최근 이를 이용하여 리스크의 손실분포함수를 각 단계별로 합산하고자 하는 노력이 이루어지고 있다. 특히, Copula는 리스크 분포함수의 꼬리 부분의 의존성 구조dependence structure를 반영하는 데 유용한 것으로 알려져 있다.

반면, 대부분의 Copula 방법은 매우 복잡한 구조를 가지고 있어서 전문가를

4 Copula는 결합 또는 연결이라는 의미를 갖는 라틴어로서, 다변량 결합분포함수(multi-variate joint distribution)와 개별 한계분포함수(marginal distribution)를 연결시켜주는 일종의 함수이다.

제외하고는 쉽게 이해하기 어렵다는 단점이 있다. Copula 함수의 계수를 추정하는 작업은 통계적으로도 매우 어렵고 복잡한 과정을 거쳐야 하며, 추정된 계수의 값이 항상 통계적으로 강건robust하다고 할 수 없다는 한계가 존재한다. 리스크 유형간 혹은 계열사간 리스크 통합에 있어서 관련 통계자료가 충분하지 않을 경우 적정 Copula 함수를 선택하는 데 있어 어려움이 발생하고 특정 Copula 함수를 가정하거나 주관적 판단을 해야 한다.

③ 시나리오 기반 접근법

여타 접근법의 경우 금융 및 경제여건의 급격한 변화, 기타 예상치 못했던 사건의 발생tail event 등에 따른 리스크의 변화 및 확대, 리스크 집중 문제 등을 신축적으로 파악하는 데 한계가 존재한다. 이러한 단점을 보완하기 위해 시나리오 기반 통합리스크 산출방법을 통해 금융그룹의 리스크를 평가하는 것이 필요하다. 시나리오 기반 접근법은 적정 시나리오를 작성한 후, 동 시나리오하에서 통계모형을 이용하여 시뮬레이션을 시행하고 그 결과를 이용하여 리스크 총량을 계산하는 방식이다. 적정 시나리오를 정의함에 있어서는 예외적이지만 실현 가능한extreme, but plausible 리스크요인에 대한 설정이 중요하다. 리스크요인에 대한 명확한 가정을 전제로 하기 때문에 주요 리스크요인이 계열사간 혹은 리스크 유형간에 어떠한 상호작용을 통해 그룹 전체의 리스크에 영향을 미치는지에 대한 보다 명시적인 분석이 가능하다. 계량화하기 어려운 평판리스크reputation risk나 유동성리스크liquidity risk도 상대적으로 쉽게 고려할 수 있고, 과거에는 발생하지 않았던 미래의 잠재적 위험요인에 대한 분석도 가능하다. 리스크관리 담당자가 이를 쉽게 이해할 수 있고 금융그룹내 여타 담당자와의 상호소통도 용이하다는 장점을 가지고 있다.

반면, 분석의 기초가 되는 전제시나리오의 현실성 여부 및 주관적 측면이 한계로 지적될 수 있다. 시뮬레이션 과정에서 분석의 기초가 되는 통계모형의 엄밀성 여부 및 합산 방법 등에 따라 결과가 민감할 수 있다는 한계도 존재하며, 이에 따라 시나리오 기반 접근법은 통합리스크관리체제하에서 주요 의사결정을 하기 위한 주요 수단이라기보다는 여타 방법을 보완하는 수단으로 활용하는 것이 바람직하다고 할 수 있다.

이상에서 살펴본 바와 같이, 분산-공분산 방법, Copula를 이용한 방법, 시나리오 접근법 등 경제적 자본을 이용하여 금융그룹의 리스크 총량을 산출하는 방법은 경제적 자본이라는 단일 측정치를 이용하여 각종 유형별 리스크를 금융회사별 혹은 사업부문별로 합산함으로써 금융그룹 전체 차원에서 리스크 평가가 가능하며, 역으로 금융회사별 혹은 사업부문별로 경제적 자본에 근거하여 리스크 한도를 부여하는 것이 가능하다는 장점을 가지고 있다. 특히 자산 상관관계 측면에서 특정 상관관계를 가정하는 Basel Ⅱ에 비해 현실을 더 잘 반영하는 방법이라고 할 수 있다. 그러나, 경제적 자본 접근법에 의한 금융그룹 리스크 총량 산출방법은 다양한 유형의 리스크를 단일 측정치로 환산하는 과정에서 주관적 판단요소가 발생할 수 있다는 단점을 가지고 있으며, 금융그룹의 리스크 집중문제보다는 다각화diversification에 따른 편익에 보다 중점을 두어 금융그룹의 리스크 총량을 계산하게 되는 경향을 나타내게 된다. 이를 보완하기 위해 스트레스 테스트 혹은 시나리오 기반을 둔 경제적 자본 접근법이 같이 이용될 필요가 있다.

1. 3 금융그룹 차원의 리스크관리체계

리스크성향(Risk Appetite) 수립

금융그룹에서 명시된 리스크성향risk appetite과 리스크성향체계RAF: Risk Appetite Framework의 경영의사결정에 활용은 성공적인 리스크관리에 있어 핵심이라고 할

표 1.1 글로벌 금융그룹의 리스크관리체계

	Barclays Group	JP Morgan & Chase	Deutsche Bank	Citi Group
Risk Appetite의 승인	그룹 Risk Committee	그룹 Risk Committee	그룹 Risk Committee	그룹 Risk Committee
그룹리스크관리	지주사 CEO/ 임원위원회	지주사/그룹 Risk Committee	지주사/ 신용정책위원회	지주사/그룹 Risk Committee
RAPM	지주사 CEO/ 임원위원회	지주사 CEO/ 자본위원회	지주사	지주사 CEO/ 임원위원회
지주사 리스크정책 −포트폴리오 −한도설정 −특수금융(SL)	 지주사 지주사	 지주사 리스크팀 지주사 리스크팀 지주회사	 지주사 리스크팀 지주사 리스크팀 지주회사	 지주사 리스크팀 지주사 리스크팀
신용평가모형개발/ 운용	자회사	자회사	자회사	자회사
신용평가시스템 Review	지주사	지주사/ Methodology 담당부서	지주사	지주사
주요 Exposure Review				지주사
회사리스크정책 −포트폴리오 −한도설정 및 특수 여신	 자회사 리스크팀 자회사 리스크팀	 자회사 리스크팀 자회사 리스크팀	 자회사 리스크팀 자회사 리스크팀	 자회사 리스크팀 자회사 리스크팀
개별여신 취급기준 (Loan Process)	자회사	자회사	자회사	자회사

수 있다. 지난 글로벌 금융위기는 효과적인 리스크성향체계RAF가 리스크통제구조의 핵심도구이자 건전한 전사적리스크관리ERM: Enterprise Risk Management의 중요 요소임을 보여주었다.

실질적이고 효과적인 RAF 수립은 아직까지 다수의 금융그룹에서 도전적인 이슈이나 핵심적인 리스크관리의 요소이며, 금융산업과 규제당국으로 많은 관심을 받고 있는 사항이다. 주요국 최고위급 금융감독 당국자들의 모임인

SSG Senior Supervisors Group는 2008년 금융위기에 대한 분석보고서에서 리스크성향 이슈를 광범위하게 다룬 바 있다. 동 보고서에서는 리스크성향 수립 및 실행에 이사회와 최고경영진의 참여가 중요하고 광범위한 측도와 실행가능한 요소를 포괄하는 보다 강건한 리스크성향체계의 수립이 필요함을 강조한 바 있다.

여기서 언급하는 '리스크성향'은 금융그룹이 비즈니스 목표 추구상 수용 가능한 리스크 유형과 크기를 의미한다. 이러한 의미에서 리스크성향은 주어진 자본, 유동성, 차입여력, 규제하에서 가정될 수 있는 리스크 최대량을 의미하는 '최대 리스크수용범위' Risk Capacity와 개념적으론 구분되나 연계된다. 리스크성향은 현재 금융회사가 보유 중인 리스크량과 구분되나 연계되며, 개념적으로 risk capacity를 초과할 수는 없다.

금융위기 이후 글로벌 금융그룹들은 RAF의 수립에 있어 상당한 진전을 보이고 있으며, 상당히 실질적인 효과가 존재하고 있음을 공시 disclosure를 통해 보여주고 있다. 그러나 국내 금융그룹에서 RAF 수립은 아직 초기단계에 있으며, 어떤 금융그룹도 RAF를 완성했다고 말하기는 어려운 상태이다.

국내 금융그룹에서 RAF의 수립을 위해서는 다음 주요 이슈를 검토해야 할 것이다.

- 엄격하며 체계적인 리스크문화 strong risk culture는 효과적인 RAF를 구축하는데 필수적인 선결요건임
- 리스크성향의 결정은 전략 개발 및 사업계획과 연계되는 것이 핵심임
- RAF는 이사회/경영진의 의사결정 및 판단 활동의 일부로 사용되어야 함
- RAF는 리스크 정책, 한도, 리스크측도 risk measure에 기반하는 경영정보와 같은 전통적인 리스크관리 도구를 제공함. RAF가 기존 도구들을 대체하기 위한 것은 아니며, 더 나은 이해, 합리적 근거의 수용, 중요성을 제고하는 프레임워크를 제공할 수 있음
- RAF를 개발하는 것은 상당한 시간과 전문인력을 필요로 함

- 위의 내용에서 함의하는 바와 같이, 금융그룹의 RAF 수립, 진행상태 등을 평가하는데 하나의 단순한 일률적인 지표를 보는 것은 아직 가능하지 않음
- 리스크 소유권Ownership of risk에 대한 분명한 정의가 핵심임
- 리스크성향체계에서 상당한 진보를 이룬 금융그룹의 특징은 리스크관리, 재무, 전략 부서들이 강한 협력관계를 가지고 있음
- 위기상황분석stress testing은 RAF의 중요한 요소로 리스크성향을 설정하는 데 핵심인

참고 1.1 RAF에서 통합위기상황분석의 역할

통합 위기상황분석은 불리한 거시경제상황, 시장 및 유동성 충격하에서 금융그룹의 생존을 보장하기 위한 형태로 통합 리스크량을 제한하는 형태이다. 스트레스 시나리오의 선택은 비즈니스에 불가능한 요구사항이 되지 않도록 하는 것과 심각한 결과에 초점을 맞추어야 한다는 것의 균형을 유지해야 한다. 이러한 위기상황분석 결과와 비즈니스와 전략적 조정에 대한 경영의사결정은 매우 중요한 요소인데, 이를 위해서 위기상황하에서의 가능한 손실규모가 RAF 내에서 허용가능한 수준을 유지하는지를 확인할 필요가 있다.

현재 개별 금융그룹의 위기상황분석 능력은 다양하고, 이들이 현재 취하고 있는 다양한 접근법—리스크성향을 결정하기 위한 그들의 도구로 사용하기 위한—이 존재하는데, 구체적으로, 어떤 금융그룹들은 리스크성향 결정에 있어 아주 펀더멘탈한 방식으로 광범위한 위기상황분석(시나리오)을 사용하는 데 비해, 다른 금융그룹들은 단지 전반적인 리스크성향을 'sense-check'(감 파악?)하기 위해서만 사용한다. 결과적으로 이와 관련한 업계 표준이 아직 개발 중이고 더 많은 가이드라인이 필요한 도전적인 분야이나, 위기상황분석 결과가 총체적인 리스크성향의 결정에 반영될 필요가 있다는 점에 대해서는 의견의 일치가 존재한다.

금융그룹의 이사회 구성원은 리스크성향을 위한 프레임워크를 수립하고 경영의사결정이 리스크성향에 의해 투명하고 일관성 있게 이루어지도록 메커니즘을 운영해야 한다. 그러나, 이는 단지 시작일 뿐이고 효과적인 RAF는 최고경영진과 각 사업부문이 참여하는 지속적인 논의를 거치는 매우 반복적인 방식으로 이루어져야 하며, 이는 엄격한 리스크문화strong risk culture를 기반으로 해야 한다. 최고경영진senior management은 RAF의 개발에 충분한 지원을 하고 책임을 가져야 한다금융그룹의 주요 경영의사결정은 개발된 리스크성향 원칙하에서 지속적이고 투명한 일관성을 가져야 한다.

감독당국은 금융그룹들이 RAF를 구축하고 발전시키고 실행하는 관점을 갖추도록 유도해야 한다. 이러한 프로세스는 복잡하고 시간이 많이 필요하며, 조직의 문화와 행태에 중요한 영향을 미치게 된다. 결과의 성공적인 모습이 세밀한 한도 구조를 반영하는 것은 아니며, 하나의 지표나 체크리스트로 금융그룹의 진보된 수준을 포착할 수 있는 건 아니다.

글로벌 금융그룹의 경우, 금융그룹별로 차이가 상존하나 대부분 리스크성향을 포괄하는 광범위한 그룹차원의 리스크관리 업무를 수행하고 있다. 아래 그림은 전반적인 리스크관리체계를 예시적으로 나타내고 있다.

리스크 한도관리

금융회사의 전통적 한도관리는 대출금액, 주식이나 채권의 투자금액, 외화자산의 포지션 금액 등과 같은 익스포저 자체를 기준으로 한 한도관리 방식이었다. 그러나 리스크 측정기법의 발달과 통합 리스크관리방식이 확대되면서, 최근에는 한도관리도 성과평가와 동일하게 금융회사가 부담하는 리스크 크기인 경제적 자본EC을 기준으로 시도되고 있다.

금융그룹의 리스크 한도 관리 역시 경제적 자본을 기준으로 하는 전체 리스크total risk 한도를 리스크 유형별, 자회사별로 배분하는 것이라 할 수 있다. 경제

그림 1-3 글로벌 금융그룹의 리스크관리체계

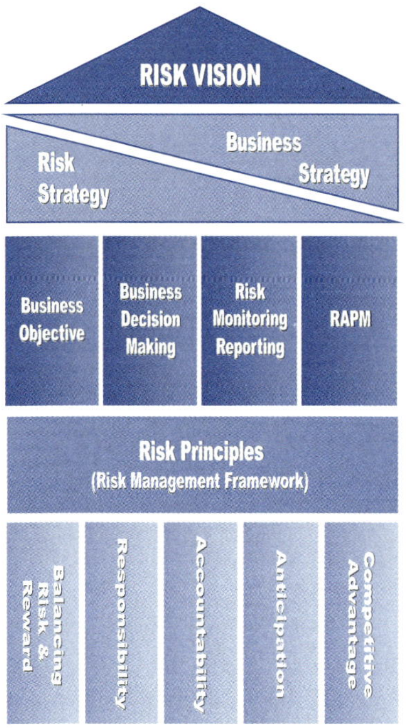

Risk Vision: 타 금융그룹/시장 대비 상대적으로 높은 성과
Risk Strategy & Biz Strategy: 모든 경영전략은 리스크전략과 연계(align)되어야 함
Risk Principles
① 리스크와 수익의 균형
리스크는 금융그룹의 모든 이해관계자들의 요구를 충족하면서 수용하며, 금융그룹의 전략 및 리스크성향 이내에서 취해져야만 함
② 책임(Responsibility & Accountability)
리스크에 대한 책임은 모든 업무활동을 담당하는 자가 가져야 하며, 수익을 발생시키는 리스크를 수용할 경우 사회적 책임을 인식해야 함
수용되는 리스크는 통제 가능하고 투명해야 하며 리스크관리 조직 및 협의체 내에서 동의를 얻어야 함
모든 조직원은 향후 발생 가능한 리스크를 예상해야 하며, 이를 위해 최선을 다해야 함
③ 경쟁우위
효과적이고 효율적인 리스크관리 및 통제 활동을 통하여 시장에서의 경쟁우위를 확보해야 함

적 자본의 배분을 통해 한도를 설정하고 설정된 한도인 배분된 경제적 자본 allocated EC과 실제 사용된 경제적 자본utilized EC을 비교 관리하는 것이 경제적 자본을 기준으로 금융그룹의 한도관리 업무가 되겠다.

금융그룹의 한도관리 방식은 크게 횡적 한도관리와 종적 한도관리로 구분된다. 횡적 한도관리는 모든 자회사를 포함하여 신용리스크, 시장리스크 등과 같이 리스크 유형별로 리스크 한도를 부여하는 방식이다. 반면, 종적 한도관리는 각 계열사별로 리스크 한도를 부여하는 방식이다. 이외에도 상품별, 사업부문별, 신용등급별, 산업별 등 다양한 측면을 고려하여 한도를 설정하는 방법을 적용할 수도 있다.

그림 1-4 리스크유형과 사업부문(BL)의 매핑 예시

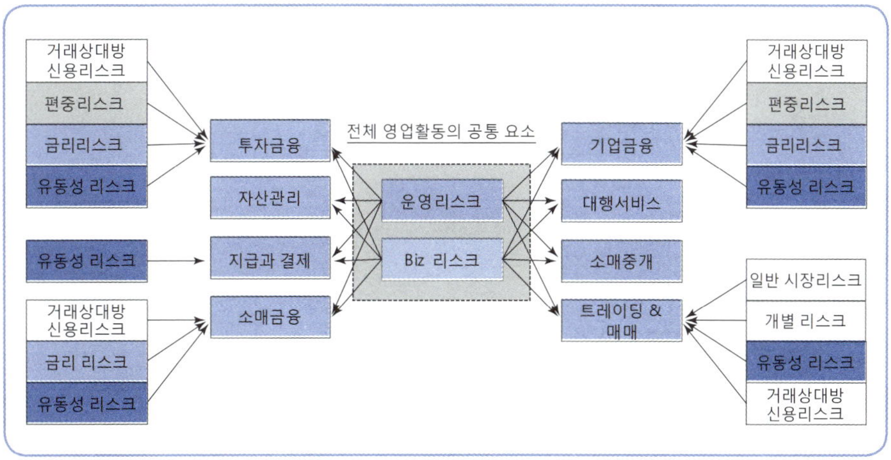

사업부문BU: Business Unit/line별로 사용된 자본을 명확히 하기 위해서는 금융그룹의 영업활동을 분류하고, 동 활동에 내재된 리스크를 포착하는 작업이 이루어져야 하며, 이러한 과정을 통해 내재된 리스크와 경제적 자본에 대한 인식이 강화될 수 있을 것이다.

한편, 배분된 한도는 주기적인 모니터링을 통해 적절한 한도수정 과정dynamic rebalancing을 거치는 것이 바람직하다. 일차적으로 한도소진율과 배분한도의 적정성을 주기적으로 평가한 다음 재측정 한도와 기존 한도 간에 일정 비율 이상의 괴리가 발생하는 경우 경제적 자본 및 리스크 허용한도를 재조정하는 과정을 거쳐야 된다. 다만, 한도를 너무 빈번하게 수정하거나 너무 유연하게 적용할 경우에는 리스크관리 본연의 목적이 퇴색될 수도 있음을 주의할 필요가 있다.

리스크 성과평가

금융그룹 차원에서 각 자회사별 혹은 사업부문별로 성과를 평가함에 있어서 리스크를 감안하지 않고 명목상 이익만을 기준으로 할 경우 고위험·고수익을 추구하는 경향을 초래할 우려가 있다. 이와 같은 문제점을 완화하기 위해 리스크와 손익을 동시에 고려한 위험조정성과평가RAPM: Risk Adjusted Performance Measurement 방식을 사용하게 된다.

위험조정성과평가RAPM 방식하에서 주로 사용되는 성과평가지표로는 위험조정수익률RAROC: Risk Adjusted Return on Capital과 경제적 부가가치EVA: Economic Value Added 등이 있다. 위험조정자본수익률RAROC 지표는 이익=수익−비용에서 예상손실EL: Expected Loss을 공제한 위험조정수익RAR을 산출한 다음 이를 경제적 자본EC으로 나누어 계산된다.

RAROC = 위험조정수익(RAR)/경제적 자본(EC)

여기서, 위험조정수익(RAR) = 이익 − 예상손실(EL),

경제적 자본 = 비예상손실(UL) 측정치

경제적 부가가치EVA는 위험조정수익률RAR에서 자본비용cost of capital을 공제한 금액으로, EVA가 양+의 값을 가지면 목표 자본수익을 초과한 것이고 음−의 값을 가지면 자본의 목표 수익에 미달한 것을 의미한다. 자본비용은 경제자본에 자기자본 최소이익률을 곱하여 계산하는데, 자기자본 최소이익률은 주주가 기업에 투자할 때 기대하는 최소수익률로 일반적으로 자본자산결정모형CAPM: Capital Asset Pricing Model 등을 이용하여 산출한다.

EVA = 위험조정수익 − 자본비용

여기서, 자본비용 = 경제적 자본 × 자기자본 최소이익률

이와 같은 경제적 부가가치EVA 지표는 일반적으로 과거의 성과를 평가하는데 주로 사용되고 있는데, 이를 미래의 성과를 평가하는 주주가치분석SVA: Shareholder

| 표 1.2 | 주요 글로벌 금융그룹의 RAPM 지표

회사명	주요 서비스	지표	회사명	주요 서비스	지표
Barclays	• Retail Financial Service • Barclaycard • Corporate Banking • Barclay Capital • Barclay Global Investors	EVA	JP Morgan Chase	• Investment Banking • Investment Mgt. & Private Banking • Treasury & Securities Service • Commercial Banking	SVA
CIBC	• e-Commerce • Retail & Small BusinessBanking • Wealth Management • IB & Corporate Banking	RAROC	Credit Suisse First Boston	• Securities Underwriting • Sales & Trading • Investment Banking • Private Equity • Financial Advisory	Value Added
Deutsche Bank	• Corporate & Investment Bank • Private Clients & Asset Management	EVA/ RAROC DCF	HSBC	• Private Banking • Commercial Banking • Corporate/ Institutional Baking • Investment Banking • Insurance	EVA
ING Group	• Banking • Insurance • Asset Management	RORAC	Lloyds TSB	• Retail Financial Service • Wholesale Banking • International Banking	EVA

* 위 표에서 RORAC(Risk On Risk Adjusted Capital)로 RAROC과 동일한 개념임.

Value Analysis으로 확장시킬 수 있다. 즉, 향후 경제적 부가가치EVA의 흐름을 추정하고 이를 현재가치present value로 전환함으로써 미래의 다기간multi-period에 걸친 경제적 부가가치EVA를 하나의 단일 수치인 주주가치Shareholder Value로 표현할 수 있게 된다. 이 주주가치가 양+의 값을 가지면 향후 목표 자본수익을 초과하는 수익을 기대할 수 있으므로 자본 한도를 증액하게 되고, 음-의 값을 가지면 자본 한도를 축소하게 된다.

한편, 단순성과급 방식의 평가가 지나친 리스크선호risk taking 경향을 조장한다면, 반대로 위험조정성과평가하에서는 과도한 리스크회피risk averting 성향이 나타날 수 있다. 이와 같은 리스크회피적인 소극적 경영이 일반화된다면 금융회사의 장기적 성장기반이 약화되고 자산규모의 감소와 함께 이익도 감소하게 된다. 따라서 성과평가 시 위험조정수익률 외에 배분된 경제적 자본의 사용 비율 등을 고려한다면 위험조정성과평가 제도가 갖는 리스크회피 성향을 완화할 수 있을 것이다. 예를 들어, 이를 위험조정자본수익률RAROC 및 경제적 부가가치EVA에 적용하게 되면 앞서 식은 다음과 같이 변경된다.

$$\text{RAROC} = [\text{위험조정수익} - p(\text{배분자본} - \text{사용자본})]/\text{사용자본}$$
$$\text{EVA} = \text{위험조정수익} - \text{자본비용} - p(\text{배분자본} - \text{사용자본})$$

여기서 p는 사용되지 않은 자본에 대해 부과하는 일종의 가산율penalty rate을 의미하며 한도배분 과정 및 권한의 중앙집중도가 낮을수록, 즉 예를 들어 자회사의 자본배분에 대한 협상력이 높거나 배분한도를 신축적으로 조정할 수 있는 권한이 클수록 높은 가산율이 적용되게 된다.

이러한 RAPM의 수행이 금융그룹의 효과적인 리스크관리체계의 구축에 핵심이나 이와 관련해서 다음 사항에 유의해야 한다. 개별 리스크의 측정/관리기법 개발과 달리, 금융그룹의 RAPM 체제에서는 측정이 용이한 리스크만 선택적으로 측정/반영하는 경우 왜곡된 의사결정이 발생할 수 있음에 유의해야 한다.

그림 1-5 RAPM 적용 시 오류 예시

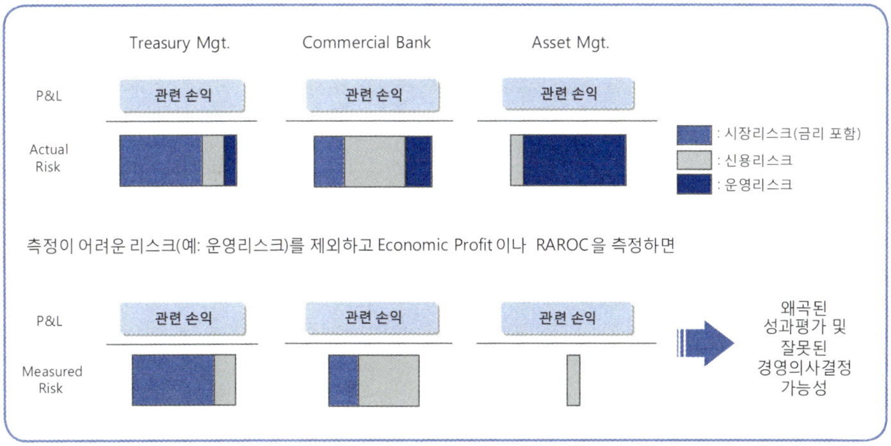

위 [그림 1-5]에서 보여지듯이, 실제 업무에 내재되어 있는 운영리스크는 큼에도 불구하고 계량화가 어렵다는 이유로 운영리스크를 제외하고 RAPM을 적용할 경우, 실제 리스크 수준이 반영되지 못하는 성과지표가 산출될 수 있다.

1.4 금융그룹에 대한 리스크 감독

해외 금융그룹 통합리스크 감독

앞서 언급한 바와 같이, 금융그룹에 대한 통합리스크 감독 강화와 관련한 글로벌 차원의 논의는 주로 Joint Forum을 중심으로 진행되고 있다. Joint Forum은 2003년에 금융회사 전체 차원에서의 통합된 리스크관리의 중요성을 지적하고, 초기 단계의 형태이지만 수리적 모형을 이용한 리스크 합산방법을 소개한 바 있다. 2008년에는 금융그룹 차원의 리스크 집중 문제를 식별하고 관리하기

| 표 1.3 | 미국 감독당국의 금융그룹 리스크평가표

기능	규모 또는 상대적 가중치	고유리스크							리스크관리시스템				종합
		신용	시장	유동성	운영	법규	평판	기타	이사회 경영진 감시	방침, 절차, 한도	리스크 모니터링, MIS	내부 통제	
여신	전체 60%	2	1	1	2	1	1	1	2	2	2	2	2
자금 · 투자	전체 22%	1	2	1	1	1	1	1	2	2	2	2	1
소매업	중				2	1	2		2	2	2	2	2
수신 · 투자상품	중		2	2					2	2	2	2	2
결제시스템	중			1	2				2	2	2	2	1
정보시스템	대				2				2	2	2	2	2
인수합병	대	2				2	2		2	2	2	2	1
신탁	소			1	1	2	1		2	2	2	2	1
인적지원	소				2	1			2	2	2	2	1
법규	소					1	2		2	2	2	2	1
신기술	대		1		2	2	2		2	2	2	2	2
감사	소					2			2	2	2	2	2
지역재투자법	소	1			1	1	1		2	2	2	2	1
보험판매	소				1	1	1		2	2	2	2	1
전체 종합리스크(Overall Composite Risk)													2

위한 시나리오 분석 등 통합 리스크관리 방법을 소개하였으며, 2010년에는 자본의 중복계상 및 규제의 사각지대 문제 등을 해결하기 위한 통합리스크 감독의 중요성을 강조하고 권고안을 발표하였다.

한편, 주요국의 감독당국들은 금융그룹 내 계열사를 모두 포함하여 자본 적정성, 신용공여한도, 내부거래 등을 평가하는 등 건전성규제를 그룹차원의 연결기준에 의해 수행하고 있다. 금융그룹의 통합 리스크관리와 관련해서는 정기적인 평가를 통해 리스크 등급을 부여하는 등 금융그룹이 통합리스크관리체제를 강화하도록 적극 유도하고 있는데, 미국의 경우는 1997년부터 금융그룹 전반에 대한 리스크평가 제도를 운영하고 있다. 유럽의 경우, 개별 금융회사와 마찬가지로 Basel Ⅱ 규정상 Pillar 2의 일환으로 금융그룹에 대해서도 리스크평가를 실시하고 있다.

국내 금융그룹 통합리스크 감독

국내에서는 현재 주로 금융권역별 위주로 리스크 평가가 이루어지고 있으며, 2007년 12월 금융그룹의 리스크관리 수준에 대한 평가를 강화하기 위해 경영실태평가 제도를 개편한 바 있다. 이와 같은 제도 개선으로 현장 검사 시 리스크관리수준을 평가하도록 되어 있으나, 상시적인 리스크 모니터링 및 평가는 이루어지지 못하고 있는 실정이다.

한편, 금융감독원은 2010년 2월 그룹 내부통제기준의 조기 정착 및 금융지주그룹의 건전성 경영을 지원하기 위해 '금융지주회사의 그룹 내부통제 모범규준'을 마련하였으며, 동 모범규준의 주요 내용 중 하나로 그룹차원의 리스크관리체제를 강화하기 위해 금융지주회사의 관리하에 리스크를 계량화하여 평가하는 등 그룹의 리스크관리 정책 및 기준을 마련토록 하였다.

향후, 국내 금융그룹의 통합리스크관리를 제고하기 위해서는 그룹차원의 연결기준 건전성 감독을 보다 강화하는 것이 바람직할 것이다. 아울러, 영업활동별 리스크량과 리스크 관리수준을 종합적으로 평가하는 금융그룹 차원의 통합리스크 평가 제도를 도입하는 것을 고려할 필요가 있다.

국내 자기자본규제 제도의 권역별 차이

국내에서 각 권역별 자기자본규제 제도를 검토해보면, 은행권은 1992년에

| 표 1.4 | **권역별 자기자본비율 산출방안 비교**

금융회사 구분	규제비율 명칭	산식	특이사항
은행	BIS 비율 (Basel Ⅱ)	• 자본/(신용＋시장＋운영위험가중자산)	• 위험가중자산(RWA) ＝자산×위험가중치 • 내부모형 허용 －신용: 내부등급법 －시장: 내부모형 －운영: 고급측정법
보험	지급여력비율 (RBC)	• 자본/지급여력기준금액 • 지급여력기준금액－sqrt[보험위험액^2＋시장위험액^2＋(금리위험액＋신용위험액)^2]＋운영위험액]	• 위험액＝대상 익스포저×위험계수 • 내부모형 허용
증권	영업용 순자본비율	• 자본(영업용순자본－후순위차입 등)/총위험 • 총위험＝신용위험액＋시장위험액＋운영위험액	• 위험액＝대상 익스포저×위험값 • 시장위험은 내부모형 허용
금융지주	BIS 비율 (Basel Ⅰ)	• 자본/(신용＋시장위험가중자산)	• 내부모형 없음
저축은행 및 여전사	BIS 비율 (Basel Ⅰ)	• 자본/(신용＋시장위험가중자산)	• 내부모형 없음

BIS 기준을 도입하였고, 2008년에 Basel Ⅱ를 도입한 바 있으며, 현재는 Basel Ⅲ 제도를 준비 중에 있다. 통상적으로 은행권역은 여·수신 업무가 고유 업무인 영업특성상 신용리스크credit risk에 대한 규제자본 비중이 90% 이상을 차지하는 것으로 나타나고 있다.

한편, 보험권역은 2009년 4월에 위험기준자본규제RBC: Risk Based Capital 제도를 도입하였으며, 영업특성상 보험·금리 리스크에 대한 필요 자본비중이 높은 것으로 나타났다. 전체 규제자본 중에서 보험·금리 리스크의 비중이 생보사의 경우 63.4%, 손보사는 63.7%를 차지하고 있다.

금융투자업의 경우, 1997년도에 영업용순자본비율NCR: Net Capital Ratio 제도를 도입하였으며, 영업특성상 포트폴리오 보유기간이 짧은 편으로 시장리스크market risk에 대한 규제 자본 비중이 높은데, 시장리스크가 48.2%, 운영리스크가 39.5%, 신용리스크가 17.7% 수준인 것으로 나타나고 있다.

각 권역 모두 리스크에 대해 일정비율 이상의 가용자본available capital을 요구한다는 기본 구조는 동일하나, 은행은 위험가중자산RWA: Risk Weighted Assets에 대해 일정 비율8%을 가용자본으로 요구하는 반면, 보험과 증권은 자산에 위험계수를 직접 곱해 산출한 리스크량의 일정비율100~150%을 가용자본으로 요구하는 형태로 차이가 존재한다. 각 권역 모두 신용 · 시장 · 운영 3가지 리스크에 대해 소요자본을 산출하되, 보험은 보험 · 금리리스크에 대해서도 추가적으로 산출한다.

가용자본 산출기준 비교

각 권역 모두 자본금 등 영구적 성격의 자본에 일정항목을 가감하여 가용자본을 산출하는 것은 동일하나 신종자본증권, 일반 상환우선주, 후순위채, 충당금 등에 대한 세부기준은 권역별로 다소 차이가 존재한다. 은행은 기본자본에 후순위차입금 등 보완자본을 추가하고 영업권 등 자본인정이 어려운 공제항목

| 표 1.5 | **권역별 가용자본 산출기준 비교**

구분	은행(BIS 자기자본)	보험(가용자본)	증권(영업용순자본)
구조	기본자본 + 보완자본 + 단기후순위채무 – 공제항목	합산항목 – 차감항목 ± 자회사자본과부족	자산 – 부채 + 가산항목 – 차감항목
기본항목	• 기본자본: 자본금, 자본잉여금 등 신종자본증권 일부	• 합산항목: B/S 자기자본, 신종자본증권 일부, 보험준비금 중 일부, 후순위차입, 충당금 등	• 순재산액 = B/S 자기자본
추가항목	• 보완자본: 후순위차입, 충당금 등 • 단기후순위채무: 시장리스크에만 인정		• 가산항목: 후순위차입, 충당금 등
차감항목	• 공제항목: 영업권, 무형자산 등 일부 유동화익스포저	• 차감항목: 영업권, 무형자산 등 자회사 자본과부족	• 차감항목 가장 많음: 부동산, 만기 1년 이상 예금 및 장기 대출채권 등

을 차감하여 BIS자기자본을 산출하며, 보험은 B/S자기자본에 후순위차입금 등을 추가한 합산항목에서 영업권 등 일정항목을 차감하여 가용자본을 산출한다. 한편, 증권은 B/S자기자본에 후순위차입금 등을 가산하고 장기대출채권 등의 비유동성자산 등을 차감하여 영업용순자본을 산출하고 있다.

규제자본량 산출 방식 비교

신용리스크

각 권역 모두 익스포저 금액에 위험계수를 곱하여 신용리스크 소요자본을 산출하며, 신용등급별/익스포저 유형에 따라 차등화된 위험계수를 적용하는 점은 동일하나 위험계수는 권역별로 상이하다.[5]

은행과 보험은 시장리스크 측정대상 자산을 제외한 모든 대차대조표B/S계정이 신용리스크 자본량 산출대상이나, 증권은 시장리스크를 측정하지 않는 일부 자산신용공여, 보증 등을 구체적으로 열거하고 신용리스크를 측정하는 포지티브 방식을 채택하고 있다.

① 기업 익스포저

각 권역이 모두 일반기업의 익스포저에 대한 소요자본은 해당 기업의 신용등급별 위험계수를 통해 산출한다. 은행의 경우, BIS기준에 따라 신용등급별로 1.6~12.0%의 위험계수를 적용하며, 보험의 경우, 자체 실증분석 결과 및 주요국 사례를 반영하여 신용등급별로 0.8~6.0%의 위험계수를 적용한다. 한편, 증권은 신용등급별로 1.0~24.0%의 위험계수를 적용하고 하위 신용등급의 위험계수가 가장 높다는 특징을 가진다.

② 소매 익스포저

은행 · 보험의 경우, 소매 익스포저 기준이 유사하나 위험계수는 상이은행: 6.0%,

5 은행은 외부신용등급을 사용하는 표준방법 이외에도 내부 신용등급을 사용하는 Basel Ⅱ 내부등급법(IRB) 사용이 가능하다.

| 표 1.6 | **신용리스크 기업 익스포저 위험계수 비교**

구분	AAA	AA+ ~ AA	A+ ~ BBB-	BBB- 미만	무등급
은행	1.6	4.0	8.0	12.0	8.0
보험	0.8	2.0	4.0	6.0	4.0
증권	1.0	1.0	1.6~2.4	12.0~24	12.0

보험: 3.0%하고, 증권은 소매에 대한 별도기준 없이 위험계수만 8.0%로 다소 높게 설정되어 있다.

③ 특수 익스포저

주택담보 등 특수한 형태의 익스포저에 대한 산출기준은 은행과 보험이 유사하며 증권은 다소 차이가 존재한다. 주거용주택담보의 경우, 보험의 위험계수가 1.4%이며, 은행의 경우 익스포저 중 담보가액의 60%만 2.8%의 위험계수를 적용하고 초과금액은 6.0%를 적용한다. 상업용부동산담보의 경우, 은행은 위험계

| 표 1.7 | **신용리스크 특수익스포저 위험계수 비교**

구분	은행(BIS)	보험(RBC)	증권(NCR)
주거용주택담보	담보가액의 60% 인정 → 2.8% 적용	아파트 담보대출 → 1.4% 적용	별도 기준 없음 → 8.0% 적용
상업용부동산	담보가액의 50% 인정 → 최대 8.0% 적용 (부동산PF*는 12% 적용)	기타 담보대출 → 2.6% 적용	별도 기준 없음 → 신용등급별 적용
비상장주식	비상장주식 지분 → 12.0% 적용 (위험계수 1.6% 이하 기업은 8.0% 적용)	비상장주식 → 12.0% 적용	비상장주식 → 12.0~24.0% 적용 (시장리스크에서 측정)
보유 부동산	기타 익스포저 → 8.0% 적용	부동산 → 6.0% 적용	부동산 → 자기자본 차감 (단, 일부는 32% 적용 가능)

* 위 표에서 부동산 PF는 부동산 프로젝트 파이낸싱을 의미.

수가 8.0~12.0%로 높으며, 보험은 2.6%를 적용하고 증권은 별도 기준이 존재하지 않는다.

비상장주식 익스포저는 각 권역 모두 12.0% 이상의 위험계수를 적용하나 증권은 최대24.0%로 가장 높은 기준을 적용한다. 보유 부동산의 경우, 은행 · 보험은 유사은행: 8.0%, 보험: 6.0%하나, 증권은 자기자본에서 차감하거나 32.0%의 높은 기준을 적용하는 등의 차이가 존재한다.

④ 부외항목

은행의 경우, 보증, 우발채무 등의 부외항목에 대해 신용환산율0~100%을 적용한 후, 해당 차주의 위험계수를 적용하며, 증권은 보증금액 또는 약정금액 전체에 대해 해당 차주의 위험계수를 적용하고 법규상 채무보증이 금지되어 있는 보험은 별도기준이 존재하지 않는다.

| 표 1.8 | 신용리스크 부외항목 위험계수 비교

구분	은행(BIS)	보험(RBC)	증권(NCR)
부외항목	• 신용환산율 적용 후 해당 위험계수 적용 • 신용환산율 → 채무보증 등: 100% 우발채무 등: 50%	별도 기준 不在: 보험회사는 법상 채무보증이 금지되어 있고 한도대출도 없음	보증금액 또는 약정금액 전체에 대해 위험계수 적용: 만기 3개월 초과시 자본 차감
장외 파생상품	• 현행 익스포저 방식(CEM: Current Exposure Method): 시가평가액 +add-on(신용환산율 0~15%) – 표준방식, 기대익스포저 방식 가능	현행 익스포저 방식(CEM): add-on 계산 시 신용환산율 은행과 동일	현행 익스포저 방식(CEM): add-on 계산 시 신용환산율 은행과 동일

⑤ 유동화 익스포저

은행은 자산보유자의 규제자본 회피를 막기 위해 자산보유자일 경우에 대한 별도기준이 존재하는 반면, 보험 · 증권은 자산보유자 기능을 거의 수행하지 않음에 따라 투자자로서의 산출기준만 존재한다.

| 표 1.9 | 신용리스크 유동화 익스포저 위험계수 비교

은행(BIS)	보험(RBC)	증권(NCR)
유동화증권 투자 시 → 신용등급별 위험계수 (BBB− 미만 위험계수 28~100% 적용)	유동화증권 투자 시 → 신용등급별 위험계수 (0.8~6.0%의 위험계수 적용)	유동화증권 투자 시 → 신용등급별 위험계수 (BBB+ 이하부터 최대 8% 위험계수 가중, 최대 32% 적용)
자산보유자로서 은행이 후순위채 인수, 신용보강, 유동성 지원 시 → 신용등급별 위험계수 (BBB- 미만 시에는 차감)	별도 기준 不在	별도 기준 不在

시장리스크

각 권역 모두 순포지션에 위험계수를 곱하여 시장리스크에 대한 소요자본을 산출하는 것은 동일하나 주식, 채권, 외환 등 익스포저 유형에 따라 차등화된 위험계수는 각 권역별로 차등화되어 있다. 은행과 증권은 표준방법 이외에 내부모형 제도를 운영하고 있으나, 보험은 내부모형 제도가 아직 도입되어 있지 않은 상태이다.

보험·증권은 해당 권역 모든 회사에 대해 시장리스크를 측정토록 하고 있으나 은행의 경우, 트레이딩 포지션 비중이 5% 이상이거나, 1천억원 이상인 은행만 시장리스크를 측정하여 소요자본을 산출하도록 하고 있다. 은행·보험은 시

| 표 1.10 | 시장리스크 주식 위험계수 비교

구분	은행(BIS)	보험(RBC)	증권(NCR)
측정 대상	주식, 전환증권, 주식형 파생상품 등	은행과 유사	은행과 유사
장외 파생상품	• 개별리스크: 포지션×8.0% • 일반리스크: 시장별 또는 국가별 순매입/매도 합계 포지션×8.0%	• 상장주식: 포지션×12.0% • 비상장주식: 포지션×16.0%	• 개별리스크: 포지션×4~12% • 일반리스크: 시장별 순매입/매도 합계 포지션×8.0%

장리스크 비중이 전체 대비 3% 정도로 미미하나, 증권은 43%운영리스크 39.5% 정도로 상당 부분을 차지하고 있다.

① 주식리스크

각 권역 모두 기본적으로 해당 주식의 유동성 및 분산도 기준 충족 여부에 따라 위험계수를 차등화하여 적용하고 있다. 은행 · 보험은 12~16%의 위험계수를 적용하고, 증권은 12~20%의 위험계수를 적용하는데, 증권은 주식집중위험액도 추가하고 있다.

② 수익증권 리스크

각 권역이 모두 보유하는 펀드포지션을 편입자산별로 분해한 후, 해당 리스크를 측정하는 것을 원칙으로 한다. 편입내역을 모르는 경우, 은행 · 보험이 주

| 표 1.11 | 시장리스크 수익증권 위험계수 비교

은행(BIS)	보험(RBC)	증권(NCR)
• 편입자산 내역을 분해하여 해당 리스크를 측정 • 편입내역을 모르는 경우, 투기등급 채권 및 주식 편입비율로 구분하거나 단순히 주식형(16%)과 채권형(8%+alpha)으로 구분	• 편입자산 내역을 분해하여 해당 리스크를 측정 • 편입내역을 모르는 경우, 주식형은 16%, 채권형은 목표듀레이션, 혼합형은 주식형 적용	• 편입자산 내역을 분해하여 해당 리스크를 측정 • 편입내역을 모르는 경우, (a) 펀드 신용등급 사용 (1.6~12.0% 위험계수) (b) 최대 편입비율에 따라 0.5~24.0% 위험계수

| 표 1.12 | 시장리스크 금리 위험계수 비교

구분	은행(BIS)	보험(RBC)	증권(NCR)
측정대상	채권, CD, CP, 전환사채, 우선주, 수익증권 등	단기매매채권, 전환사채, ELN(100% 원금보장)	채권, CD, CP, ABS, ABCP, 전환사채 등
측정방법	• 개별리스크: 신용등급별/만기별로 0~12% 위험계수 부과 • 일반리스크: 만기법, 듀레이션법, 사전처리기법	듀레이션 이용: 채권별 듀레이션×시장금리 변동성 (0.9%)	• 개별리스크: 신용등급별/만기별로 0~32% 위험계수 부과 • 일반리스크: 만기법만 사용

식형과 채권형으로 구분하는 반면, 증권은 펀드의 신용등급 등 다양한 방법을 사용하고 있다.

③ 금리리스크

은행·증권의 경우, 개별 리스크는 신용등급·만기별 차등화된 위험계수를 적용하여 측정하고 일반 시장리스크는 만기법과 듀레이션법 등을 사용하는 반면, 보험은 각 금리포지션의 듀레이션에 0.9%의 변동성을 곱하여 산출한다.

④ 외환리스크

외환포지션에 대한 리스크 산정방식은 각 권역 모두 동일통화별 순매입·매도포지션의 합계액 중 큰 금액에 8% 가산하다.

⑤ 일반 상품리스크

원유·에너지 등 일반 상품에 대한 리스크 산출기준은 은행과 증권이 동일하며 보험은 별도기준이 존재하지 않는다. 총포지션에 3%, 순포지션에 15%를 가산하는 간편법을 은행·증권 모두 사용하고 은행은 만기사다리법 방식도 사용가능하다.

⑥ 파생상품 관련

각 권역 모두 파생상품 포지션을 주식·금리 등 기초자산으로 분해한 후 해당 리스크 측정방법을 사용한다. 특히, 옵션포지션에 대해서는 비선형성을 고려하여 각 권역 모두 델타플러스법 등을 통해 감마·베가 리스크를 산출한다.

운영리스크

은행은 기초지표법BIA: Basic Indicator Approach, 운영표준방법TSA: The Standardized Approach, 고급측정법AMA: Advanced Measurement Approach 방식 중 은행이 선택하여 운영리스크 자본량을 산출하도록 한다. 기초지표법BIA은 전체 총이익에 대해 15%의 위험계수를 적용하고 운영표준방법TSA은 8개 사업영역별로 차등화된 위험계수

| 표 1.13 | **운영리스크 자본량 산출기준 비교**

<table>
<tr><th>구분</th><th>은행(BIS)</th><th>보험(RBC)</th><th>증권(NCR)</th></tr>
<tr><td>기초지표법</td><td>전체 총이익의 15%를 운영리스크 자본량으로 산출
* 사전승인 불필요, 최소요건 不在</td><td rowspan="2">회사별 총 수입보험료의 1~2%를 운영리스크 자본량으로 산출(일반계정 등: 1.0%, 변액보험: 2.0%)</td><td>N/A</td></tr>
<tr><td>운영표준방법</td><td>8대 사업영역별 총이익의 일정 비율(12~18%)의 합을 운영리스크 자본량으로 산출
* 사전승인 불필요, 최소요건 충족 필요</td><td>BIS 표준방법 차용: 12개 영역별 영업이익의 일정 비율(12~18%)의 합을 운영리스크 자본량으로 산출(단, 법정자본금의 10% 최저한도 설정)</td></tr>
<tr><td>고급측정법</td><td>내부모형 사용
(감독원장 승인 필요)</td><td>내부모형 제도 不在</td><td>내부모형 제도 不在</td></tr>
</table>

12~18%를 적용하며, 고급측정법AMA은 감독원장 승인 시 사용이 가능하다.

보험은 회사별 수입보험료의 1.0~2.0%를 운영리스크로 산출하고, 내부모형 제도는 존재하지 않는다. 증권의 경우, 운영표준방법을 차용하여 13개 사업영역별 영업이익에 일정 비율12~18%을 곱하여 운영리스크를 산출하나, 은행과 달리 표준방법 시 적용하는 최소요건은 존재하지 않는다.

위에서 살펴본 바와 같이, 일부 권역별로 영업특성 등을 고려한 차이는 존재하나 국내 감독구조는 미국과 같은 심각한 수준의 감독비대칭Regulatory Asymmetry이 존재하지는 않는 것으로 판단된다. 글로벌 금융위기 이전에 미국은 상대적으로 상업은행에만 자기자본규제를 강하게 적용하여 리먼브러더스 등 투자은행에 대한 감독 사각지대가 발생한 것으로 평가되었다.[6]

한편, 우리나라는 각 권역 자기자본규제에 권역간 고유 특성이 적절히 반영되어 있는 구조라고 할 수 있다. 구체적으로, 은행은 신용리스크가 대부분90% 이상인 영업 특성을 반영하여 타 권역보다 신용리스크 산출기준이 더욱 정교하며,

6 이장영(2011), "바젤 Ⅲ와 리스크관리", Part Ⅰ 참고.

보험은 보험 · 금리 리스크의 중요성이 반영되어 추가 규제자본을 요구하고, 이에 따라 신용 · 시장 리스크에 대한 규제자본 산출기준은 다소 완화된 측면이 존재한다. 한편, 증권은 자기자본규제에 유동성 개념이 포함되어 있어, 자본 차감항목이 다른 권역보다 다소 많고 시장리스크의 중요성을 반영하여 시장리스크 위험계수가 다소 높은 수준으로 설정되어 있다.

금융감독당국은 시스템리스크와 금융시스템의 안정성을 달성하고 시장행위 · 소비자보호 · 건전성 관련 감독기준이 일관성을 확보할 수 있도록 Joint Forum의 핵심원칙을 검토하고 수정해야 하며, 규제차익거래를 줄이고 금융그룹에 대한 감독을 용이하게 할 수 있도록 각 권역별로 통일된 최소 자본적정성에 대한 감독기준을 마련하여야 할 것이다.

제 2 장

리스크 통제구조

지난 글로벌 금융위기 이후 금융그룹의 리스크관리 핵심은 리스크 관리기법보다 리스크통제구조risk governance라는 인식이 점차 확산되고 있다. 국내에서도 2008년 은행권에 Basel Ⅱ 자기자본규제 제도 도입 후 규제자본 산출 및 내부자본 적정성 관리를 위한 리스크 측정시스템은 지속적으로 발전하고 있으나 경영진에 대한 견제나 감시기능은 여전히 미흡한 것으로 평가되고 있다.

바젤은행감독위원회BCBS, 이하 바젤위원회에서는 2010년 10월에 이사회 및 경영진의 책임을 강화하고 리스크담당임원CRO: Chief Risk Officer의 위상 제고 등의 내용이 포함된 '금융회사 통제구조 강화 원칙'을 공표하여 리스크통제구조의 강화를 요구하고 있다.

국내 금융 관련 법규에서는 금융그룹의 통제구조에 대해 규정하고 있으나 경영진을 견제하고 합리적인 의사결정구조를 확립하기 위해서는 리스크통제구조에 대해 보다 실효성 있는 제도의 도입이 필요하다고 판단된다.

여기서는 바람직한 리스크통제구조의 사례를 검토해보고, 국내 금융그룹에서의 개선점을 모색해보고자 한다.

2. 1 3차 방어선 전략

리스크통제구조는 금융그룹의 전체적인 통제구조 관점에서 리스크를 효과적으로 관리하기 위해 그룹 내 관련 조직의 역할, 구성, 상호관계 등을 최적화하는 노력 및 그 결과물을 의미한다. 통합리스크관리체계와 관련되는 주요 조직으로는 이사회/경영진, 단위사업부문예: 사업본부, 부실점, 독립적인 리스크관리 부문예: 리스크관리, 준법감시 등, 독립적인 제 3 자예: 감사부서 등이 있다. 글로벌 금융그룹의 리스크통제구조에 대한 모범사례best practices는 이러한 리스크통제구조를 구성하는 부문간 상호견제와 균형의 원칙에 입각하여 3차 방어선3-lines of defence으로 구축하여 운영하는 것으로 알려져 있다.[1]

금융그룹에서 경제적 자본 한도관리나 RAPM과 같은 리스크 관리수단을 도입하는 것은 리스크관리의 시작에 불과하다. 오히려 이보다 중요한 것은 예상되는 리스크를 파악하고 이에 대한 적절한 통제활동을 통해 리스크를 경감시키는 실질적인 노력이다. 이를 위해 이사회와 경영진은 리스크관리를 위한 건전한 조직문화와 통제구조를 구축하는 한편, 리스크를 인식 · 평가 · 감시 · 통제할 수 있는 정책 · 절차 · 수단 등을 갖추어야 한다. 또한 단위사업부문은 부문 내 리스크를 담당할 기능function을 두고, 부문 내 일상적인 리스크관리를 책임져야 한다.

1 리스크통제구조를 3단계 방어선으로 구분하여 1차 방어는 단위사업부문, 2차 방어는 독립적인 리스크관리부문, 3차 방어는 감사조직이 책임지도록 하는 것을 의미한다.

한편, 독립적인 리스크관리부문은 그룹의 통합리스크관리체계를 구축·운영하고 단위사업부문을 적극적으로 지원해야 할 것이다. 또한, 독립적인 제 3 자는 이러한 단위사업부문과 리스크관리부문이 주어진 역할과 책임을 제대로 수행하였는지, 리스크관리체계가 적정한지를 점검하여야 한다.

감독당국의 지침 등에 따르면, 이사회는 금융그룹의 안전과 건전성에 영향을 주는 리스크를 관리할 수 있는 통합 관리체계의 실행을 승인하여야 하며, 경영진이 수립한 리스크 관련 정책을 승인하는 역할과 책임을 가지고 있다. 앞서 언급한 바와 같이, 이러한 통합리스크관리체계에는 그룹의 리스크에 대한 성향appetite과 허용수준tolerance을 포함하고 있어야 한다.

또한, 이사회는 리스크관리체계를 실행할 수 있는 통제구조를 구축할 책임이 있으며, 이는 효과적인 리스크관리를 위해 필수적이다. 리스크통제구조에서는 내부통제 기능과 영업부문간 책임과 보고라인이 명확하게 분리되어 있는 것이 중요하다. 또한 리스크관리와 관련하여 감사기능의 독립성이 유지되어야 하는데, 내부 감사부서가 리스크관리에 직접 개입될 경우 독립성이 손상될 수 있으므로 감사기능은 리스크관리의 책임이 있는 부서에 필요한 정보는 제공하되 리스크관리 책임을 직접 맡아서는 안 된다.

그림 2-1 3차 방어선 개념

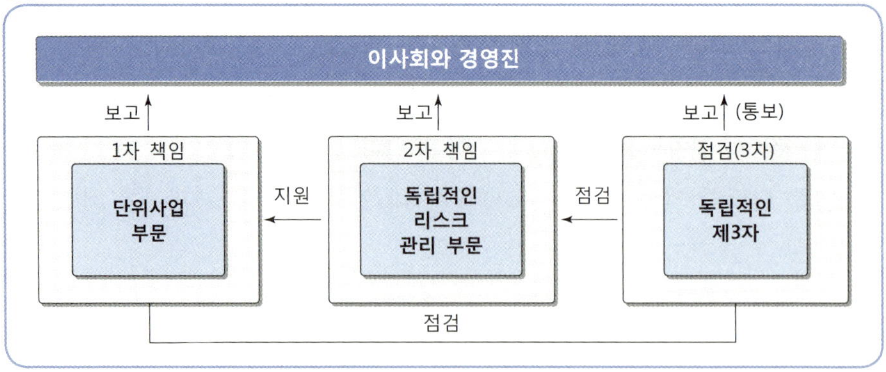

한편, 경영진은 이사회에서 수립한 통합리스크관리체계를 실행하기 위한 정책과 절차를 구체화해야 한다. 경영진의 책임에는 효과적인 리스크관리를 위해 필요한 인적·물적 자원의 확보의무가 포함되며, 최고경영진은 각 영업라인 전략에 내재된 리스크를 고려하여 관리감독절차의 적정성을 평가하는 한편, 모든 직원들이 각자의 책임을 인식하도록 지속적으로 노력해야 한다.

2. 2 글로벌 금융회사의 리스크통제구조

본 절에서는 글로벌 금융그룹의 리스크통제구조risk governance에 대해서 검토하고자 한다.

그룹 리스크관리위원회

글로벌 금융그룹의 이사회는 리스크관리를 위하여 최소 한 명 이상의 리스크관리 전문가를 임원으로 포함하고 있으며, 리스크관리위원회를 구성하고 있다. 또한, 그룹 CRO는 CEO로부터 일정 수준의 독립성을 가지며 이사회에 직접 보고하는 권한을 가지고 있다. 그룹 CRO는 일관되고 효과적인 리스크관리를 위하여 각 사업부문의 리스크관리 책임자BL CRO로부터 직접적인 업무보고를 받을 수 있다.

이러한 이사회 레벨의 리스크관리위원회RMC는 금융그룹의 전반적인 리스크관리 원칙을 설정하고, 리스크관리 평가 및 방법을 위한 가이드라인 승인하며, 리스크관리 실적을 리뷰한다. RMC의 구성원으로는 CEO, CRO 등이 포함된다.

한편, 경영진 수준에서는 그룹 CRO가 의장으로 참여하는 다수의 리스크관리

| 표 2.1 | 주요 글로벌 금융그룹의 리스크관리위원회 구성

	총 위원회 수 (A)	리스크관리 위원회(B)	비율 (B/A)	리스크관리 관련 조직
Credit Suisse	14	9	64%	(이사회) 리스크관리위원회 (경영진) ALCO,* 여신위원회 등
Deutsche Bank	12	6	50%	(이사회) 자본 및 리스크위원회 (경영진) 여신위원회 등
ABN Amro	11	2	18%	(이사회) 리스크관리위원회 (경영진) ALCO 등
Lloyds TSB	10	3	30%	상동
JP morgan Chase	9	4	44%	상동
ING Group	7	4	57%	상동
Citigroup	6	6	80%	상동
UBS	5	2	40%	상동

* 위 표에서 ALCO는 자산부채관리위원회(Asset Liability Committee)를 의미함.

관련 위원회를 구성하고 있는데, 시장리스크위원회Trading Risk Committee는 시장리스크 정책 및 거래 한도 등을 설정하며, 시장리스크 익스포저를 리뷰하는 기능을 수행한다. ALCO위원회는 자금조달, 유동성, 자산부채 구조의 불일치, 그리고 지급능력에 관한 업무를 수행하며, 구성원으로는 CRO, CFO, 회계담당자 등이 참여한다. 그리고 운영리스크위원회도 구성하고 있는데, 여기서는 법률 및 평판 리스크관리를 포함한 운영리스크 관리 프로세스 및 정책 등을 수립하고 리뷰한다.

■ 리스크위원회Risk Committee

이사회 산하 조직으로 시장, 신용, 운영, 국가, 준법감시, 평판리스크에 대한 감독 책임을 지며, 리스크 통제 및 점검을 위해 마련된 절차가 외부규제 및 내부기준을 충족하도록 함

표 2.2 Citigroup 리스크관리 관련 위원회 예시[2]

	역할	위원회 회원 수
Audit Review & Risk Committee	이사회의 리스크리뷰 업무를 지원하는 것을 주 업무로 함: 재무제표의 건전성, 보고절차, 내부 회계 및 통제업무를 수행, 리스크 측정 및 평가를 위한 가이드라인과 정책을 수립, 규제요건 및 법률의 준수 여부를 확인함	3명 이상의 이사회 임원
자본시장 승인위원회	시장 포트폴리오에 있는 신규, 복합 금융상품에 대한 검토와 승인 업무 수행	여신리스크 위원회 대표 준법감시 대표 회계담당자 오퍼레이션 담당자 등
	금융상품에 대한 리스크를 리뷰하고, 리스크 측정/통제/보고 업무에 대한 리뷰	
비즈니스연속성 담당 위원회	연례 BCP 테스트 및 테스트에서 발견된 문제 개선업무 수행	N/A
	지속적인 BCP 개선업무 수행	
국가리스크 위원회	국가별 리스크 인식 및 대책 마련	N/A
	개별 국가의 익스포저 리뷰 수행	
ALCO	각 국가별/자회사별에서 분권화된 그룹의 유동성 관리를 리뷰함	CFO 그룹 리스크관리 담당자 그룹 재무 담당자 시장리스크 책임자 회계 담당자 각 부문별 재무책임자
	전체적인 유동성 및 그에 상응하는 대차대조표 표기 여부를 검토함	
	각 국가별 혹은 주요 비즈니스별 ALCO 수립	
금융자본위원회	그룹의 재무구조를 결정: 부채 및 자기자본 비율, 자산 증감에 대한 가이드라인 수립	CEO COO* CRO CFO 그룹 회계 담당자
	자기자본 적정성 유지	
	보통주와 우선주에 대한 배당금 책정 및 자사주 매입 범위 결정	

* 위 표에서 COO는 최고운영책임자(Chief Operation Officer)를 의미함.

■ 리스크리뷰위원회Risk Review Committee

경영진 조직으로 리스크위원회Risk Committee에서 결정한 사안 이행 업무를 담당함

2 2011년 씨티그룹의 조직개편에 의해, Audit & Risk Committee는 Audit committee와 Risk & Finance committee로 구분된 것으로 알려지고 있다.

그림 2-2 SC은행 리스크 관련 위원회 구성 예시

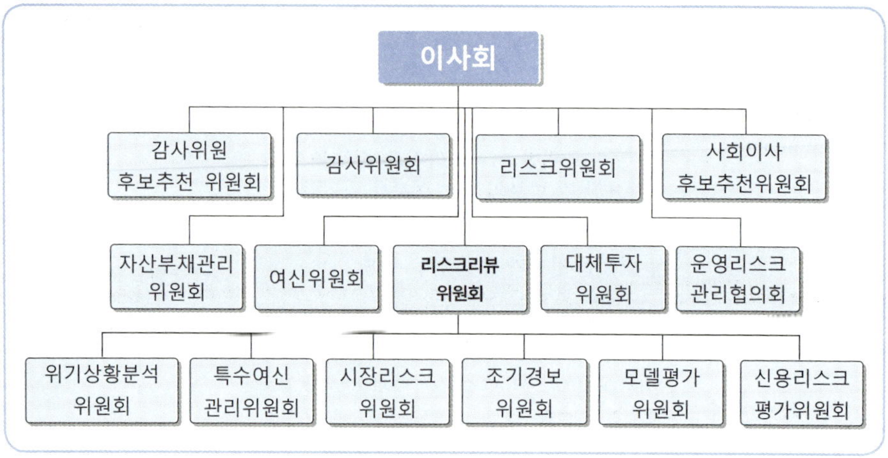

- 운영리스크관리협의회CORG: Country Operational Risk Group

운영리스크의 추이, 내부 정책 및 규정의 준수 확인, 업무수행 리뷰, 내부/외부 검사를 통해 식별된 특이사항 및 취약점뿐 아니라 통제실패, 규정 및 정책 위반으로 인한 중요 이슈의 검토 및 리스크위원회에 보고함

- 특수여신관리위원회Global Special Asset Management Committee

포트폴리오 내 특수여신에 대한 회수를 포함한 전략과 조치를 검토 및 감시하는 역할을 수행하며, 감독당국 및 그룹 정책을 고려하여 관련 여신에 대한 대손충당금 정책의 수립 등의 업무를 수행함

- 조기경보위원회Early Alert Committee

조기경보 절차의 적정성에 대한 리뷰를 수행하며, 조기경보 대상 여신/거래 계정에 대한 검토 및 실행안을 제공함

- 자산부채관리위원회 ALCO: Asset & Liability Committee

규제당국 및 그룹의 요구조건에 부합하여 유동성이나 자본 적정성 그리고 금리리스크 관리와 관련된 자산부채 관리 업무를 수행함

■ 모델평가위원회MAC: Model Assessment Committee

기존 및 신규 모형을 검증하고 그에 대한 권고안을 리스크리뷰위원회에 제안하는 업무를 수행하며, 모형 설계, 운용, 성과, 적합성 검증 등을 포함한 모형 관련 모든 요구사항에 관한 외부 및 내부 규정의 종합적인 이행을 보장함

■ 위기상황분석위원회Scenario Stress Test Committee

위기상황분석과 시나리오 분석에 있어서 프로세스, 절차, 방법론이 전사적으로 적정하고 견고하며 해당 지역의 규제요건을 충족하는지를 확인함. 구체적으로, 전 세계 및 국내경제의 변동요인을 모니터링하여 잠재적으로 영향이 큰 리스크요인을 식별하며 전사/사업부문의 리스크 특성 변화를 평가함

■ 시장리스크위원회Market Risk Committee

시장리스크에 대한 효과적인 모니터링이 적절히 이루어지고 있는지를 확인하고 필요한 경우 중대한 리스크에 대한 경감계획을 검토하며, 시장리스크관리를 위한 모든 규정들이 적절하게 유지되도록 하며 동 규정들의 승인을 리스크리뷰위원회에 권고함

■ 대체투자위원회Alternative Investment Committee

대체투자에 대한 협의, 관리 및 승인 혹은 권고를 수행함

■ 신용리스크 평가위원회Credit Risk Assessment Committee

- 부실징후기업에 대하여 경영정상화 가능성 및 자금수급상황 점검 및 평가
- 신용리스크 평가표 양식의 제정 및 수정
- 세부평가 대상기업에 대하여 4단계 등급A, B, C, D으로 분류함

CRO의 역할 및 책임

글로벌 금융그룹에서 CRO의 역할은 크게 3가지 형태로 구분되는데, 대부분의 금융그룹에서는 CFO로부터 CRO의 업무를 분리시켜 CEO나 이사회에 직접 보고체계를 갖추고 있다.

① CFO와 CRO의 역할 통합

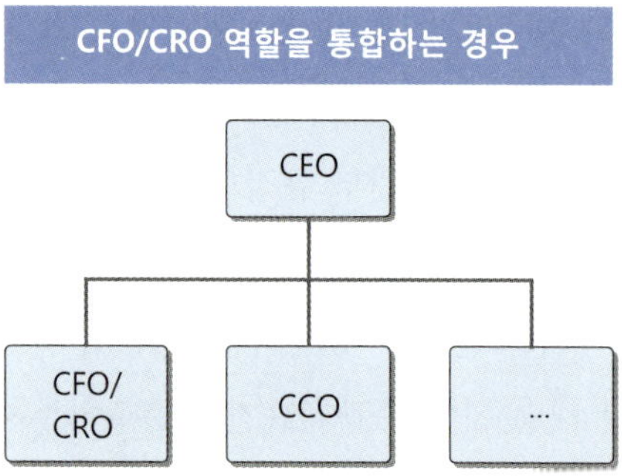

* Chief Credit Officer

이러한 리스크통제구조는 CRO와 CFO의 업무 조율 등이 편리하다는 점에서 비교적 효율적으로 운영될 수 있으나, CFO와 CRO의 업무 동시 수행으로 인해 미래 리스크 발생에 대한 인식이 제한될 수 있고 CRO의 독립성에 제한이 존재할 수 있다. 이러한 구조를 채택하는 금융그룹은 주로 신용리스크 이슈가 주요 리스크인 경우CCO의 구분 필요성이거나 신용 이외 여타 리스크관리가 CFO의 업무와 대체로 관련 되어 있는 경우가 대부분인데, 여기에 포함되는 금융그룹으로는 Barclays와 HSBC 등이 있다.

② CFO와 독립, 동등한 위상

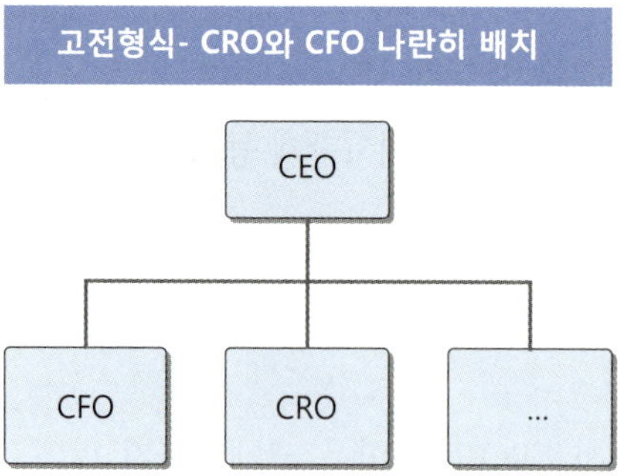

이러한 통제구조는 비교적 고전적인 형태로, CRO의 권한은 앞의 조직구조보

다 강하다는 것이 특징이다. 실제로 이 통제구조에서 CRO는 보다 자유롭게 모든 리스크를 감독하고 관련 위원회의 구성원으로 업무를 수행한다. 그러나, CFO와 CRO의 정확한 역할 구분이 필요하고 둘 사이의 적절한 상호협의가 사전에 이루어져야 한다는 번거로움이 존재한다. 이러한 형태의 조직구조는 모든 리스크를 통합적으로 관찰해야 하는 금융그룹에 적합하며 특정 리스크 목표치를 관리하는 데 효율적일 수 있다. 따라서 대부분의 금융그룹들이 이러한 조직구조를 가지고 있지만 실제로 CRO의 권한은 국가별/그룹별로 상이하다.

③ 이사회 직속

이사회 직속하에 CRO 배치

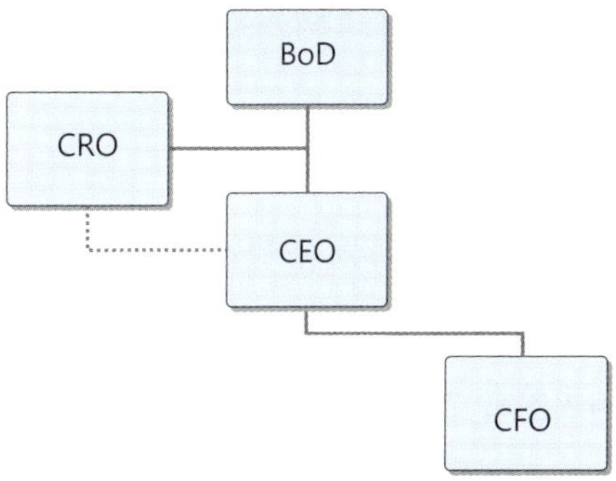

이러한 경우 CRO는 금융그룹의 영업과는 독립적으로 리스크관리 업무에 중점을 둘 수 있게 된다. 다시 말해, 리스크 수용범위 및 리스크관리 전략에 대하여 이사회에 직접 제언하는 역할을 담당한다. 이 같은 경우는 CRO가 CEO로부터 일정한 독립성을 가지고 경영진을 견제하는 의견을 이사회에 바로 보고할 수 있는 등의 효과를 기대할 수 있다. 여기에 포함되는 주요 그룹으로는 Santander나 JP Morgan Chase 등이 있다.

CRO의 위상과 관련하여, 지난 글로벌 금융위기 이후 대부분의 글로벌 금융그룹에서도 통합리스크관리를 위하여 CRO의 위상을 격상시키고 있다. 한편,

CRO의 위상이 미약하고 CEO로부터 독립성이 약한 국내 금융그룹/회사의 경우, ③번째 리스크통제구조를 적극적으로 도입할 필요가 있다고 판단된다.

그룹 리스크관리조직의 역할

그룹 리스크관리조직부서은 통합 리스크관리시스템의 원칙과 규칙들을 개발하고 제정하며, 다음과 같은 업무를 수행한다.

- 그룹 차원에서의 리스크성향risk appetite을 정의하고 자회사들과 연계함
- 자회사의 리스크관리 부서를 통제함실적 및 자원 관리 등
- 그룹 전체의 내부통제 프로세스를 관리함
- 자회사들의 투자한도를 정하고 익스포저를 제한함
- 자회사들이 리스크를 인식하고 측정할 수 있도록 표준적인 방법론을 구체화함
- 통합 익스포저total exposure 관리를 수행함

그림 2-3 리스크관리조직 구성

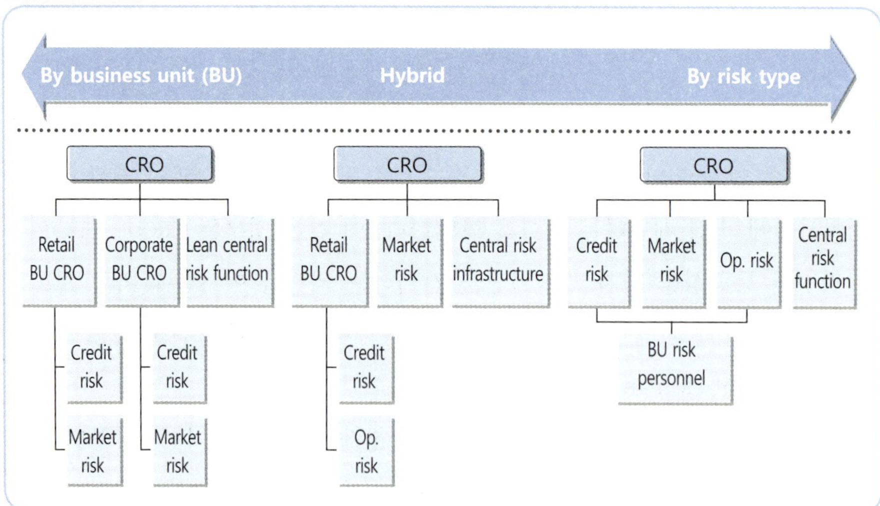

글로벌 금융그룹의 리스크관리조직은 개별 사업부문별로 혹은 리스크 유형별로 구성되거나 그 중간으로 혼합형Hybrid으로 구분할 수 있다.

① 사업부문별로 리스크관리

개별 사업부문BU의 리스크관리책임자CRO는 리스크관리에 대한 1차적인 책임을 지며, 리스크 유형별로 담당하는 부서를 두어 독립적인 형태의 리스크관리 조직을 운영하게 된다.

그룹의 리스크관리 부서는 전사적 차원의 리스크관리 업무lean central risk function만을 담당한다.

② 리스크 유형별로 리스크관리

그룹 CRO 산하에 리스크 유형별로 부서를 구분하며 각각의 리스크를 담당하는 부서들은 개별 사업부문의 리스크를 통합적으로 관리하고 책임진다.

그림 2-4 규모와 사업 범위에 따른 구분

회사 규모 \ 사업범위	좁다	넓다
크다	A • 여러 시장과 지역에서 활동 • 사업부문별로 취급하는 상품의 종류가 많지 않음 (예) 투자은행	B • 여러 시장과 지역에서 활동 • 사업부문별로 취급하는 상품이 다양함 (예) 글로벌은행
작다	C • 하나 혹은 소수의 시장과 지역에서 활동 • 사업부문별로 취급하는 상품의 종류가 많지 않음 (예) 지방중소은행	D • 하나 혹은 소수의 시장과 지역에서 활동 • 사업부문별로 취급하는 상품들이 다양함 (예) 로컬은행

③ 하이브리드(Hybrid)

특정 사업부문에 특화된 리스크는 해당 사업부문에서 담당하고 나머지 리스크에 대한 관리는 그룹 차원에서 관리하는 형태이다.

개별 사업부문의 CRO는 해당 부문과 관련 있는 리스크에 대해서 1차적인 책임을 지게 되지만, 사업의 규모나 리스크를 관리하는 기술적인 측면에서 지원이 필요한 업무는 그룹 리스크관리조직에서 담당할 수 있다.

이러한 형태의 리스크관리 조직구조에서도 그룹에서 리스크를 관리하는 인프라를 구축하며 리스크 분석, 보고, 컴플라이언스 등의 업무를 수행하게 된다.

다음은 금융그룹의 규모와 사업 범위에 따른 리스크관리 조직구조의 장단점을 정리한 것이다.

① 사업부문별로 리스크관리

	효 과	사업부문별로 리스크관리
A 유형 (투자은행)	↑	해당 부문 및 시장의 이해도를 높일 수 있음 사업부문별로 리스크관리 업무 수행에 있어서 차이가 발생할 수 있음
B 유형 (글로벌 금융그룹)	↓	부문 내에서 독립적인 관리, 감독에 어려움이 존재할 수 있음
C 유형 (로컬 은행)	↓	불필요한 업무가 가중됨
D 유형 (지방 중소은행)	↓	불필요한 업무가 가중됨 각 사업부문에서 CRO를 영입할 때 작은 규모로 인하여 유능한 인력을 찾기가 어려움

↑: 효율적, ↓: 비효율적

② 리스크 유형별로 통합 관리

	효 과	리스크 종류에 따라 통합적으로 관리
A 유형 (투자은행)	↑	일관성 있는 리스크관리 업무 수행이 가능함 그룹에서 직접 관리하기 때문에 사업부문에 대한 독립적인 리스크관리가 가능함
B 유형 (글로벌 금융그룹)	↓	사업부문별로 특화된 리스크관리가 아닌 그룹에서 일방적인 리스크 정책 수립 가능성으로 비효율성 발생 가능
C 유형 (로컬 은행)	↑	로컬 은행들에게는 가장 효율적으로 리스크를 관리할 수 있는 시스템임 각각의 사업부문이 회사 전체에 어떠한 영향을 줄 수 있는지 파악을 하기가 용이함
D 유형 (지방 중소은행)	↑	상동

↑ : 효율적, ↓ : 비효율적

③ 하이브리드(Hybrid)

	효 과	하이브리드(Hybrid)
A 유형 (투자은행)	↓	불필요하게 많은 상호작용으로 인하여 효율성이 떨어질 수 있음
B 유형 (글로벌 금융그룹)	↑	독립적인 관리, 감독이 가능하고 사업부문의 리스크관리 기능과와 그룹 리스크관리 부서간의 협력관계가 가능함
C 유형 (로컬 은행)	↓	불필요한 혼란만 가중
D 유형 (지방 중소은행)	↓	상동

↑ : 효율적, ↓ : 비효율적

2. 3 국내 금융그룹의 통제구조 현황

국내 은행권의 리스크통제구조 현황을 검토해보면, 시중은행들은 이사회 내 소

표 2.3 국내 은행권 리스크관리위원회 구성 현황

구분	평균	KB	외환	우리	신한	하나	씨티	SC
위원 수	4.3	5	4	5	3	4	4	5
사외이사 수	3.0	3	3	4	2	3	3	3
영업임원 수	0.3	0	0	0	0	1	0	1

위원회로 리스크관리위원회RMC를 두고 리스크관리 최고의사결정기구로 운영하고 있으며, 이를 보좌하는 기구로 리스크관리협의회를 운영하고 있다. 리스크관리 전담조직은 크게 리스크관리부서, 여신심사 및 승인부서, 여신감리부서로 구성되며, 리스크관리부서는 신용, 시장, 운영 등 개별 리스크 및 통합리스크 관리 업무를 수행하고, 여신 심사 및 승인 부서는 신용등급 평가 및 여신승인을, 감리부서는 여신심사조직에서 평가한 신용등급 평가결과를 리뷰하는 역할을 수행 중이다.[3]

앞서 언급한 바와 같이, 리스크관리위원회는 경영진의 과도한 리스크수용risk taking을 견제하기 위하여 사외이사가 위원장 역할을 수행하고 영업담당 임원은 위원회 구성에서 가급적 배제하는 등 사외이사 중심으로 구성하는 것이 바람직하다고 할 수 있다. 국내 시중은행의 경우, 우리 및 외환은행에서 은행장이 위원장 역할을 수행하고 있으며, 하나은행은 기업금융부문장이 위원장 직무를 수행하는 것으로 파악되어 리스크통제구조의 견제와 균형check & balance의 강화가 필요하다고 판단된다.

한편, 리스크관리위원회 구성원의 전문성을 살펴보면, 금융업 경험자 수가 평균 2.4명으로 56.7% 수준이나, 리스크 전문가는 거의 전무하다. 게다가 일부 은행들의 경우 금융 전문가의 비중이 미미하거나 사외이사의 금융전문성이 낮아 본래의 역할을 수행하기 어려운 실정인데, 특히, 금융전문가 비중이 낮은 은행들의 경우, 위원회 안건 중 부결된 비중이 극히 낮아 리스크관리위원회가 제 역할을 수행하지

3 외국계 은행(씨티, SC)에서는 여신심사 및 승인 부서가 리스크관리 전담조직 내에 위치하고 있으며, SC의 경우에 여신감리조직은 CFO 산하 재무관리본부 내 소속되어 있다.

표 2.4 **지주사 리스크관리 기능 현황**

구분	A	B	C	D	E	F	G	H	I	G
평가권한*	25%	24%	70%	5%	×	×	×	×	×	×
지주 CRO	전무	상무	겸직	상무	전무	겸직	겸직	겸직	겸직	상무
자회사 CRO	부행장	부행장		부행장	부행장					상무
직원 수	12명	11명	13명	7명	4명	6	3	3	2	1

* 자회사 CRO에 대한 평가 중 지주사 CRO 평가가 차지하는 비중

못하는 것으로 판단된다. 리스크관리위원회는 그 본연의 역할이 경영진을 견제하기 위한 것이므로 전문성과 무관하게 경영진과의 친밀도에 의해 선정되는 현재의 방식은 지양되어야 하며, 감독당국에서는 사외이사의 전문성 등을 면밀히 모니터링해야 할 것이다. 실제 영국 금융감독청FSA에서는 금융회사의 주요 포지션CEO, CRO, 리스크관리위원장 등의 회사 추천인사에 대한 적격성 심사를 실시하고 있다.

CRO의 경우, 외국계 은행들이 리스크 관련 업무 수행경력이 평균 20년 가까이 되는 데 비해, 국내 은행들은 평균 3년 수준으로 크게 차이가 난다. 일부 은행들의 경우에는 1년에 한번씩 CRO가 교체되는 등 업무전문성에서 크게 미흡한 것으로 판단된다. 리스크관리는 업무 특성상 전문성 및 장기간의 업무경험이 필요하므로 CRO 임명 시 자격요건을 강화하고 이를 내규에 명시할 필요가 있다. 실제 외국계 은행의 CRO 직무기술서에는 (a) 리스크 분야 10년 이상 근무, (b) 재무, 영업 또는 회계 분야의 적정한 연수 또는 업무경험, (c) 국내 감독체계 및 규제에 대한 충분한 지식 등의 내용이 기술되어 있다.

금융그룹의 리스크통제구조를 살펴보면, 그룹리스크관리위원회GRMC, CRO, 그룹리스크관리협의회 및 리스크관리 부서 등으로 구성되어 있다.[4] 은행과 마찬가지로, 그룹리스크관리위원회의 전문성이 부족하고 CEO의 영향력이 커서

4 그룹리스크관리협의회는 지주사 CRO가 의장이며 자회사 CRO 등이 참석하고 그룹 내 리스크 관련 업무협의 및 조정을 담당하고 있다.

리스크관리 측면에서 경영진을 감시하기에는 부족하다고 판단된다. GRMC 구성원의 경력을 보면, 리스크 관련 업무경험이 거의 갖추고 있지 못하며, 전문성 제고를 위한 연수경험도 거의 받지 않는 것으로 나타났다. 또한, 지주사 CRO가 자회사인 은행 CRO보다 직책이 낮아 자회사를 통제하기 어려워 그룹 차원의 일관되고 책임 있는 리스크관리 업무 수행에 어려움이 존재하는 것으로 판단된다.

통합리스크의 측정 및 관리에 있어서도 기법이 단순하여 다양한 요인을 고려하기 어렵고 경영의사결정에 대한 반영 수준도 낮은 것으로 판단된다. 대부분 지주사에서 통합리스크는 자회사별 리스크를 단순합산하여 산출하고 있으며, 리스크 전이효과, 편중리스크, 해외 진출에 따른 지역별 리스크 등은 통합리스크 관리 대상에 포함되어 있지 않다. 또한, M&A 등 주요 경영의사결정 시 통합리스크 관점에서의 사전리뷰 등을 수행하지 않으며, 자회사에 대한 RAPM을 실시하는 그룹도 소수에 불과한 것으로 나타났다.

이러한 현황에 비추어 볼 때, 감독당국 및 금융그룹은 GRMC 구성원에 대한 리스크 전문성 제고를 위한 자격요건을 강화하고 지주사 CRO의 위상강화 등을 수행해야 하며, 통합리스크 관리기법의 개발 및 활용도 제고에 보다 노력해야 할 것이다.

2. 4 운영리스크 통제구조

운영리스크 통제구조 관련 이슈

운영리스크 통제구조와 관련하여 국내에서 제기되는 두 가지 이슈는 첫째, 운영리스크관리에 있어 단위사업부문의 역할과 책임의 미정착, 둘째로는 내부통제조직간 업무중복이다.

먼저, 단위사업부문의 역할과 책임에 대해 살펴보면, 현대의 운영리스크관리 철학ORM philosophy은 해당 업무를 가장 잘 이해하는 단위사업부문의 업무담당자가 담당 업무에 내재하는 운영리스크를 사전에 파악하고 이에 대한 적절한 통제를 실행해야 할 주체임을 강조하고 있다. 과거 경험을 살펴보더라도 국내 금융회사들은 외환위기 이후 통제구조와 내부통제제도의 개선을 위해 수많은 선진제도를 도입하고, 리스크관리시스템을 구축하는 데도 상당한 투자를 하였다.

그러나 종종 이러한 투자가 형식적 통제 혹은 과학적인 통계모형의 도입에 그치고, 내부통제 수준의 향상으로 충분히 연결되지 못한 것은 바로 업무담당자들의 내부통제 또는 운영리스크 관리에 대한 주인의식이 부족했던 데에 그 원인이 있는 것으로 볼 수 있다.

따라서 고급측정법AMA: Advanced Measurement Approach을 적용하는 국내 은행들은 이러한 점을 인식하여 운영리스크 담당부문 간 상호균형과 견제를 강조한 3단계 운영리스크관리라인3-lines of defence 체제를 수용하고 이에 따른 규정을 정비하는 한편, 단위사업부문별로 운영리스크담당자를 지정하고 역할과 책임을 이행하도록 하고 있다. 그러나 국내 은행들의 경우 운영리스크관리 역사가 짧아, 단위사업부문의 적극적인 역할에 대한 인식 및 관행이 형성되어 있지 않은 것으로 보인다. 즉, 아직도 운영리스크관리가 단위사업부문부실점과 업무담당자의 책임이라기보다는 감사기능의 일부로 보고 이에 의존하려는 경향이 나타나고 있다.

또한, 전사적인 운영리스크관리부문도 일정한 운영리스크 통제구조를 규정화한 것으로 소임을 다했다고 생각하는 측면도 있다. 따라서 이사회와 경영진은 운영리스크관리에 있어 단위사업부문의 역할과 책임을 충분히 인식하고, 종전에 감사부서에서 수행하던 통제업무 중 단위사업부문이 수행하기에 적합한 사항을 이양하고 단위사업부문이 그 기능을 제대로 수행하도록 필요한 인적·물적 자원을 아끼지 말아야 할 것이다.

다음으로 내부통제부문 간 역할분담의 모호 및 업무중복이다. 현재 금융회사의 내부통제와 관련된 조직은 검사부, 준법감시부서, 운영리스크관리팀, 재무회

그림 2-5 ORM 3차 방어선 체계

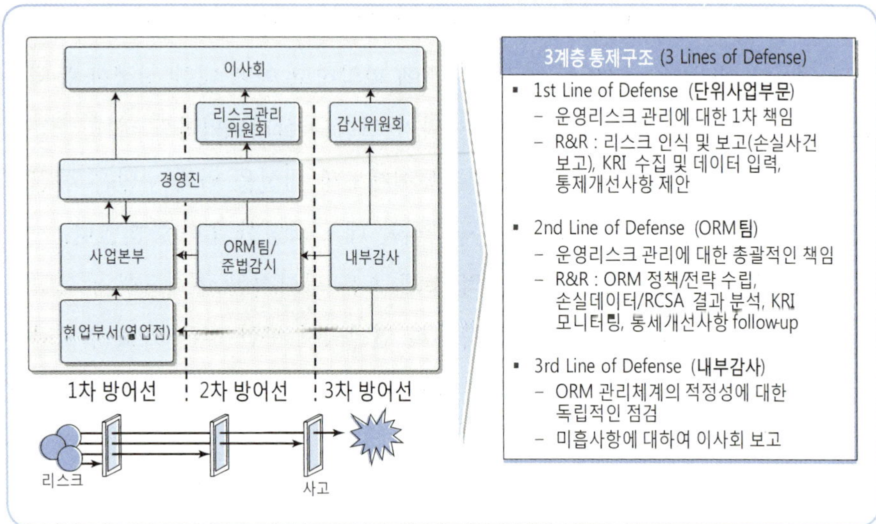

계보고통제팀 등 다양하다. 그러나 금융회사의 내부통제를 담당하면서 관련 조직간 일부 업무가 중복되어 불필요한 마찰이 있을 수 있다.

예컨대, 운영리스크 리스크통제자가진단RCSA: Risk & Control Self-Assessment을 정기적으로 수행하는 운영리스크 관리부문의 업무가 감사부서나 준법감시인에서 수행하는 유사한 체크리스트와 중복되고 있다.

또한, 재무회계보고 · 통제팀은 별도의 통제테스트를 수행하는 등 통제의 다기화로 현업 직원의 업무 부담이 가중되는 현상까지 발생하고 있다. 이는 검사부가 지금까지 전통적으로 내부통제업무를 전담해 오다가, 필요에 따라 준법감시부서, 운영리스크관리팀, 재무회계통제팀이 순차적으로 생기면서 법적으로나 관행적으로나 업무분장이 효율적으로 구분되지 못해 나타나는 현상이라고 보여진다. 각 금융회사들은 이러한 문제를 해결하기 위해 상위의 내부통제부서를 별도로 신설하는 방안 등을 고민 중이나 단기간 내 해결되기는 힘든 측면이 있다.

관련 부서 간 상호합의를 통해 합리적인 해결방안을 마련하되 통제 요소가 누락 없이 효율적으로 수행되도록 해야 할 것이다. 이에 관련하여, 하나의 제언을 한다면 각 부서가 실행시기를 달리해서 상호 간 점검결과를 보완하거나, 관련 부서 합동으로 업무를 수행하거나, 운영리스크 관리 부문의 업무수행 결과를 타 부서가 신뢰하고 일부 샘플조사를 통하여 신뢰성 확인한 후 공유하는 방법 등이 모색될 수 있을 것이다.

앞서 설명한 3차 방어선 전략하에서 ORM 활동은 각 사업본부 내 현업부서에서 1차적 책임을 지고, 운영리스크관리조직이하 ORM팀 등 본부부서들은 전사차원의 관련 업무를 수행하며, 내부감사가 ORM체계의 적정성을 점검해야 한다.

아래는 글로벌 금융그룹 내에서 관리 대상으로 설정한 18개 리스크유형Risk Types을 구분하여 나타내고 있는데, 각 리스크 유형별로 본부부서 중에서 리스크 담당부서Risk Owners를 지정하고 이에 대한 관리책임을 부여하고 있다. 즉, People 관련 리스크는 HR부서가, Tax 관련은 Finance부서, Technology 리스크는 IT부서가 각각 책임을 지는 구조이다.[5]

18 Risk Types																
Strategic Risk																
						Operational Risk Types										
Credit	Country	Market	Liquidity	Capital	Reputational	Operational	Complience	Financial Crime	Legal	People	Property	Operations	Technology	Vendor	Financial	Tax

이러한 체계는 국내 금융그룹과 운영상 차이가 존재하는데, 국내 금융그룹에서는 이러한 리스크유형Risk types별로 관리책임에 대한 명백한 규정 및 문서가 존

5 전략리스크(Strategic risk)는 전사 차원에서 통제 책임을 부여하고 있다.

| 표 2.5 | 내부통제와 ORM 차이

	내부통제	ORM
관리목표	• 손실사건 발생 억제(내부감사) • 재무정보의 신뢰성(K-SOX) • 법규준수(준법감시인)	• 리스크성향(risk appetite)을 고려한 리스크 대응전략의 결정* – 경영전략에 부합하는 일정한 수준의 리스크 수용 필요 – 외부환경 변화에 따르는 유연한 대응(Resilience)이 목표
주요 활동	• 사후적 적발위주의 감시 및 통제활동에 크게 의존 – 금융사고 중심 • 통제장치의 유효성에 대한 평가에 초점	• 손실사건(Near Miss 포함) 수집 및 분석, KRI 모니터링 등 사전적 예방활동에 초점 – 특정 손실사건 발생가능성에 대한 시그널(signal)을 분석하여 사전대응
관리방법	• 현업부서의 참여보다는 내부 감사부서에 크게 의존 • 현장점검 등 정성적 방법에 의존	• 현업부서의 자발적 참여에 의존 – 손실사건에 대한 보고 – 리스크통제자가진단(RCSA) • 손실데이터, RCSA, KRI, Op VaR 등 다양한 정략적 지표 활용

* COSO(2004)에 따르면, 리스크관리는 내부통제와 전략적 의사결정을 연계하는 광의의 개념임.

재하지 않아 문제 발생 시 책임소재가 불분명한 경우가 자주 나타나고 있다.

또한, 운영리스크관리활동은 대부분 기존 금융그룹 내에서 수행 중이던 내부통제와 연관되는 경우가 많으므로 이에 대한 명확한 구분이 필요한 상황이다. 운영리스크관리 철학ORM Philosophy은 감시 및 사후적발/처리 등을 위주로 하는 기존 내부통제 업무와는 달리, 손실사건의 사전예방에 초점을 맞추어 정량적 지표의 분석 및 모니터링을 강조한다는 차이가 존재한다.

위 표에서도 나타나듯이, 운영리스크관리 활동은 손실데이터, 리스크통제자가진단RCSA, 핵심리스크지표KRI: Key Risk Indicator 등 보다 객관적이고 정량화가 가능한 지표들에 기반하여 금융그룹의 취약성을 포착하기 위한 업무에 초점을 맞춘다는 점을 알 수 있다.

외국과는 달리, 국내은행에서는 여러 내부통제 관련 부서들의 업무가 크게 중복되어 비효율성을 초래하고 있으므로 이에 대한 분명한 역할 재정립이 필요

그림 2-6 내부통제 관련 부서들의 R&R 이슈

관련부서	현재 주요 역할 (문제점)	역할과 책임(To-Be)
내부감사 상법 제415조	▪ 금융사고 적발 및 사후관리 (직접적인 내부통제활동 수행, 제3자 역할 미흡)	▪ 이사회를 대신하여 경영진의 내부통제 활동을 점검 및 평가 (독립적인 제3자의 역할에 충실)
준법감시 은행법 23조	▪ 준법감시에 특화된 내부통제 업무 수행 (점검대상, 절차, 방법 등 통제기준 불투명)	▪ 내부통제업무의 통합 기능 수행 (ORM의 RCSA를 기초로 내부통제 점검항목 조정)
K-SOX 내부회계관리제도	▪ 통제평가를 통해 내부통제업무 전반에 대한 평가 및 관리 수행 (통제평가항목이 ORM의 RCSA, 준법감시 체크리스트와 많은 부분 중복)	▪ 회계투명성 확보를 위한 재무회계 관련 내부통제업무 수행 (회계투명성 확보를 위한 통제업무로 제한)
ORM Basel II/Solvency II	▪ RCSA를 통해 내부통제업무 전반에 대한 평가 및 관리 수행 (내부감사, 준법감시, K-SOX와 중복)	▪ RCSA 평가시 중복되는 리스크를 특화된 영역으로 이전 (장기적으로 RCSA 업무를 준법감시로 이전)

그림 2-7 ORM 관련 업무 역할 재정의

O – 실행책임, △ ? 업무지원(또는 활용)

		단위사업부문	ORM 팀	준법감시실	기타 본부부서	감사실
리스크 인식	손실데이터 수집	O	O	△	△	△
	프로세스 분석	△	O			
	비즈니스 환경 분석		O		△	
리스크 평가	✓ RCSA 수행	O	O	△		
	시나리오 분석		O			
	새로운 상품/업무/시스템 리스크 검토		O	O	상세 검토 필요	
리스크 측정	자본량 산출		O			
리스크 모니터링	✓ KRI 한도 모니터링	O	O			
통제/경감	✓ 내부통제 및 프로세스 개선	△	△	△	△	△
	보험가입전략		O		△	

그림 2-8 글로벌 은행들의 ORM Governance 예시

운영리스크 지배구조

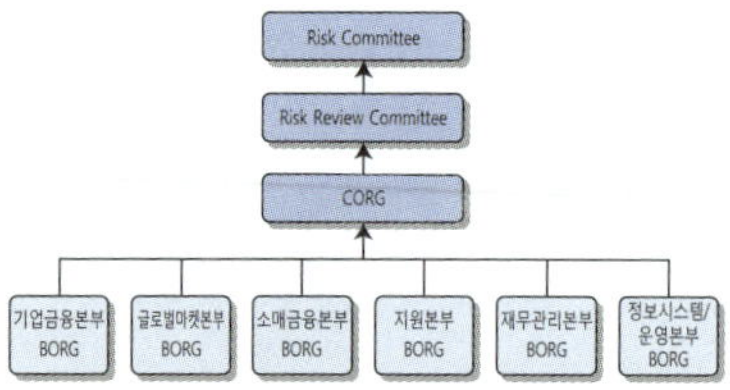

- **전행 운영리스크위원회**(CORG)
  - 매월 개최되는 전행적인 ORM를 위한 최고의사결정 기구
  - CEO를 의장으로 각 사업본부장(head), CFO, CRO, 경영지원본부장, 상근감사, 인사본부장 등이 위원으로 참석
- **사업부문 운영리스크위원회**(BORG/ORG)
  - 비즈니스/지원부서 단위의 운영리스크 회의체
  - 해당 사업본부장을 의장으로 전행 ORM팀, 부문내 ORM팀 등 참여

운영리스크 관리조직

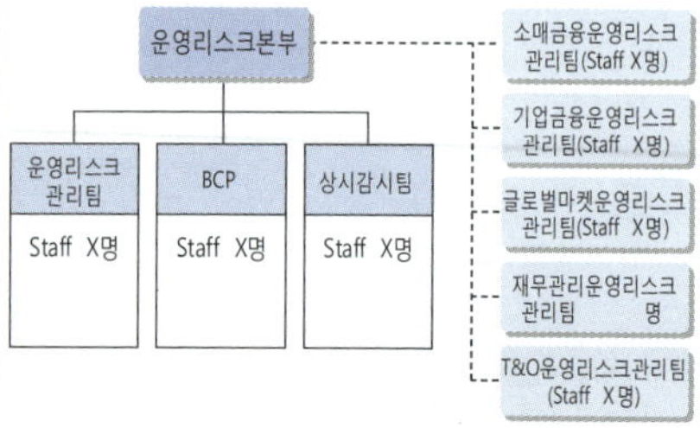

- **독립적인 운영리스크 관리부문으로 운영리스크본부**
- **단위사업부문의 ORM팀**
- Audit – 독립적인 제3자로서 3차 방어선 역할을 담당

하다. 특히, 내부통제 총괄부서로 언급되는 준법감시의 역할이 글로벌 금융그룹에 비해 약하며, 내부감사도 경영진 감시라는 본연의 역할보다 부점 감사 등 2차 방어선 역할을 중복 수행하고 있어 이에 대한 명확한 역할 재정의가 필요한 실정이다.

이러한 운영리스크 통제구조 명확화와 관련하여, 운영리스크관리 업무 중 RCSA 수행, KRI 한도 모니터링, 내부통제 및 프로세스 개선업무에 대해서는 관련 부서들의 R&R을 재정의할 필요가 있을 것이다.

국내 금융그룹에서는 자회사 단위에서만 운영리스크관리체계를 수립하여 업무를 수행하고 있으며, 지주사 차원에서 운영리스크관리 기능을 따로 갖추고 있지 않으나 글로벌 금융그룹의 경우, RMC의 산하 기구로 운영리스크관리위원회 CORG: Corporate Operational Risk Group를 구성하여 그룹 차원에서 운영리스크 관리 책임을

부여하고 있다. 또한, 3차 방어선 체계에 기반하여 각 사업부문별로 운영리스크관리 기능을 구축하고 그룹 운영리스크관리 전담조직에 보고하도록 하고 있다.

ORM 1차 방어선의 역할 및 책임: 단위사업부문

금융그룹 내 자회사 혹은 사업부문은 조직 내 운영리스크관리 기능을 두고 일상적인 운영리스크관리에 대한 1차적인 책임이 있으며, 금융그룹 전체 운영리스크 관리전략, 정책과 일관성이 유지될 수 있도록 관련 업무를 수행하여야 한다.

현업부서의 역할과 책임

현업조직에서는 일상 업무의 일부로 운영리스크관리를 수행하고, 신규 리스크의 파악이나 손실사건 발생 시 사전에 정의된 보고라인으로 적시에 보고하며, KRI 추세 및 한도 모니터링 현황을 보고하는 등 최일선에서 운영리스크를 관리하는 역할을 수행해야 한다.

또한, 그룹 운영리스크관리조직에 적절한 피드백을 제공할 수 있어야 하며, 이를 위하여 무엇보다 담당업무에서 발생할 수 있는 리스크 유형과 개별 리스크를 관리하기 위한 방안뿐 아니라, 그룹의 경영목표, 리스크 관리전략, 정책 및 절차를 명확하게 이해하고 있어야 한다.

각 부문의 운영리스크관리자는 부문장을 보좌하여 다음의 업무를 수행하고 그 결과를 보고하여야 한다.

- 각 소속 부문의 RCSA 수행
- KRI 모니터링
- 손실데이터 등록, 보고
- 부문의 내부통제 진단 및 리스크 경감전략 수립, 시행
- 활동 결과에 대한 경영진 및 그룹 운영리스크전담부서 보고
- 소속직원에 대한 교육

사업부문 내 운영리스크관리자는 위에서 정의한 운영리스크와 연계된 업무와 관련하여 부문장 및 그룹 운영리스크관리조직에 동시에 보고해야 한다.

자회사 및 사업부문 지원부서의 역할 및 책임

각 자회사 및 사업부문에서는 운영리스크관리 기능을 마련하며 부문 내 운영리스크관리에 대한 총괄 및 경영진에 대한 보고를 수행해야 한다. 특히, 이들 기능은 그룹 전체의 목표와 자회사/사업부문의 목표를 수행하는 과정에서 해당 자회사/부문이 직면한 리스크를 파악, 평가하는 책임을 가지게 된다. 또한, 그룹 이사회혹은 리스크관리위원회에 의해 승인된 그룹의 리스크성향risk appetite 내에서 자회사/부문 별 사업을 운영하기 위한 효과적이며 효율적인 내부통제시스템의 설계, 운영 및 모니터링을 위한 책임을 가진다. 특히, 자회사/부문 CEO는 그룹 경영전략 및 사업계획에 근거하여 예상되는 향후 영업환경 등의 변화가 관리 영역의 운영리스크에 미치는 영향을 평가하여 그룹에 제출하여야 한다.

그룹 본부부서의 역할 및 책임

여기서는 그룹 운영리스크관리조직과 그룹 본부지원부서의 '2차 방어선2nd line of defense'으로서의 역할 및 책임에 대해 설명하고자 한다. 2차 방어선의 점검assurance은 운영리스크 통제구조의 3차 방어선 개념의 일부분으로 그 목적은 리스크 환경 변화에 대처하기 위한 ORM 통제체제의 효율성을 확보하고, 주요 ORM 정책 및 규정이 준수되고 있음을 확인하기 위한 것이다.

2차 방어선의 관련 담당자의 역할 및 책임R&R은 다음과 같다.

① 그룹 리스크관리위원회

- 운영리스크 한도 및 정책의 준수 여부 점검
- 리스크관리규정의 제정 및 개정에 관한 기본적 사항

- 자회사/사업부문별 리스크를 감안한 자본배분에 관한 사항
- 운영리스크관리에 관한 기본방침의 수립 및 조정
- 운영리스크 전략 및 중요 정책 심의
- 운영리스크 관련 공시정책 심의

② 그룹 운영리스크관리조직

운영리스크관리를 위한 기준, 규정, 정책, 관리체제를 수립함

- 그룹 운영리스크 관리인식, 평가, 측정, 모니터링, 보고 등를 위한 전략 및 정책 수립
- 각 자회사/사업부문의 운영리스크관리 지원 및 모니터링
- 그룹 운영리스크 측정방법의 설계, 실행 및 검증
- 그룹 운영리스크 개선을 위한 통제개선 및 경감전략 개발
- 그룹 운영리스크 관리시스템의 운영, 개선
- 관련 정책, 절차, 시스템의 문서화
- 운영리스크 관련 직원 교육 및 문화 확산

③ 준법감시

국내 법규 및 법적 요구사항을 충족시키기 위한 통제방안을 승인하고 단위사업부문1차 방어선 및 그룹 본부지원부서의 내부통제 활동을 점검함

④ 그룹 본부부서

본연의 업무와 관련된 운영리스크 손실사건, 리스크통제자가진단RCSA, 핵심리스크지표KRI 등의 평가결과를 리뷰하고 통제개선계획의 수립 및 실행 책임을 가짐

운영리스크관리를 위한 2차 방어선으로 그룹 내 준법감시 및 본부부서들은 그룹의 운영리스크 정의와 연계하여 결정할 수 있다. 즉, 운영리스크 정의 및 범주와의 연계성을 고려하여 결정되는데, 인력, 프로세스, 시스템 및 외부사건

| 표 2.6 | 그룹 본부부서의 운영리스크관리 활동

부서명	손실데이터 수집	RCSA/KRI	시나리오 분석
인사부	• 타 부서에서 발생한 risk factor가 'People'인 사건에 대한 지원(원인/영향 검토, 기 보유 추가정보 제공 등)	• RCSA 및 KRI 현업 담당자 확인을 위한 인사이동 정보의 제공	• 전행차원에서 고용 및 사업장 안전(LET 3)에 대한 시나리오 검토 및 평가
IT 본부	• 타 부서에서 발생한 risk factor가 'System'인 사건에 대한 지원 • 손실 사건 수집 프로세스상 전산기술 지원		• 시스템 사용 사업부별 또는 사업영역(BL)별 시스템 안전, 백업 및 프로그램 오류관련(LET 6) 시나리오 검토 및 평가
총무부	• 관리 중인 손실자료의 보험처리일, 금액 등 보험관련 자료의 LDB 업데이트를 확인하고 지원		• 전사차원의 재해손실(LET 5)에 대한 시나리오 검토 및 평가
기획부	• 기 승인 가지급금, 잡지급금 관련 사건의 일부 회수, 잡지급금 처리여부 등 사후 처리 발생 내역에 대한 LDB 업데이트를 확인하고 지원	• 전략리스크에 대한 인식 및 평가	• 시나리오 Threshold 설정을 위한 종합 수익관리시스템 자료 제공
여신 관리부	• 종결 운영손실 사건관련 소송 정보의 LDB 업데이트를 확인하고 지원		• 관련없음
준법 감시실	• LDC 프로세스에 필요한 각종 규정관련 업무 및 법규준수에 대한 내용을 지원		• 각종 규정관련 업무 및 법규준수에 대한 시나리오 검토 및 평가
홍보실	• 관련없음	• 평판리스크 인식 평가	

등을 관리하는 부서와 그룹 리스크관리 관점에서 전략 및 컴플라이언스 등의 부서 등도 포함될 수 있다.

인사, 전산, 법규소송 등, 재무 등의 지원을 전문적으로 전담하는 부서는 일상적인 부문 내 운영리스크 관리업무1차 방어선으로서 기능 이외에도 소관 업무와 관련된 운영리스크에 대해 전문적인 지원 및 모니터링 기능2차 방어선으로서 기능을 수행하여야 한다. 이들 부서들은 일부 특정한 리스크에 대해서는 운영리스크 관리조직으로서 활동을 수행하는데, 이를 통해 자회사/사업부문과 그룹 운영리스크관리조직을 지원하고 사업부문을 대신하여 일정한 리스크관리활동에 책임을 지게 된다.

- 관련 부문 및 기능에 대한 정책 설정, 준법감시 및 모니터링
- 사업부문과 그룹 운영리스크관리조직에게 그들의 기능적 영역에 대한 자료 및 전문적 조언 제공
- 그들의 기능적 분야와 관련이 있는 그룹 차원의 또는 부서별 리스크 이슈를 식별 및 평가

이들 그룹 본부부서들은 다음의 자료를 그룹 운영리스크관리조직에 제공하여야 한다.

- 운영리스크 경감을 위한 보험에 신규 및 갱신 부보한 경우 보험약관, 특약 및 보험증권 사본, 분기별 보험금 청구 및 수령내역 등의 자료
- IT부서는 전산으로 관리되는 KRI 데이터 송부

2차 방어선의 확인점검assurance check을 위하여 필요시 관련 부서들로 T/F팀예: ORM 실무자협의회을 구성할 수 있다. HR, IT 등의 운영리스크 책임부서RTO: Risk Type Owner는 해당 부문으로부터 독립적인 연관 부서의 전문가가 리뷰를 수행하도록 해야 한다. 그룹 내 모든 부문을 대상으로 고위험high risk 또는 저위험low risk으로 분류하며, 고위험 부문은 1년에 1회, 저위험 부문은 2년에 한번 점검리뷰assurance review를 수행할 수 있을 것이다.

제 3 장 운영리스크관리의 필요성

3. 1 운영리스크의 정의 및 관리원칙

베어링스Barings, 소시에테제너럴Societe Generals, UBS 등에서 발생한 손실사건들은 금융회사의 운영과 관련된 리스크—운영리스크operational risk—의 중요성을 인식하게 만드는 계기가 되었다. 이러한 형태의 리스크는 내부통제 미비, 정보시스템 오류, 법률적 분쟁 등으로 인한 손실을 포함한다. 금융회사들은 그동안 시장리스크와 신용리스크 등 금융리스크financial risk 측정을 위해 여러 방안을 도입하였으나 이러한 시스템이 금융회사의 파산위험을 완전하게 보호하지는 못한다는 사실이 점차 분명해지고 있다.

예를 들어, 금융회사의 파생상품 거래자가 거래상품을 투자자에게 보다 매력적으로 보이게 할 목적으로 고의로 실제로 다른 변동성 수치를 모형에 입력하여 상품가격을 결정하였다면, 이는 추후 회사의 대규모 손실을 발생시킬 가능성이 높다. 이러한 경우는 파생상품 가격결정 시스템에 대한 부적절한 검증으로 인한 운영리스크 관련 손실로 이러한 손실사건은 파생상품의 거래가 확대될수록 증가하는 추세이다.

이러한 운영리스크 손실사건을 효과적으로 관리하기 위해서는 시장 및 신용리스크와 마찬가지로 체계적이고 객관적인 형태로 운영리스크를 평가 및 측정하는 방법론이 필요하다. 여기서는 운영리스크의 정의와 관리 필요성을 설명할 것이다.

운영리스크 도입배경

2008년 초 국내 은행권에 도입된 Basel Ⅱ는 기존 규제안Basel Ⅰ과 비교해 볼 때 두 가지 점에서 커다란 차이가 있다. 첫째는 고객의 신용도에 따라 신용리스크에 대한 위험가중치를 차등화할 수 있도록 은행의 자율성을 확대한 것이고, 둘째는 운영리스크를 새롭게 도입한 것이다. 이렇게 운영리스크를 신용리스크나 시장리스크와 같은 차원의 별도의 리스크 유형으로 인정한 바젤위원회의 결정은 금융회사의 운영리스크 관리방식이 크게 발전할 수 있는 중요한 계기를 제공하였다. Basel Ⅱ는 은행이 리스크특성 등에 적합한 방법으로 운영리스크를 측정하여 이에 상응하는 필요 자기자본을 산출하도록 요구하고 있을 뿐만 아니라, 효과적으로 운영리스크를 평가·통제하기 위한 관리체계ORM Framework의 수립을 요구하고 있기 때문이다.

운영리스크의 경우 아직 구체적인 계량화 방법론에 대해 많은 이슈가 산재하고, 일각에서는 계량화 자체에 대한 회의론이 제기되기도 한다. 하지만 이처럼 Basel Ⅱ에서 운영리스크에 대해 규제자본을 부과하기로 하고, 적극적으로 관리체계를 갖추도록 하는 것은 2000년대 들어 운영리스크가 크게 증가하고 있으며, 다음 사례에서 알 수 있듯이 결국 금융회사의 생존에 직결될 수 있다는 판단에 기인한 것으로 보인다.

첫째, 베어링스나 소시에테제너럴의 경우처럼 순수한 내부통제의 문제가 대형 금융회사의 파산을 초래할 만큼 중요한 현실적인 문제로 등장했다. 아울러 엔론Enron 등 대형 회계부정사건을 계기로 지배구조와 내부통제에 대한 투자자들의 관심이 크게 높아지고 있다.

둘째, 1998년 미국 LTCM 파산, 2007~2008년 서브프라임 위기의 사례처럼 금융규제 완화와 더불어 나타나는 금융회사 업무영역의 확대 및 다양하고 복잡한 상품의 취급은 내부통제의 취약성을 더욱 높이고 있다. 예를 들어, 금융회사의 겸업화로 다른 업종에 존재하던 익숙하지 않은 리스크에 새롭게 노출될 뿐만 아니라 겸업화 자체가 전혀 새로운 리스크를 만들어 내기도 한다. 그리고 신용리스크나 시장리스크를 헤지하기 위해 도입된 파생금융상품들이 오히려 투기적인 목적으로 이용되기도 한다. 어떤 의미에서는 파생금융상품을 통한 신용 및 시장리스크의 축소 노력이 다른 한편으로 운영리스크를 높이는 결과를 낳기도 한다.

셋째, 금융업에 있어 IT기술의 급속한 발달 또한 심각한 수준으로 운영리스크를 발생시키고 있다. IT기술을 통한 자동화 및 정보화는 과거 빈번하지만 영향력이 크지 않던 많은 운영리스크를 이제 발생의 개연성이 낮지만 심각한 영향을 미칠 수 있는 중요한 리스크로 변화시키고 있는 것이다.

이와 같이, 운영리스크를 규제자본 산출시 포함한 것은 리스크관리의 발전이라는 관점에서 큰 의미를 갖는 변화이다. 즉, 자산 및 부채에 속하는 여러 금융상품을 만들고 판매하여 수익을 창출하는 금융회사의 영업 전 과정에서 발생하는 리스크를 동태적이고 체계적으로 파악할 수 있다는 점에서 리스크관리 변천사에 커다란 획을 긋고 있다고 평가할 수 있다.

운영리스크의 정의

운영리스크operational risk는 은행업의 역사와 마찬가지로 오래되었으나 그 개념이 정립된 것은 불과 얼마 전부터이다. 과거에는 운영리스크 관리를 주로 내부통제 장치에 의존하였지만 최근에는 구체적인 체계 및 절차에 의해 관리하려고 한다. 전통적으로 운영리스크는 금융회사가 노출된 리스크 중에서 시장, 신용, 유동성 리스크를 제외한 모든 리스크로 폭넓게 정의되었으나, 최근 들어 보다 좁게 정의되는 경향을 보이고 있다.

Basel Ⅱ에서는 "운영리스크를 부적절하거나 잘못된 내부의 절차, 인력 및 시스템 또는 외부의 사건으로 인해 발생하는 손실위험"으로 정의하며, 법률리스크legal risk는 포함하며, 전략리스크strategic risk와 평판리스크reputational risk는 제외하고 있다.[1]

이는 그동안 신용, 시장, 금리, 유동성리스크 이외의 모든 리스크를 운영리스크로 정의한 전통적인 정의에 비해 협의의 정의로 규제자본 산출Pillar 1에 포함하기 위해서는 계량화가 가능하여야 한다는 점을 감안한 것이다.[2] 따라서 재무적 손실로서 은행의 손익계산서에 계상되는 운영리스크만 대상으로 필요 자기자본을 산출하도록 하고, 전략 및 평판리스크와 같이 현 단계에서 계량화가 어려운 리스크는 내부자본 적정성평가Pillar 2 시 별도로 감안하도록 하고 있다.

전략리스크 및 평판리스크를 제외하는 이유는, 이들 리스크가 관리대상 그

1 법률리스크(legal risk): 윤리기준 및 계약상 의무를 포함한 법률 위반에 따른 손실위험으로 민사소송 관련 비용뿐 아니라 감독당국으로부터의 벌금, 과태료 또는 징벌적 배상금(punitive damages)까지 포함.

전략리스크(strategic risk): 경제나 정치 환경의 기반이 변화로 발생할 수 있는 손실위험으로 경영진의 정책결정 오류로 발생하는 리스크도 포함.

평판리스크(reputational risk): 전반적인 운영에 대해 대중들의 중대한 부정적 여론으로 인해 은행이 자금조달에 어려움을 겪거나 고객을 잃음으로써 발생하는 손실 리스크를 말함.

2 운영리스크에 법률리스크가 포함되어 있으므로 은행 총이익에 일정비율로 필요 자기자본량을 결정하는 Basel Ⅱ의 기초지표법이나 표준방법은 합리적이지 않다. 왜냐하면, 법률적 위험은 각 국마다 다르고, 심지어 미국에서는 각 주마다 차이가 날 수 있으므로 리스크 노출 정도가 총이익에 비례하지 않을 것이기 때문이다.

자체라기보다는 다른 운영리스크 손실사건으로 말미암은 파생된 리스크로 간주되기 때문이다. 즉, 효율적인 운영리스크의 관리로 금융회사의 내·외부의 사취, 업무중단 및 시스템 장애, 유형자산의 손실, 고객, 상품과 영업관행, 실행, 전달 및 처리절차 실패 등으로부터의 사건이 줄어든다면 평판 및 전략리스크는 그에 따라 감소할 것이기 때문이다.[3]

이와 같이, 운영리스크는 부적절하거나 실패한 내부 프로세스와 직원 및 시스템 등으로 인해 직·간접적인 손실이 발생하는 위험으로 정의된다. 시장 및 신용리스크는 일정한 수익을 얻기 위해 적절한 수준을 결정하여 불가피하게 보유해야 하는 리스크로 인식되는 데 비해, 운영리스크는 수익과 직접적인 연관성이 낮아 내부통제나 리스크 경감수단을 통해 가능한 한 줄여야 하는 리스크로 알려져 있다는 특징을 가진다.[4]

비재무적 위험은 내부 운영상의 문제로 발생하는 손실위험internal event risk과 자연재해, 테러 등과 같이 통제불가능한 외부 사건으로 인한 손실위험external event risk, 그리고 기타 경영상의 손실위험으로 구분할 수 있다. 이러한 손실로부터 금융회사가 파산하는 것을 막기 위해 자기자본규제를 시행하는 Basel Ⅱ에서 정의하는 운영리스크에는 고객 감소 등과 같은 경영리스크business risk는 포함하지 않는다.

최근 금융회사의 경영진들은 이러한 운영리스크를 측정하고 관리하는 데 높은 관심을 보이고 있다. 이는 자산 규모가 점차 커지고 IT기술에 대한 업무 의존도가 점점 높아지는 변화된 영업환경하에서 운영리스크가 금융회사가 관리해

3 이러한 정의는 운영리스크와 기타 리스크의 구분을 명확히 하고 운영리스크 중 계량화가 가능한 부분을 식별할 수 있도록 설정된 것으로 보여진다. 그러나, 실제 브랜드나 회사이미지 등의 요인들은 금융회사의 장기 수익성에 중요하므로 평판리스크의 관리가 긴요하다. 따라서 운영리스크에 대한 경영진의 책임은 감독상의 요구수준(regulatory requirements)을 넘어서 경영상 목적을 위해 운영리스크의 개념을 폭넓게 채택할 필요가 있을 것이다.

4 이러한 주장에 대해서는 보다 세밀한 이해가 필요하다. 운영리스크가 여타 재무적 리스크와 달리 수익과의 직접적인 연관성을 가지기 어렵지만, 금융회사의 영업활동 과정에 내재되어 있으므로 무조건 줄일 수 있는 리스크라고 할 수는 없다. 그에 따라 수용가능한 수준을 설정하고 관리하는 절차가 필요할 것이다.

| 표 3.1 | 주요 운영리스크 손실사건

금융회사	손실규모	주요 내용
베어링스 은행 (1995)	15억 달러	펀드관리자의 한도 초과 선물포지션 운용 내부통제기능의 결핍 은행 파산
스미토모 은행 (1996)	26억 달러	거래자의 10여 년에 걸친 미인가 파생상품거래 3년 동안 손실 미보고 은행 명성에 치명적 손실
Deutsch Morgan Grenfell	7억 달러	펀드관리자의 거래 한도 초과 대규모 손실 초래/대규모 벌과금 은행은 펀드투자자에게 보상
Bankers Trust	1억 5천만 달러	부적절한 판매관행으로 인해 법률적인 소송 발생 은행 명성에 치명적 악영향
National West	1억 3천만 달러	거래자가 옵션모형에 잘못된 변동성 입력 은행 명성에 훼손
소시에테제너럴	72억 달러	트레이더가 내부 감시시스템을 조작하여 허용한도를 초과하여 파생상품 거래 은행이 파산 직전 상태까지 감
UBS	23억 달러	영국지점의 트레이더가 무단으로 파생상품거래를 수행, 은행 명성에 치명적 손실

야 할 주요한 리스크로 인식되고 있기 때문이다. 특히 9·11 테러는 영업 연속성의 유지라는 관점에서 운영리스크를 새롭게 평가하게 하였으며, Allied Irish Bank의 비정상적인 거래rogue trade로 인한 6억 9천만 달러의 거래 손실, 부적절한 영업관행으로 인한 메릴린치의 1억 달러의 벌금 등과 같은 손실사건들은 금융회사에서 운영리스크관리의 중요성을 재평가하게 만드는 계기가 되었다.

바젤위원회에서는 운영리스크를 다음 7가지 손실유형LET: Loss Event Type으로 구분하고 있다. 대부분의 금융회사는 이 손실유형을 따르면서 외부 손실데이터 및 내부 손실데이터, 기타 경험 등을 활용하여 내부통제에 맞게 관리하고자 하는 손실유형을 규정하고 있다. 또한 손실유형별 원인cause 및 손실의 결과effect가 추가적으로 포함된다.

| 표 3.2 | Basel II의 7대 손실사건유형

사건범주	정의	사례
내부사취 (Internal Fraud)	내부자가 관여된 은행자산의 횡령, 규정, 법률, 정책을 악용하는 행위로부터 발생하는 손실	비인가 거래, 사기, 횡령, 뇌물 등
외부사취 (External Fraud)	제3자에 의한 자산의 횡령, 규정의 부적절한 적용, 사취를 목적으로 한 행동에 의한 손실	절도, 위조, 정보도난, 컴퓨터 해킹 등
고용 및 사업장 안전 (Employment Practices and Workplace Safety)	고용, 건강 또는 안전규정을 준수하지 않은 행위로 인한 손실	안전사고, 인종차별, 성차별 등
고객, 상품과 영업관행 (Clients, Products & Business Practices)	고객에 대한 책임을 부주의로 수행하지 않거나 상품 결함 등으로 인한 손실	고객 프라이버시 침해, 기밀정보 오용, 돈세탁, 금융상품 모형 오류 등
유형자산 손실 (Damage to Physical Assets)	자연재해나 기타 사건으로 인한 물적 자원 손실	홍수, 지진, 화재, 테러 피해 등
업무중단과 시스템 장애 (Business Disruption & System Failure)	업무마비나 시스템 장애 등으로 인한 손실	업무마비, 정전, 컴퓨터/통신시스템 장애 등
실행, 전달과 처리절차 관리 (Execution, Delivery & Process Management)	거래처리 또는 관리 잘못으로 인한 손실(잘못된 보고 및 데이터입력, 서류미비 및 분실 등)	회계오류, 담보관리 부실, 법적 문서 누락 등

Basel II의 운영리스크 손실사건에 대한 범주화는 사람people, 업무절차process, 시스템, 외부요인external factors에 기반하고 있으며, 이를 구체화하면 다음과 같이 정리할 수 있다.

① ~ ② 내 · 외부 사취(Internal & External Fraud)

비인가 거래, 사기, 뇌물, 횡령, 절도, 해킹 등

③ 고용관행 및 사업장 안전(Employment Practices & Workplace Safety)

안전사고, 성차별, 인종차별, 성희롱, 과다한 초과근무 등

④ 고객, 상품 및 영업관행(Clients, Products & Business Practices)

고객 프라이버시 침해, 저작권 침해, 돈세탁, 금융상품 가격결정모형의 오류 등

⑤ 유형자산 손실(Damage to Physical Assets)

자연재해태풍, 홍수나 테러 등으로 인한 실물자산의 손실

⑥ 업무중단 및 시스템 장애(Business Disruption & System Failure)

통신 및 시스템 장애하드웨어/소프트웨어 오류, 정전 등

⑦ 실행, 전달 및 처리절차 관리(Execution, Delivery and Process Management)

회계 오류, 데이터 입력 오류, 법적 문서 누락, 담보관리 부실 등

앞서 언급한 바와 같이, 운영리스크는 시장/신용리스크와 여러 가지 면에서 다르며, 이는 운영리스크관리와 측정의 어려움으로 이어진다. 먼저 시장/신용리스크는 수익에 대한 구체적·직접적인 대가인 반면, 운영리스크는 영업활동에 본질적으로 내재하고 수익과 간접적인 관계를 갖는다는 특징을 가지고 있다. 둘째, 시장/신용리스크와 달리 운영리스크는 인력, 프로세스, 시스템에 내재하고 있어 구체적인 익스포저를 파악하기가 매우 힘들다. 이에 따라 운영리스크는 리스크 인식을 위해 주관적인 방법을 사용하고 있어서, 시장의 변동성, 익스포저 증감 등의 객관적 자료를 사용하는 시장/신용리스크와 구별된다. 셋째, 관리주체의 측면에서도 운영리스크는 내부감사, 준법감시인, 운영리스크관리팀 등 복수 주체의 협력관계가 강조되고 있어 특정 부서가 주도적인 역할을 담당하는 시장/신용리스크와는 다른 특징을 보이고 있다. 마지막으로 리스크측정을 위해 필요한 손실사건의 개수도 전 세계적으로도 부족하여 시장/신용리스크에 비해 정확한 측정이 매우 어려운 실정이다.

| 표 3.3 | 시장/신용리스크와 운영리스크 비교

구분	시장리스크	신용리스크	운영리스크
익스포저	시장성 자산, 대출 자산 등 실물 자산		인력, 업무 프로세스, 영업규모 및 특성
리스크 원인	시장 변화		내부의 절차, 인력, 시스템 및 외부의 사건
관련 부서	자산운용부서	여신부서	전 부서
리스크 인식	시장변동성 증대, 익스포저 증가 등 객관적 자료로 파악		손실자료, 프로세스 분석 등을 통해 파악
관리 주체	시장리스크팀 (단일 주체)	신용리스크팀 (단일 주체)	내부감사/준법감시인/운영리스크관리팀(복수 주체)
손실분포	정규분포 유사	비정규분포	비정규분포
사건	시장의 변동성 증대	부도, 신용도 하락 등	운영손실 발생
데이터 개수	수없이 많음	상대적으로 많음	전 세계적으로 부족

3.2 운영리스크관리의 필요성

금융산업의 고도화, 복잡화, IMF 이후의 구조조정 등으로 금융회사 내·외부 금융사고가 증가함에 따라 사고예방에 대한 필요성이 대두되고, 사후적인 결과를 단순히 보고하는 수준이 아니라 사전 예방차원에서 운영리스크를 관리해야 할 필요성이 증가하고 있다.

기존 금융회사에서 운영손실operational loss에 대한 관리는 사전적pro-active 관리의 개념이 아닌 사후적reactive 대응의 차원에서 수행되어 왔다. 과거에 운영리스크 관리는 영업활동 비용의 감소에 초점을 맞추고 있는데, 영업과정상의 실수, 사기, 사고 등에 의한 주요 운영손실에 대해 사후적으로 리스크 관리 정책이나 절차를 강화하는 방식으로 관리하였다. 그러나 이러한 접근법으로는 운영리스크 관리가 형식적·기계적으로 되어 베어링스 은행의 파산과 같은 대형 손실을 방지하고 예측하는 것이 어렵게 된다. 이와 함께 파생상품거래가 확대되면서 문서화 리스크documentation risk 등 금융회사가 보유한 운영리스크가 크게 증가하여 이에 대한 체계적인 관리가 필요하게 되었다.

시장리스크와 신용리스크가 영업활동 결과물의 손실 가능성을 관리하는 데 반해, 운영리스크는 영업활동 수행과정에 내재된 손실 가능성을 관리하는 것이므로 영업활동 전반에 대한 분석을 수반함과 동시에 사전적 통제 기능을 수행하게 된다.

현실적으로 금융회사 내 직원의 부정행위, 프로세스 실패, 비인가 거래행위 등과 같은 운영리스크 관련 손실을 계량화할 수 있는가에 대해 회의적인 사람들이 많이 존재한다. 물론 운영리스크의 특성상 계량화하기 어려운 요인들이 존재하는 것은 사실이나 운영리스크를 적절하게 측정해야 하는 중요한 이유가 다음과 같이 존재한다.

운영리스크관리 및 시스템을 구축할 필요성은 크게 내부관리 목적 및 규제목적으로 구분할 수 있다.

첫째, 규제적 측면으로 Basel Ⅱ에서는 운영리스크 손실에 대비하여 자기자본을 보유토록 규정하고 있으므로 정확한 운영리스크 크기의 측정을 통해 효율적인 자본할당이 이루어질 수 있도록 해야 한다. 규제목적의 운영리스크관리는 감독당국에서 요구하는 운영리스크관리 체제를 갖추고 규제목적의 운영리스크 자본량을 산출하여 금융회사의 안정성을 높일 수 있고 S&P, 무디스 등 외부 신용평가회사의 신용등급 평가에 긍정적인 영향을 미칠 수 있다.

둘째, 실제 금융회사에 내재되어 있는 운영리스크의 크기가 무시할 수 없는 수준이다. 글로벌 금융회사들의 경우 운영리스크의 노출 정도가 시장리스크보다 큰 것으로 알려져 있는데, 전체 필요자기자본에서 운영리스크 손실에 대비해 보유하는 자본량이 15% 이상인 것으로 알려져 있다. 또한 법률적 위험이 내재되어 있는 신용파생상품 등의 거래가 확대되면서 그에 따라 운영리스크의 노출규모도 증가하고 있다. 따라서 노출된 운영리스크의 크기를

정확히 측정하여 사업부문의 확대나 축소와 같은 경영의사결정에 반영해야 할 것이다.[5]

마지막으로 각 사업부문별로 운영리스크의 노출 정도를 측정함으로써 이로 인한 손실을 줄일 수 있는 내부통제 메커니즘을 작동시킬 수 있다는 점이 무엇보다 중요하다. 내부관리 목적은 자가진단법Self-Assessment 등과 같은 주관적인 지표와 리스크지표RI: Risk Indicator 등과 같은 객관적인 지표 및 방법론을 통해 사전적으로 운영리스크를 인지하고 대응하기 위한 것이다. 또한 내부직원 스스로 개선이 필요한 부분을 인식하여 내부통제를 개선시킴으로써 운영리스크 손실사건의 발생 가능성을 감소시킬 수 있다.

따라서 개별 금융회사에서는 각각의 현황을 고려하여 지원가능한 운영리스크 측정방법론을 채택해야 하며, 운영리스크 모니터링을 위해 현재 이용하고 있는 리스크 평가시스템을 운영리스크 측정 프레임워크에 포함시켜야 할 것이다. 운영리스크에 대한 적절한 모형화를 위해서는 운영리스크의 특성과 이러한 특성이 측정방법에 미치는 영향을 고려해야 한다.

첫째, 시장 및 신용리스크와는 달리, 운영리스크는 내재적이다. 시장 및 신용리스크가 일반적으로 외부요인에 주로 영향을 받는 데 비해, 운영리스크는 각 회사의 현황 및 환경에 따라 차별적으로 나타나며, 기업의 프로세스, 조직, 인력 및 문화에 따라 이질적이다. 따라서 운영리스크를 정확히 측정하기 위해서는 금융회사별로 내부 손실데이터를 수집해서 보유해야 하지만, 대부분의 금융회사들은 과거 운영손실 데이터를 측정에 필요한 만큼 보유하고 있지 못하다. 이러한 경우에는 외부데이터 제공업체external data vendors의 자료를 이용해야 하지만, 개별 회사의 운영리스크 프로파일의 특수한 성격을 반영하기는 어렵다.

또한 내부 손실데이터를 수집하는 프로세스에 따라 손실분포의 형태가 달라

5 글로벌 금융회사들은 운영리스크 손실에 대비해 20~70억 달러에 달하는 자기자본을 보유하고 있는 것으로 알려져 있다. 2001년 사업보고서에 의하면, Deutsche Bank와 JP Morgan Chase의 경우, 각각 25억 유로와 68억 달러의 자기자본을 운영리스크 손실을 대비해 보유하는 것으로 나타났다.

질 수 있다. de Fontnouvelle et al.2003에 의하면, 미국 내 손실데이터와 여타 국가의 손실데이터가 상당한 차이를 가지고 있다. 예를 들어, 손실사건유형에서 미국 내 데이터는 '고객, 상품, 영업관행'Clients, Products & Business Practices 유형이 가장 많은 수의 손실자료를 가지고 있는 반면, 여타 국가는 '내부사취'Internal Fraud가 가장 많은 수의 손실자료를 포함하고 있는 것으로 나타났다.

둘째, 운영리스크는 동태적이며, 사업 전략, 프로세스, 기술, 경쟁 등에 따라 지속적으로 변화한다. 따라서 과거 데이터가 미래 리스크를 적절히 나타내지 못할 가능성이 높다. 운영리스크의 내재적, 동태적 성격으로 인해 질적 요인들에 대한 의존도가 높으며, 이는 시나리오 분석 등을 통해 전문가들의 정성적 판단을 포괄할 필요가 있음을 의미한다.

운영리스크에 대한 적절한 측정과 관리는 금융회사의 주요한 의사결정과정에 필요한 정보를 제공할 수 있다. 예를 들어, 운영리스크에 대한 노출이 큰 사업부문에 자본이 많이 배분되어 회사의 수익성이 악화될 수 있으므로 이 부문의 비중을 축소하는 경영전략을 실행할 수 있을 것이다. 운영리스크에 대한 효과적인 관리 및 통제는 손실분포의 형태에 영향을 미쳐 대규모 손실의 발생가능성을 줄이게 만들 수 있으며, 이는 효율적인 자본배분을 가능하게 한다. 그러나, 운영리스크에 대한 내부통제 및 관리체계가 제대로 실행되기 위해서는 우선 내재되어 있는 운영리스크의 크기를 측정하는 노력이 선행되어야 한다. 초기에 운영리스크를 측정하고 관리하는 노력이 전문인력의 부족과 데이터베이스 구축 등으로 많은 비용이 요구된다고 하더라도 금융회사가 노출되어 있는 운영리스크의 크기가 전체 리스크의 30% 이상이라는 평가도 있는 만큼 비용대비 편익benefit의 관점에서도 반드시 관리해야 할 리스크라고 판단된다.

앞서 언급한 바와 같이, 운영리스크는 전통적으로 시장 · 신용 · 금리 · 유동성 리스크 이외의 모든 리스크로 간주되어 왔다. 이러한 전통적인 접근법에서는 운영리스크를 단순히 영업비용operating cost으로만 인식하였고 이에 대한 통제도 사후적인 통제가 중심이 되었다. 경영진은 인사부서, 법무부서, 재무부서 등 관련 부서의 체계화되지 않은 개별 보고를 바탕으로 운영리스크를 인식하고 관리할 수밖에 없었다. 비록 내부 감사부서가 독자적으로 사후감사 등을 통하여 운영리스크를 통제하고자 하였지만 이 역시 이미 발생된 운영리스크를 대상으로 한다는 한계가 있었다. 결국 전통적인 접근법은 운영리스크에 대한 명료한 정의와 회사 비즈니스에 내재되어 있는 운영리스크에 대한 체계적인 평가 없이 주어진 통제규정의 준수 여부에 따라 내부통제를 평가하고, 사후 적발위주의 감시 및 통제활동에 크게 의존하였다. 따라서 급속히 변화하는 경영환경과 이에 따른 운영리스크의 변화에 효과적으로 사전에 대응하지 못하는 근본적인 문제점이 존재하였다.

아울러, 제도의 실행에 있어서도 일선 업무조직의 적극적인 참여보다는 내부감사조직 및 일부 본부부서에 크게 의존하였고, 내부통제 활동의 대상도 법규준수나 금융사고 등 좁은 의미의 내부통제 활동에 머물렀다는 비판에 직면하게 되었다. 또한 개별 내부통제 부서간의 체계적인 협력이 없이 운영리스크 관리를 함에 따라 금융그룹 차원의 운영리스크관리로 이어지지 못하는 문제를 보이

표 3.4 | 전통적 관리방식 vs. 새로운 관리방식

전통적인 운영리스크관리	• 통제제도 준수 여부 중심 • 감사부서 등 별도조직에 의한 점검 • 현업부서의 내부통제에 대한 주인의식 부족 • 사후적인 적발위주의 리스크 감시 및 통제 • 내부감사 조직에 대한 의존도 매우 높음 • 금융사고 중심
새로운 운영리스크관리	• 리스크평가 및 관련 통제장치의 적정성 평가 중심 • 현업부서에 의한 자가진단(self-assessment) 방식 • 내부통제 요소가 업무라인의 책임으로 통합 • 사전적인 리스크/통제에 대한 지속적 감시 및 피드백 • 내부감사 조직에 대한 의존도 다소 축소 • 운영리스크도 신용 및 시장리스크와 같은 수준의 체계적 접근 • 리스크의 인식/평가/감시/통제과정을 체계화 • 운영리스크의 측정, 계량 모형 및 시스템 개발 • 자기자본 부담을 통한 운영리스크관리의 인센티브 제공

게 되었다.

영업활동의 전산화, 복잡해진 금융회사의 영업환경, 대규모 손실을 내포하는 신상품의 등장 등으로 최근 대형 금융사고가 빈발함에 따라 금융회사의 주주, 경영진, 감독당국 등 이해관계자를 중심으로 운영리스크를 보다 명확하게 정의하고, 체계적으로 분석하여 사전적으로 운영리스크를 통제하고자 하는 시도가 나타나게 되었다. 또한 운영리스크관리의 주체는 내부 감사조직이 아니라 바로 업무담당자라는 인식이 확산되었으며, 운영리스크를 전사 차원에서 관리하는 독립적인 운영리스크 관리부문예: 운영리스크관리팀이 조직되었다. 그리고 리스크통제자가진단RCSA 및 핵심리스크지표KRI 등 운영리스크 관리 수단이 발전함에 따라 관련 통제장치의 적정성 평가 및 통제자원의 효율적인 배분이 가능하게 되었다.

특히 운영리스크 계량화와 관련하여 운영리스크는 애초부터 시장/신용리스크 등 재무적인 리스크와는 그 특징이 상이하며 손실자료가 부족하여 계량화가 어렵다는 회의론에도 불구하고 글로벌 금융그룹에서는 운영리스크에 대한 주관적인 평가assessment에 만족하지 않고 보다 객관적으로 운영리스크 측정방법을 개발하기 위해서 노력하였다. 이러한 과정에서 RCSA, KRI가 적극 활용되어 운영리스크의 관리와 측정이 별개 업무가 아니라 전체로서 하나의 불가분의 관계를 이루게 되었다.

3. 3 핵심 운영리스크관리

본절에서는 운영리스크 손실원인 구분에 따라 발생가능한 손실사건을 정의하고, 핵심 운영리스크로 관리하는 방안을 검토해보고자 한다.

① 내부직원

회사 직원의 작위 또는 부작위로 인해 발생한 손실사건

(예시) 직원의 실수, 인사문제, 신체적 상해, 비신체적 손해차별, 명예훼손 등, 불법행위사기, 거래범죄 등

- 금융회사의 조직개편, 인력 구조조정 등이 예상되는 경우 횡령 등 사취행위의 발생 가능성이 높으며, 특히, 점검이나 모니터링이 어려운 지역 사무소나 출장소에서 발생 가능성이 높으므로 주기적 점검 필요사건 발생 시 예상 손실영향: 上

② 업무

금융회사의 영업행위로부터 발생한 손실사건

(예시) 업무절차주의의무 미흡 등, 업무위험인수합병, 신상품 위험 등, 실수나 누락, 손해배상책임직원 또는 임원

- 신규 상품이나 업무의 급격한 팽창이 이루어지는 시기에 내재된 리스크를 충분히 리뷰하지 못할 경우 고객과의 분쟁 등 발생 가능성이 높음. 영업규모 증가율매출액, 영업이익 등이 회사 평균 2~3배 이상 시현하는 사업본부부문에 대한 점검 필요사건 발생 시 예상 손실영향: 最上

③ 상호관계

금융회사의 고객, 감독자 또는 제 3 자와의 관계 또는 접촉으로부터 발생한 손실사건

(예시) 법규 또는 계약법규위반 등, 과실, 판매차별대여 또는 고객차별, 판매관련 문제잘못된 설명, 전략 등, 누락적절한 수당지급 누락 등

- IFRS 도입으로 새로운 회계규정에 대한 이해 부족 또는 업무 적용 미숙으로 공시나 감독당국 보고 오류, 신용평가 오류로 부적절한 대출 실행 등의 가능성 존재. IFRS 등 새로운 외부규제 도입 시 철저한 검토 필요사건 발생 시 예상 손실영향: 上

• 금융권 자산확대 경쟁 등이 심해지는 시기에 지나친 목표 부여 등으로 인하여 펀드, 퇴직연금, 보험 등에 대한 불완전 판매의 발생 가능성이 높음. 금융회사 차원의 자산증대 및 수익성 제고 전략 추진 시 KPIKey Performance Indicator 배점이 높은 상품에 대한 판매 적합성 점검 필요사건 발생 시 예상 손실영향: 上

④ 기술

기술, 데이터, 정보에 있어서의 해킹, 절도, 실패, 고장 또는 혼란 등으로 인해 발생한 손실사건

(예시) 일반적 기술문제, 하드웨어, 보안, 소프트웨어, 시스템, 통신장비 등

• 차세대시스템 도입, 증권사 지급결제망 참여 등에 따라 금융회사의 고객정보가 대량으로 외부로 유출되어 집단소송이 발생할 가능성 있음. 발생 가능성 평가 및 보험 등 경감대책 검토 필요사건 발생 시 예상 손실영향: 最上

⑤ 외부

회사의 외부로부터의 사람 또는 실체로부터 발생한 손실사건

(예시) 대재해, 외부로부터의 범죄 등

• 재해는 BCP 수립으로 대응, 외부 강탈 및 카드 부정사용 등은 기 수립된 대책의 유효성 검토 필요재해를 제외하면 사건 발생 시 예상 손실영향: 中

3. 4 Basel II와 운영리스크

과거에는 측정 자체가 불가능하다고 여겨졌던 운영리스크의 측정방식이 최근 수년간 급속히 발전하고 있다. 최근 금융권에서는 내/외부 손실데이터, 시나리오 분석 등을 통한 질적/양적 투입요소를 통합하는 혁신적인 방법들을 개발

하였다.

Basel Ⅱ하에서 금융회사는 운영리스크 노출에 따라 필요 자기자본을 은행의 규모size, 형태shape, 영업행태behavior의 3개 요소와 연관시킨다. 회사내 사업형태와 규모는 운영리스크의 크기에 영향을 미치는 주요한 요인이다. 구체적으로, 표준화된 상품을 다루는 소매금융retail banking보다는 복잡하며 새로운 파생상품을 다루는 투자금융investment banking 부문이 운영리스크 노출크기가 크며, 동일한 조건의 소매금융에서 규모size가 크면 운영리스크에 보다 노출되어 있다고 간주할 수 있다. 또한 동일한 소매금융이라도 지점영업과 인터넷 영업은 운영리스크의 노출크기가 상이하며, 미국에서의 소매금융과 한국에서의 소매금융도 운영리스크가 다를 것이다. 이들 리스크 요인들을 총이익gross income과 같은 리스크 노출지표exposure indicator와 연결하여 운영리스크를 측정할 수 있다.

운영리스크에 대한 필요 자기자본 규모는 기초지표법BIA, 표준방법TSA, 고급측정법AMA이 있으며, 이 중 AMA는 보험통계에 기반하고 있는 손실분포접근법LDA: Loss Distribution Approach을 주로 사용하고 있다. 이러한 운영리스크의 측정방법은 감독당국의 정량적, 정성적 평가기준에 부합되어야 한다.

처음 두 방식BIA & SA은 기본적으로 운영리스크가 금융회사의 규모size와 주로 관련되어 있다는 관점에 기초하고 있다. 따라서 운영리스크에 대비한 필요 자기자본량OR capital: Operational Risk capital을 줄이기 위해서는 총이익gross income을 감소시키는 방안이 유일하며 이는 수익과 리스크관리에 대해 잘못된 관점을 가지게 만든다. 게다가 이들 방법은 운영리스크의 관리 능력의 배양에는 거의 도움이 되지 못한다. 금융회사 자기자본량의 규모는 리스크 노출 정도와 직접적으로 연결되어야 하며 운영리스크에 대한 적절한 통제control와 이전transfer을 통해 수익과 리스크를 최적화해야 한다. 따라서 국제적인 경쟁력을 갖춘 금융회사가 선택할 수 있는 측정방법은 AMA가 유일하다고 할 수 있다.

기초지표법이나 운영표준방법은 총이익의 일정비율을 운영리스크로 간주하기 때문에 내부통제의 질적인 평가가 직접 반영되지는 못하지만, 고급측정법에서는 과거 손실자료에 의한 객관적인 손실추정치뿐만 아니라 영업환경과 내부통제에 대한 질적인 평가도 고려한다. 즉, 고급측정법의 경우 리스크측정방법이 정교하며 운영리스크의 적극적 관리 및 통제를 위한 유인을 제공한다. 아울러 금융회사 내부의 사업부문간 자본배분capital allocation 및 성과평가performance measure에 있어서도 운영리스크를 감안하도록 함으로써, 각 사업부문이 성과관리를 위하여 내부통제 활동에 보다 적극적으로 매진할 수 있도록 하는 유인을 제공한다.

기초지표법

Basel Ⅱ의 운영리스크 측정방식 중 가장 단순한 방식으로 일반적으로 영업형태가 단순하고 소규모인 금융회사를 대상으로 제시한 방법이다. 동 방식에 따르면, 금융회사의 과거 3년 동안의 연평균 총이익gross income의 일정 비율α을 운영리스크에 대한 필요 자기자본으로 보유해야 한다. 이 중 특정 연도의 총이익이 음수이면 계산에서 배제한다. 기초지표법에 의한 필요자기자본 산출방식은 다음 식으로 표현될 수 있다.

$$K_{BIA} = \frac{\sum_{i=1}^{n} GI_i \times \alpha}{n}$$

여기서, K: 기초지표법에 의한 필요 자기자본량

GI: 양수(+)인 직전 3년간 총이익

n: 총이익이 양수(+)였던 연도 수

α: 바젤위원회에서 결정하는 자본계수로 15%로 설정됨.[6]

6 만약 이러한 방식의 필요 자기자본량 계산이 음수인 총이익으로 인해 왜곡된다면, 감독당국은 Pillar 2(감독당국 리뷰)를 통해 이를 시정할 수 있다.

참고 3.1 총이익 산출기준

□ 총이익은 순이자이익(net interest income)과 순비이자이익(net non-interest income)으로 구성되며, 다음 원칙에 의거하여 산출

- 연체이자에 대한 대손비용 등 모든 충당금비용 차감 전 금액
- 모든 영업비용 차감 전 금액*
- 은행계정(banking book)의 유가증권 매매에 따른 실현손익 제외
- 보험에서 발생한 수익 등 비경상적이거나 우발적인 항목 제외

* 외주용역 제공업자에게 지급되는 수수료를 포함한 모든 영업비용을 말함. 반면, 은행이 외주용역을 제공하고 받은 수수료는 관련 사업영역의 총이익에 포함

□ 운영표준방법에 의한 필요 자기자본을 산출하기 위해서는 우선 각 연도 사업영역(Business Line)별 총이익을 산출

- 각 연도는 분기단위로 구분
- 사업영역별 총이익은 사업영역별 수익에서 비용을 차감하여 산출

※ 이에 대한 최근 바젤위원회의 논의 내용은 〈Appendix 3.2〉를 참고

BIA방식은 필요 자기자본 수준의 산정이 총이익이라는 단일지표에 의해 이루어지므로 산정이 용이하고 모든 금융회사에 대해 전반적인 적용이 가능하다. 그러나 금융회사의 총이익과 잠재적인 운영리스크 규모간에 명확한 관련성이 있는 것은 아니므로 BIA는 선진적인 기법으로 볼 수 없으며, 특히 금융회사의 총이익이 산업내 경쟁정도, 비용구조, 세제 등의 변화에 따라 영향을 받는 점이 반영되지 않는다는 문제점이 있다. 즉, 동일한 총이익을 가지는 금융회사들은 운영리스크의 노출 크기, 통제환경 등이 상이함에도 불구하고 동일한 자기자본량을 보유해야 한다는 것이다. 따라서 이러한 방식은 가능한 한 금융회사가 자체적으로 리스크를 평가하고 관리하도록 유도한다는 Basel Ⅱ의 기본정신에도 부합되지 않는다.

그림 3-1 Basel II의 운영리스크 자본량 산출방식 비교

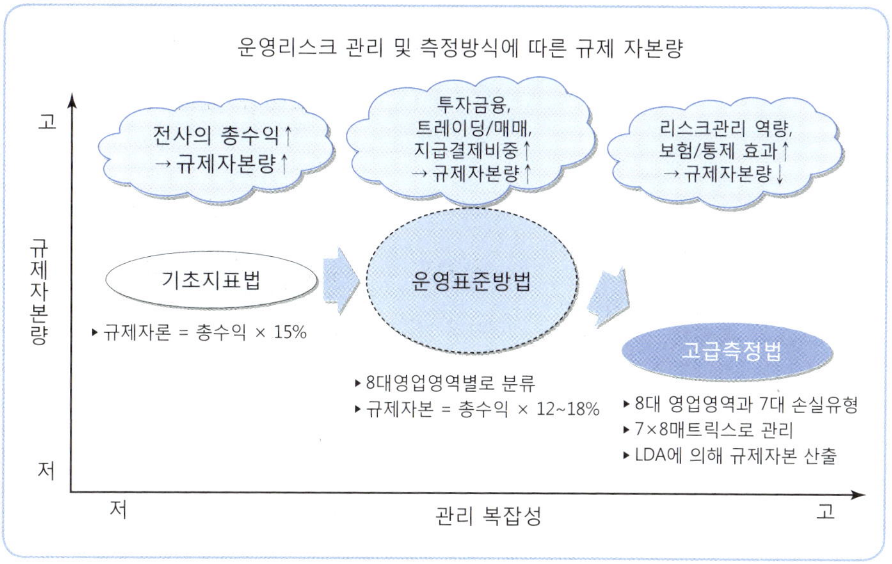

따라서 금융감독당국은 동 방식에 의해 산정된 필요 자기자본 수준이 다른 방식보다 상대적으로 높게 산출되도록 하여 금융회사가 보다 선진적인 기법을 선택하도록 하는 수준에서 일정 비율alpha: α을 결정해야 할 것이다.

기초지표법BIA은 감독당국의 승인은 필요 없지만, 바젤위원회는 금융회사가 어떤 측정방법을 채택하더라도 「운영리스크의 관리 · 감독에 관한 건전한 실무지침」Sound practices for the management and supervision of Operational Risk, 2003. 2의 충족을 권고하고 있다.

표준방법

표준방법은 금융회사의 업무영역별로 운영리스크 필요 자기자본을 산정하는 방식이다. 표준방법하에서 은행의 영업활동은 표준화된 8개 업무영역BL: Business Lines으로 구분된다. 각 부문별로 총이익이 운영리스크 노출 정도를 나타내는 지

| 표 3.5 | Basel II의 업무영역 구분

대분류 (Level1)	업무영역 정의	소분류 (Level2)	예시
투자금융 (Corporate finance)	직접금융/자금조달 중개활동 및 자문 활동 등 투자은행 형태에 의한 금융 서비스 제공	발행시장업무	유가증권(공모방식 국공채 포함) 주간사업무 (인수, 매출, 모집, 매출주선 등)
		M&A	M&A (금융주선 포함) 및 자문
		벤처투자	비상장, 비등록기업 및 비거주자 벤처(주식등)투자
		신디케이션	자금조달 주선
		컨설팅업무	사업주체로부터 위탁을 받아 행하는 특정사업에 대한 경제적, 기술적 타당성의 검토 및 계획, 조사, 분석, 평가, 지도 등 종합 용역의 제공
		기타	사모펀드(PEF)
트레이딩/매매 (Trading & sales)	트레이딩 목적 거래 및 트레저리	트레이딩	파생금융상품 거래(swap, option, 신용파생상품) 은행간, 대고객 외환거래(U$ 및 F/X Trading, M/M거래, CP 발행, 단기채매매), ABS, Structured Finance 등 복합금융상품 거래 유가증권(투자유가증권 포함) 거래(유통시장업무)
		채권 등 거래	채권(금융채 등) 매출 및 상환과 등록, 환매채 매도
		자금조달업무	원화, 외화, 역외자금 조달
소매금융 (Retail banking)	가계 또는 개인사업자에 대한 신용 공여 등 각종 금융 서비스 제공	소매금융	가계 예적금(원본보전신탁 포함) 및 가계대출(은행 및 신탁계정)
		프라이빗 뱅킹 (PB)	프라이빗 뱅킹업무
		카드	각종 카드업무 등
		기타 부수업무	현금관리, 보호예수, 대여금고 등 소매금융과 관련한 부수업무 (어음교환 제외)

기업금융 (Commercial banking)	기업, 은행 및 정보에 대한 신용공여 등 각종 금융서비스 제공	프로젝트 파이낸싱	프로젝트 파이낸싱 방식에 의한 신용공여
		종금여신	팩토링, 리스 등 신용공여
		자산유동화	자산유동화업무 중 신용공여
		기업금융	신용공여(대출, 보증, 사모사채인수, 외국환 한도거래승인 포함) 등 예대업무
		공공기관금융	정부투자기관 등 공공기관에 대한 예대업무
		무역금융	수출입 관련업무(수출입 승인 및 사후관리 포함)
지급결제 (Payment and settlement)	중앙(본점)에 집중하여 처리되는 지급과 결제	지급과 결제	지급과 추심, 자금이체, 은행간 결제, 어음결제(교환) 등
대행서비스 (Agency services)	계약 등에 의해 기업 또는 정부 등의 업무를 수탁 대행	국고/지로	국고/지로 등 대행업무
		뮤추얼펀드업무	자산운용 및 보관, 일반사무수탁
		부동산투자신탁(REITs)업무	보호예수(Custody), 자산관리, 일반사무수탁
		각종 기금관리업무	각종 기금관리(복권사업 포함)
		증권대행업무	주식실물보관 대행업무
		ABS관리업무	업무수탁자(Trustee) 업무
자산관리 (Asset management)	고객을 위한 자산관리	펀드 관리	신탁자산 운용업무
소매중개 (Retail brokerage)	계약 등에 의한 소매금융 중개 등	소매중개	제휴신용카드 및 방카슈랑스 등 고객유치 및 계약대행
		수익증권판매업무	자산운용사의 수익증권 및 뮤추얼펀드 등 판매

표indicator로 간주될 수 있다. 다음 [표 3.5]는 바젤위원회에서 결정한 표준화된 업무영역 및 관련 지표들을 나타낸다.

각 업무영역에 대한 자기자본 부과액은 해당 부문에 할당된 지표와 자본계수beta: β를 곱하여 산출된다. 자기자본계수는 감독당국이 설정할 것이며 이들은 특정 업무영역에 대한 운영리스크 손실 경험치와 해당 부문에 대한 지표들간의 업종별 관계를 개략적으로 대표하는 수치로 활용된다.

총 자기자본 부과액은 각 업무영역에 대한 규제상 자기자본 부과액의 단순합계액으로 계산된다. 실제 금융회사의 각 사업단위는 바젤위원회가 설정한 표준적인 8개 업무영역과 항상 일치하지는 않기 때문에 내부 사업단위를 8개 부문에 적절히 대응mapping시켜야 할 것이다. 특정 업무영역에서 특정 연도에 발생한 총손실음수의 총이익은 다른 업무영역에서의 총이익을 제한 없이 상쇄시킬 수 있다.

업무영역 (Business Lines)	지표 (Exposure Indicator)	자기자본계수: β
투자금융 (Corporate finance)	3년 평균 총이익	18%
트레이딩 및 매매 (Trading & Sales)	3년 평균 총이익	18%
소매금융 (Retail banking)	3년 평균 총이익	12%
기업금융 (Commercial banking)	3년 평균 총이익	15%
지급결제 (Payment & Settlement)	3년 평균 총이익	18%
소매중개 (Retail brokerage)	3년 평균 총이익	12%
대행서비스 (Agency services)	3년 평균 총이익	15%
자산관리 (Asset management)	3년 평균 총이익	12%

그러나, 특정 연도에 모든 업무영역의 총이익을 합산한 값이 음-이라면 그 해는 자기자본량 산출시 제외한다.

표준방식에 의한 자기자본 산출식은 다음과 같다.[7]

$$K_{SA} = \frac{\sum_{i=1}^{3} \max\left(\sum_{j=1}^{8} GI_j \times \beta_j, 0\right)}{3}$$

여기서, K_{SA}: 표준방식에 의한 필요 자기자본량

GI_j: j부문의 특정 연도 총이익

β_j: j부문의 자기자본계수(12~18%)

이러한 표준방식은 소매금융retail banking과 소매중개retail brokerage에 편중된 업무영역을 가진 금융회사에게 유리한데, 그 이유는 이러한 부문에 대한 자본계수가 12%로 기초지표법에 비해 상대적으로 낮기 때문이다.

그러나 표준방식은 데이터 부족으로 베타계수가 개별 업무영역의 특성을 제

구분	2008년도	2009년도	2010년도
투자금융(18%)	50억원×18%	50억원×18%	100억원×18%
트레이딩/매매(18%)	50억원×18%	50억원×18%	100억원×18%
소매금융(12%)	100억원×12%	50억원×12%	100억원×12%
기업금융(15%)	50억원×15%	50억원×15%	100억원×15%
지급결제(18%)	50억원×18%	50억원×18%	50억원×18%
대행서비스(15%)	50억원×15%	50억원×15%	50억원×15%
자산관리(12%)	50억원×12%	50억원×12%	50억원×12%
소매중개(12%)	100억원×12%	50억원×12%	50억원×12%
계	72억원	60억원	91.5억원
	(72.0+60.0+91.5)/3=74.5억원		

7 산출식에 Max함수가 포함되어 있는 이유는 특정 연도에 8개 사업부문의 총이익 합이 0보다 작으면 그 해는 자기자본 산출시 제외하기 때문이다.

대로 반영하기 곤란하며 개별 업무영역이 동일한 범주에 해당되더라도 고객 및 취급 상품의 특성에 따라 상이한 리스크에 노출될 수 있다는 점을 고려하지 못하는 문제가 있다. 또한 기초지표법과 마찬가지로, 금융회사의 리스크 관리능력 등이 필요 자기자본 산출에 포함되지 않음으로써 리스크 관리능력의 배양이라는 정책적 목표와 부합하지 않는다.

고급측정법

고급측정법AMA을 사용하는 금융회사들은 비예상손실UL: Unexpected Loss에 해당되는 금액으로 필요 자기자본을 산출하되, 만약 금융회사가 일상적이고 충격이 작은 사건예: 신용카드 부정사용에 따른 예상손실EL: Expected Loss을 가격에 적절히 반영하거나 또는 이에 대해 적정 수준의 충당금을 적립했다는 것을 입증할 경우에는 예상손실에 대한 자기자본 설정이 면제될 수 있다.

여기서, 예상손실은 발생빈도가 높고 충격이 작은 사건high frequency & low impact events에 대응되며, 비예상손실은 발생빈도가 낮고 충격이 큰 사건low frequency & high impact events에 대응된다. 향후 리스크관리 수준 및 데이터의 질적 수준이 향상되어 영업 수행과정에서 예상손실이 적절히 산정되고 이에 대해 적정한 충당금을 설정하는 금융회사들에 대해서는 규제자본regulatory capital의 경감이 가능할 것으로 예상된다.

다른 리스크 유형과 연관되어 있는 운영리스크에 대한 필요 자기자본 산출은 신용리스크의 경우에는 이후에도 신용리스크에 대한 자기자본량으로 계산되지만, 시장리스크의 경우에는 운영리스크에 해당되는 손실크기만큼 자기자본량이 부과될 것이다.[8]

8 다른 리스크와 관련되어 있는 운영리스크의 예는 다음과 같다. 담보물에 대한 문서 누락의 경우, 이는 분명히 운영리스크 손실사건에 포함되지만, 이로 인해 채무불이행된 채권의 회수율이 하락한다면, 이는 신용리스크의 범주에 포함된다.

손실분포접근법LDA은 비예상손실에 대한 측정치, 즉 운영리스크 VaROp VaR를 산출하는 내부 측정방법론으로 보험통계이론에 기반하고 있는 LDA는 다음과 같은 방식에 의해 시행된다. 우선, 내부또는 외부 손실데이터를 수집하여 운영리스크 손실사건의 손실금액severity과 손실빈도frequency의 확률분포를 추정한다. 각각 추정된 분포를 몬테칼로 시뮬레이션에 의해 결합하여 전체 손실분포를 산출하여 99.9%의 신뢰수준하에서 Op VaR값을 계산한다. 신뢰수준을 99.9%로 높게 설정하는 이유는 운영리스크 손실사건들이 대체로 발생빈도는 낮지만 손실크기에 미치는 영향은 높기 때문에 이러한 특성을 고려하기 위해서는 높은 신뢰수준하에서 리스크를 측정해야 한다.

다음 [표 3.6]은 Bank of Italy2004에서 은행들의 데이터를 기반으로 표준방법과 고급측정법의 차이를 비교 분석한 결과이다.

위 표에서 A는 각 업무영역별로 산출될 AMA 자본량을 의미하며, B는 해당

표 3.6 운영표준방법 vs. 고급측정법

BUSINESS LINE	n. banks providing data	Capital charge for op. risk (1-year at 99.9°) A	Average Gross Income B	Bottom-up coefficients A/B	Current regulatory coefficients
BL 1 (Corporate Finance)	33	175,676	1,056,568	16.6%	18%
BL 2 (Trading & Sales)	67	218,423	1,723,483	12.7%	18%
BL 3 (Retail Banking)	80	298,218	3,580,369	8.3%	12%
BL 4 (Commercial Banking)	73	257,633	1,829,454	14.1%	15%
BL 5 (Payment & Settlement)	55	100,052	300,153	33.3%	18%
BL 6 (Agency Services)	40	78,886	375,638	21.0%	15%
BL 7 (Asset Management)	52	73,237	454,130	16.1%	12%
BL 8 (Retail Brokerage)	41	122,788	632,445	19.4%	12%
	TOTAL	1,324,912	9,952,241	13.3%	15%

* 출처: Bank of Italy(2004).

영역의 총이익 규모를 나타낸다. 여기서 A/B는 각 업무영역별 표준방법의 자본계수12~18%와 비교하기 위한 값으로 A/B가 표준방법 자본계수보다 낮으면 고급측정법이 표준방법에 비해 자본 절감 차원에서 유리하고, 높으면 표준방법의 채택이 더 유리함을 의미한다.

구체적으로, BL2트레이딩/매매에서는 A/B가 12.7%로 표준방법의 18%보다 낮으므로 이 영역에 영업비중이 높은 금융회사는 고급측정법이 유리하고, 반대로 BL5지급결제에서는 A/B가 33.3%로 매우 높으므로 이 업무의 영업비중이 높은 금융회사는 표준방법으로 규제자본을 산출하는 것이 더 유리하다고 할 수 있다.

이러한 고급측정법은 금융회사의 운영리스크 노출 정도와 리스크 관리능력 등을 고려하여 자기자본 규모를 결정하게 되므로 리스크에 보다 민감한 방식이다. 즉, 고급측정법은 내부통제 강화, 보험 등 리스크 노출을 경감하려는 노력이나 행위에 대해 적절한 보상을 할 수 있으므로 금융회사 자체의 리스크 관리능력을 배양하는 데 도움이 될 것이다.

[표 3.7]은 규제자본량 산출을 위한 각 운영리스크 측정방법들의 장단점을 비교하여 보여준다.

표 3.7 | 각 측정법의 장단점 비교

	장점	단점
BIA	• 계산이 편리함	• 규제 자본량이 높게 산출 • 운영리스크와 연관성이 낮음 • 순이익과 선형관계 • 은행 특성을 반영하지 못함
SA	• 비교적 산출이 편리함 • 은행 업무특성이 부분적으로 반영됨	• 은행 내부통제 효율성 반영 안됨 • 운영리스크 경감효과를 반영할 수 없음 • 리스크관리능력을 배양시키지 못함
AMA	• 리스크에 가장 민감한 방식 • 은행 특성을 잘 반영할 수 있음 • 장기적으로 낮은 규제자본량의 산출이 가능함	• 전문인력과 인프라 구축이 필요함 • 복잡한 측정방법론 • 내부 손실데이터의 이용가능성

Appendix 3.1

대형 운영리스크 손실사건 리뷰

1. 농협 전산망 마비 사태

개 요

농협 전산망 마비 사태는 2011년 4월 12일 농협 전산망에 있는 자료가 대규모로 삭제되어 수일에 걸쳐 일부 서비스의 이용이 마비된 운영리스크 손실사건이다. 사건초기에는 시스템 유지보수업체IBM 직원의 실수로 인한 사고 가능성이 제기되었으나, 이후 농협측에서는 내부 전문가의 사이버 테러일 가능성이 높다고 발표, 검찰 수사 후 최종적으로는 북한의 소행이라고 발표함으로 인하여 여러 논란이 일었던 사건이다.

일시 및 경과

- 4월 12일: 오후 5시 5분 전산 마비 발생으로 인터넷뱅킹, ATM을 통한 금융거래 중지
- 4월 13일: 입출금 등 창구 업무 복구, 서울중앙지검 첨단범죄수사2부 수사 개시

- 4월 14일: ATM, 인터넷 뱅킹, 폰뱅킹 등 일부기능 복구
- 4월 22일: 일부 거래내역 복구 불가능 시인
- 4월 30일: 신용카드 대고객서비스 완전복구
- 5월 3일: 검찰, 농협 전산망 장애는 북한이 관여한 사이버테러라는 취지의 수사결과 발표

2011년 4월 12일 발생한 농협 전산장애로 농협의 전반적인 금융서비스가 마비되는 사건이 발생하였다. 처음에는 유지보수업체 직원의 단순 실수로 인한 것처럼 알려졌지만 사건 발생 3일째가 되어서야 뒤늦게 단순한 전산장애가 아님을 시인, 농협 서버에 입력된 삭제명령은 협력업체 직원의 실수가 아니라 의도된 다른 루트로 입력된 것임이 밝혀졌다. 검찰은 범인이 외부에서 농협 네트워크 방화벽 시스템을 뚫고 서버에 침입했을 가능성과 농협 내부에 노트북을 두고 파일을 내려 받아 작업했을 가능성 등 여러 방향으로 수사를 진행한바, 협력업체 직원의 노트북에 스크립트를 집어넣기 위해서는 내부자가 공모했을 확률이 높다는 방향으로 수사가 기울어졌다. 그러나 검찰은 여러 정황으로 미루어 농협 전산망 장애 사건의 범인은 북한이라는 결과를 발표하며 수사를 종결하였다.

손실영향: 재무적 손실: 약 182억원

① 각종 수수료 수입 50억원

장애기간4.14~24일까지 면제해준 각종 수수료

② 카드기록 복구 불능에 따른 손실 100억원

사고 당일 오전 4시 25분부터 오후 5시 10분까지, 12시간 45분간 NH채움카드 고객이 ATM에서 현금을 인출해간 기록을 복원하지 못함에 따른 손실

③ 결제연장으로 인한 이자손실 32억원

한 달 동안 결제를 유예한 고객들의 카드 이용대금 1조 2,860억원에 대한 이자손실콜금리 3.02% 적용

집단소송 및 고객이탈, 기업 신뢰 상실과 기업 이미지 실추에 대한 손실은 금액으로 측정이 불가능하다.

문제점

① 보안 예산 미흡

금융당국에 따르면, 농협의 IT예산 중 보안 예산 비중은 겨우 1.6%로 나타났으며, 2009년 이후에는 시스템 구축이 완료되었다는 이유로 보안 관련 예산을 71억원에서 23억원을 삭감한 것으로 알려졌다. 금융감독원은 지난해 농협에 대한 종합검사 후 IT보안 강화에 대해 시정조치를 내린 바 있었지만 농협은 이에 대한 강화 조치를 취하지 않았다.

② 도덕적 해이

농협은 전산망의 비밀번호를 6~7년 동안 바꾸지 않고 그대로 사용하거나, 협력업체가 처음 설정한 비밀번호를 그대로 사용한 경우도 있는 것으로 밝혀졌다. 심지어 매월 바꾸어야 하는 관리자 비밀번호가 작년 7월 이후 한 차례도 변경되지 않는 등 보안관리 상태가 미흡하다는 점이 확인되었다. 또한 규정상 엄격히 제한되어 있는 서버 작업 권한을 업무 편의의 이유로 협력업체 및 하청업체 직원들까지도 가졌을 뿐 아니라, 파견 직원 노트북이 외부로 반출된 전황이 드러나는 등 내부통제도 전혀 되지 않은 것으로 알려졌다. 정황적으로 보았을 때, 협력업체 직원이 마음만 먹는다면 노트북 한 대로 모든 서버를 삭제할 수 있었다는 뜻이며, 해당 노트북 반출조차 어렵지 않게 가능했다는 뜻이다.

③ 책임감 결여

삭제 명령으로 고객정보가 삭제됐지만, 바로 관련 기관에 알려 조치를 취하지 않고 사건을 축소시키기에만 급급했다. 게다가 농협중앙회 회장은 책임회피성 답변으로 일관해 여론의 질타를 받기도 했다. 지난 2008년 이미 해킹을 당했던 적이 있었다는 사실도 밝혀졌다. 일부에서는 2008년도에 농협이 해커를 찾았음에도 불구하고 경찰에 신고하지 않고 합의하에 덮어버린 적이 있다고 주장하기도 했다.

2. 스위스 UBS은행, 직원 무단거래로 인한 20억 달러 손실

개 요

2011년 9월 15일, 스위스 최대은행이며 유럽에서 두 번째 규모의 은행인 UBS가 직원의 임의매매로 20억 달러한화 2조 2천억원 수준의 손실이 발생하였다. 동 사실을 발표하자 스위스 증시에서 UBS의 주가는 10% 이상 하락했고, 영국 경찰은 이날 오후 금융사기 혐의로 UBS 직원 아도볼리를 체포했다.

일시 및 경과

- 2011년 9월 15일: 투자은행 부문 트레이더의 비승인 거래 사실 발견
- 2011년 10월 13일: 피치社, UBS 신용등급 한 단계 강등
- 2011년 11월 29일: S&P社, UBS 신용등급 한 단계 강등
- 무디스社, UBS 신용등급 강등 검토 입장 표명

전개내용

UBS 런던사무소의 주식거래담당 직원이 승인도 받지 않고 거래를 하다 적발되었다. 31살의 아도볼리는 델타원이라는 파생상품 파트 직원이었는데, 직위를 남용하여 대규모 미승인거래 혐의로 경찰에 긴급 체포되었다.

UBS는 아도볼리가 구체적으로 언제 어떻게 돈을 잃었는지 밝히지 않으며, 다만 "다른 사람 계좌를 이용해 회사 승인 없이 거래를 했다"고만 발표했다. 그러나 블룸버그 통신은 런던 금융가 사람들의 말을 인용해 "통화가치 변동 리스크를 헤지위험회피하지 못해 손해를 봤고, 이를 메우려다 궁지에 몰린 듯하다"고 보도했다. 아도볼리에게는 직권 남용과 회계부정에 따른 사기 혐의가 적용된 것으로 전해졌다. 그가 어떤 매매를 통하여 손실을 일으켰는지는 밝혀지지 않았으나 전문가들은 전례를 볼 때 아도볼리 역시 고객 손실을 일거에 만회하기 위하여 고위험 고수익 파생상품에 투자했다가 손실을 입은 것으로 보고 있다.

지난 2008년 금융위기 시 UBS는 미국 서브프라임 모기지 거래로 IB부문에서 500억 달러가 넘는 투자손실을 내는 등 누적적자가 650억 달러에 이르면서 스위스 중앙은행SNB의 구제금융을 받았다. 2009년 2월에 선임된 그뤼벨 CEO는 투자은행 부문의 재건을 최우선 과제로 세워 왔으나 이번 사건으로 UBS의 리스크관리 능력에 허점이 드러나면서 IB부문의 폐쇄나 구조조정까지 초래될 수 있다는 분석도 나오고 있다.

사건 직후 무디스와 S&P가 UBS의 리스크관리 부실 등을 이유로 UBS의 신용등급을 부정적 관찰대상에 올렸고, 실제로 피치와 S&P 사에서는 UBS의 신용등급을 한 단계 강등하였다. 피치는 이날 발표한 성명에서 "스위스 정부가 UBS를 보증할 여력이 더 이상 없다"고 강등 배경을 설명했다.

손실영향

① 재무적 영향

회사에 직접적으로 20억 달러의 손실 발생

② 비재무적 영향

금전적 가치로 환산 불가

- 신용등급 강등으로 인한 기업가치 하락
- 소비자 불신으로 인한 고객 이탈
- 구조조정 및 기업규모 축소로 인한 내부 불안감 조성

문제점

① 관리 시스템 부재

경력도 짧은 금융회사의 일선 트레이더가 승인도 받지 않고 20억 달러의 자금을 융통할 수 있다는 것은 명백히 내부통제 미흡이라고 할 수 있다. 이러한 대규모 거래를 감시하고 제재할 수 있는 시스템을 UBS는 갖추고 있지 않은 것이 더욱 문제이다.

② 도덕적 해이

증권 트레이딩은 과정보다 결과와 수익으로써 평가를 받는 업종이다. 원금에 대한 책임감보다는 표면적인 고수익에 급급한 나머지, 트레이더는 고객들로부터 펀딩을 받은 금액을 좀 더 높은 위험에 노출되어 있는 거래에 운용할 가능성이 높아진다. 거래시장 규모가 날로 커지고 고객들의 요구에 맞추기 위해 일선 트레이더들에게 더 위험성이 높은 거래를 하도록 권한이 주어지고 있는 점도

문제이다. 더불어 UBS는 사건이 일어나기 한 달 전 비용 절감을 위해 세계 6만 5,000명의 직원 가운데 3,500명을 감원한다고 발표한 바 있다. 이로 인하여 직원들이 본인들의 실적에 중압감을 느껴, 순간의 잘못된 판단으로 이 같은 커다란 손실을 불러왔을 개연성이 충분하다.

금융회사에서는 거래금액 단위로 책임 단위를 달리하여, 일선의 트레이더가 커다란 손실을 일으킬 수 있는 가능성을 미리 제한해야 한다. 또한 모니터링을 강화하고 과도한 손실이 발생하기 전에 즉각적인 조치를 취할 수 있는 관리 방안이 필요하다.

Appendix 3.2

바젤위원회의 총이익 정의 변경 논의사항

여기서는 최근 바젤위원회의 SIGOR(Standards Implementation Group for OR)에서 논의 중인 운영리스크 기초지표법 및 표준방법을 위한 총이익 정의 변경과 관련된 논의 내용을 소개하고자 한다.

논의의 목적은 Basel Ⅱ의 총이익과 IFRS 등 회계기준과의 차이점들을 설명하고, SIGOR 회원들로부터 동 사항에 대한 의견을 수렴하기 위함이다.

Basel Ⅱ에 의하면, 총이익은 순이자이익과 순비이자이익의 합으로 계산하는데, (a) 모든 충당금의 합계, (b) Outsourcing 지급비용 및 총운영비용을 포함하고, (c) 은행계정에 속해 있는 상품들을 매각함으로써 발생하는 이익/손실, (d) 특수하고 불규칙적인 항목 및 보험에서 발생되는 이익은 배제하고 있다.

| 표 A.3.1 | 총이익의 개념

Basel Ⅱ	Comment	제안사항
• 총이익은 순이자이익과 순비이자이익을 합하여 산출 • 각 나라의 감독당국과 회계기준에 의해 정함	• 순이자이익과 순비이자이익의 합인 총이익은 IFRS에서는 정의되지 않음 • Basel Ⅱ는 국가별로 재량권을 보장하는데, 이는 회원국들 사이에 차이를 야기시킬 수 있으며, 이는 2010년 바젤위원회의 계량영향분석(QIS)에서 확인됨	1) 관련 항목들(손익계산서상)의 공시에 대한 은행 관행 2) 용어 정의와 체계를 정립하는 규제당국의 관행 • SIGOR은 위 사항들을 조사하여 다음 업무를 수행해야 함 • 총이익을 구성하는 특정 항목들이 포함된 정해진 형식의 포괄 손익계산서나 계량영향분석(QIS)을 토대로 얻은 새로운 지표를 제시해야 함 • 동 업무의 세부사항에 관한 지원을 BCBS 산하 회계특별대책위원회(Accounting Task Force)에 요청해야 함

| 표 A.3.2 | 실현이익 및 손실: 은행계정 내 유가증권 처리

Basel II	Comment	제안사항
• Banking Book 내 유가증권의 매각으로 발생하는 이익/손해는 배제함	• Basel Ⅱ에서 사용된 실현 이익 및 손실이라는 용어는 다른 회계용어로 대체됨 • 분류 방식과 측정 기준에서 차이가 있다. (IAS39와 IFRS9 참조) • 회계기준에서는 Banking Book과 Trading Book을 구분하지 않음	• 수익인식, 비용인식, 이익인식, 손실인식, 자산인식, 그리고 부채인식 등이 회계기준에서 인정하는 공식용어들임 • 새로운 지표는 Banking Book과 Trading Book 모두에서 발생하는 이익과 손실을 포함하도록 제안함 • 만일 현재의 Basel II의 정의가 유지된다면 다음 사항을 고려해야 함 1) 총이익에 관한 Banking book과 Trading Book 분류의 적합성 여부 2) 유가증권을 링펜스(ring-fence)할 의도가 있는지 여부

| 표 A.3.3 | 특수하고 불규칙적 수익 및 손실 배제

Basel II	Comment	제안사항
비정규적인 아이템 혹은 일상적이지 않은 상황에서 발생한 수입 및 손실 배제	(회계기준) 기업은 비정상적으로 발생한 수입 및 비용을 포괄 손익계산서나 별도 손익계산서에 표기하지 않음	총이익과 일관되게 가거나 회계와 연관된 새로운 지표에 따름
보험으로부터 발생한 수입 배제	보험수익의 종류, 수입이 명확히 정리되어 있지 않음	어떤 종류의 보험수입과 지출이 총이익에서 배제되는지에 대한 Basel Ⅱ의 정의가 명확히 재정의되어야 함
No Comment	신사업, M&A 그리고 중단된 사업(discontinued operation)은 총이익에 영향을 줄 수 있음	신사업, M&A, 사업중단(discontinued operation)을 처리방안을 체계화해야 함

운영리스크관리체계

Part Ⅱ

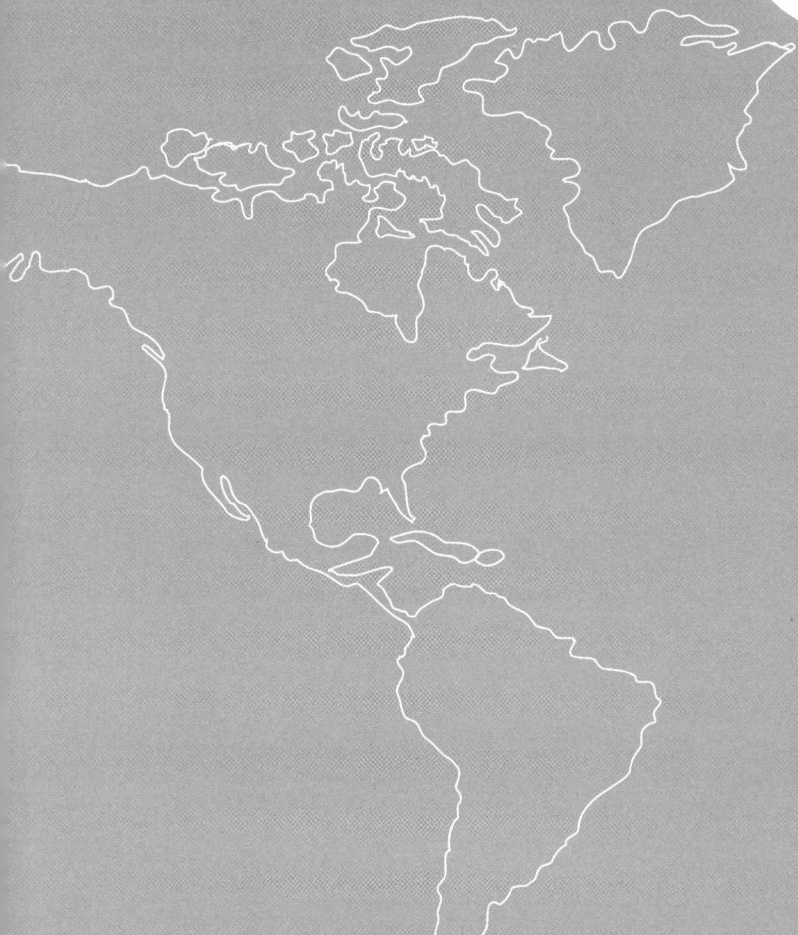

Summary

여타 리스크와 마찬가지로, 운영리스크관리체계 역시 리스크 인식, 리스크 평가 및 측정, 모니터링/보고, 통제경감 활동으로 구성된다.

운영리스크관리체계에서 리스크 인식은 여타 시장이나 신용 리스크와는 달리, 상당히 복잡하고 어려운 과정을 거치는데, 이는 익스포저를 정의하기 어려운 운영리스크 특징 때문이다. 시장리스크에서 리스크에 노출되어 있는 금액인 익스포저는 주식이나 채권을 구입한 금액으로, 신용리스크에서는 대출해준 금액으로 간주되는 반면, 운영리스크는 손실사건의 발생에 따라 금액이 결정되므로 익스포저를 정의하기가 어렵다는 특징을 가진다. 따라서, 운영리스크에 대한 인식은 회사 내부에서 발생한 내부 손실데이터를 수집, 분석하는 작업에 기초하며, 유사한 비즈니스를 수행하는 외부 금융회사에서 발생한 외부 손실데이터 수집 및 분석, 그리고 회사 내부의 업무 프로세스를 분석하는 과정을 통하여 인식하여야 한다. 이에 더하여, 법규 제개정 등 외부 환경 변화 및 회사 내부 경영전략 등의 영향을 파악하기 위한 비즈니스 환경 분석을 운영리스크 인식을 위해 보완적으로 수행할 필요가 있다.

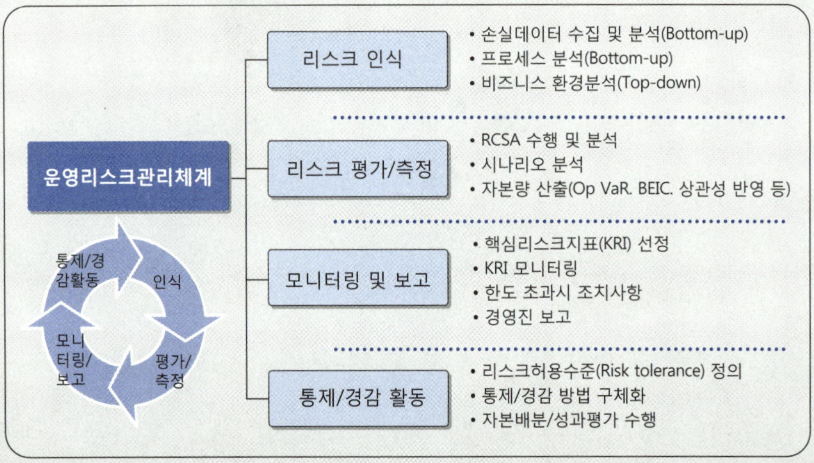

이와 같이 인식된 리스크에 대한 평가 및 측정은 업무담당자들이 개별적으로 수행하는 RCSA, 회사 내 업무전문가들이 모여서 수행하는 시나리오 평가, 그리고 운영리스크 자본량 산출 등의 방법을 통해 수행된다.

또한, 인식된 리스크의 변동을 모니터링하기 위한 KRI의 선정 및 모니터링이 필요하며, 리스크 평가 및 측정 결과로 파악된 수용하기 너무 큰 리스크에 대해서는 적절한 통제/경감 방안을 수립하여 실행하여야 한다.

Part II 에서는 운영리스크관리체계 중에서 리스크 측정을 제외한 나머지 구성요소에 대해 상세히 살펴보고자 한다.

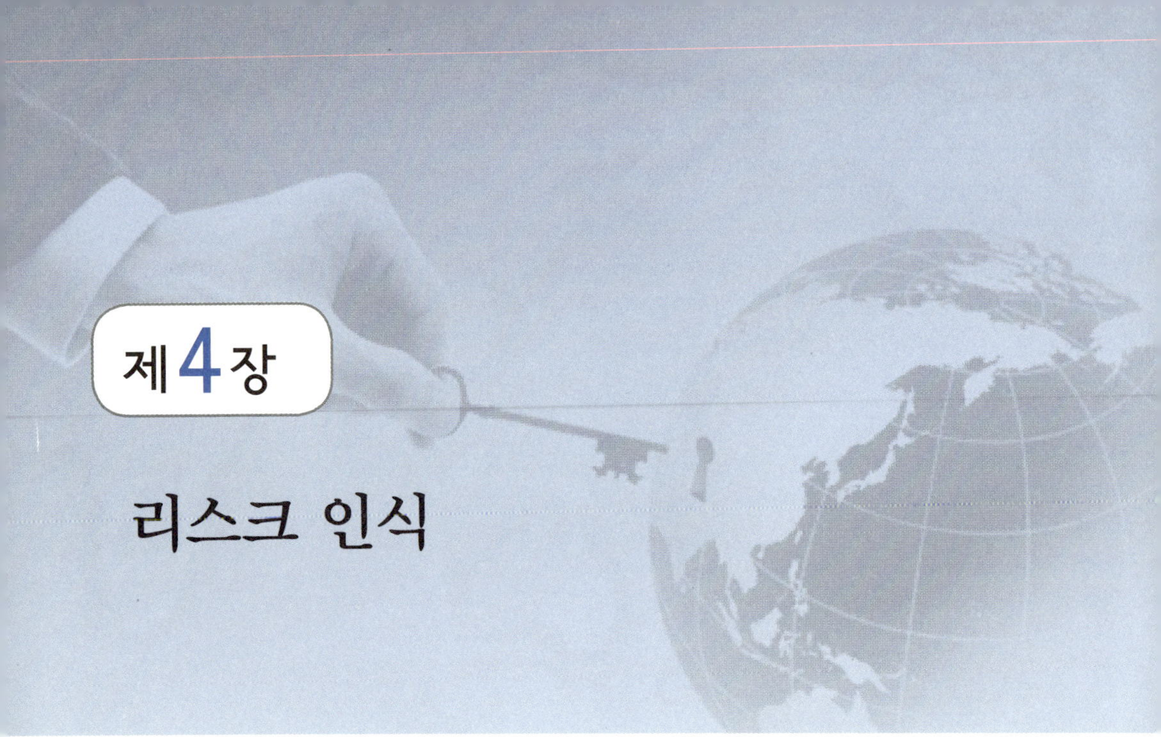

제 4 장

리스크 인식

4. 1 손실데이터

금융회사의 운영리스크관리체계에서 손실데이터의 수집은 가장 기본적인 업무이며, Basel Ⅱ 표준방법 및 고급측정법 적용을 위한 최소요건minimum requirements이다. 손실데이터는 크게 재무적 손실과 비재무적 손실로 구분 가능한데, 재무적 손실은 손실금액이 확정되어 Op VaR 산출 등 운영리스크 측정에 사용되는 데이터이며, 비재무적 손실은 금전적 손실은 없거나 금액 산정이 불가능한 데이터이다. 비재무적 손실에는 민원, 단순징계, 평판손실 등 재무적 손실이 없는 데이터와 손실사건은 발생하였으나 운이 좋아 재무적 손실로 실현되지 않은 유사손실near miss로 구분될 수 있다.

그림 4-1 운영리스크 손실데이터 구분

구분		내용	활용
재무적	손실확정	• 사건이 잡손 등으로 처리된 재무적 손실사건 • 손실금액이 일정금액(예: 100만원) 이상인 손실사건(관리대상)	• 운영리스크량 측정(예: Op VaR 산출) • 리스크 인식을 위한 기초정보 제공
비재무적	비재무	• 단순징계, 평판손실 등 재무적 손실이 없는 손실사건 • 금액산정 불가능한 비재무적 사건	• 리스크 특성에 대한 분석결과를 바탕으로 통제프로세스 개선, 보험가입 등 ORM전략 수립
	유사손실	• 손실사건 중 운 좋게 손실로 실현되지 않은사건(Near Miss) • 금액산정 가능	• 손실영향이 높은 사건에 대한 조기경보기능 • 리스크 보고(Reporting) 문화의 확산
외부손실자료		• SAS사 등 외부벤더사로부터 제공되는 Public data • ORX, KOREC 등 데이터 컨소시움 • 자체 수집한 외부손실자료	• 미래 잠재적인 손실사건 반영 • 극단손실 가능성 반영

유사손실은 매매주문오류 등이 발생하였으나 시장 상황이 운 좋게 변하여 손실로 이어지지 않은 사건들이다. 이러한 사건은 향후 대규모 손실사건으로 이어질 수 있으므로 발생 시 경영진에 보고하여 유사 사건의 발생을 통제할 수 있는 대책 마련이 필요하다.

재무적 손실

운영리스크 측정의 기초가 되는 재무적 손실자료의 수집 및 관리는 금융회사의 손실규모 및 특성을 반영한 전략 수립을 가능케 하며, 내부통제를 최적화하고 손실 수준을 감소시키는 데 필요한 주요 취약 부분을 파악할 수 있게 해준다.

그러나, 현실적으로 모든 재무적 손실자료를 수집하는 것은 어려울 뿐 아니라 효율성도 낮으므로 적정한 수집기준threshold을 설정하여 손실자료를 수집하게

| 표 4.1 | 운영리스크 손실데이터 관리항목

자료항목	입력 시기	작성방법
총 손실금액	최초 보고 시	총손실금액
보험 청구 유무	보험 청구 시	보험청구 여부
보험청구일	보험 청구 시	사건에 대한 보험청구일
보험 청구금액	보험 청구 시	보험청구금액
보험수령금액	보험금 수령 시	보험회수금액
기타 회수형태	회수금 수령 시	보험 외 회수형태
기타 회수금액	회수금 수령 시	보험 외 회수금액
총 회수금액		
순 손실금액		
평판리스크와의 관련성	최초보고 시	민원, 부정적 평판과 관련이 있는지 여부
평판리스크 손실 형태	최초보고 시	평판 손실 내용

된다. 국내 금융감독원은 운영리스크 자본량 측정을 위해 1,000만원의 자료 수집기준을 제시하고 있으나, 금융회사는 보다 효과적인 운영리스크관리를 위해서 더 낮은 기준을 설정하여 재무적 손실데이터를 수집할 수 있다.[1] 따라서, 국내 은행권에서는 관리목적에서 통상적으로 1백만원 이상운영리스크 손실금액 기준의 손실데이터를 수집하고 있다.

손실사건이 발생한 금융회사의 부점영업점 포함은 사건발생 즉시 운영리스크관리시스템을 통하여 사건 내용 등을 보고해야 한다. 운영리스크 손실사건을 인식하는 즉시 사건발생 당일부터 해결 시까지 다음과 같은 사항을 운영리스크관리시스템에 지속적으로 입력하고 관리해야 한다.

1 수집기준 1,000만원의 의미는 1,000만원 이상 손실데이터는 반드시 운영리스크 자본량 산출에 포함해야 된다는 의미로, 개별 금융회사가 그보다 낮은 50만원, 100만원 등의 자체 기준을 적용하는 것은 문제가 되지 않는다.

여타 리스크와 구분 기준(Boundary Issue)

운영리스크는 여타 신용/시장, 법률, 전략/평판 리스크 등과 연관성이 높아 이에 대한 명확한 정의를 문서화해 두지 않으면 손실데이터 수집 및 활용 시 혼란이 발생할 수 있다.

기본적으로 운영리스크 사건이 결부되어 발생한 손실데이터를 수집/관리 대상으로 하며, 운영리스크 관련 신용리스크 사건과 비재무리스크는 측정에 반영하지 않는다.

신용리스크

운영리스크와 결부된 신용리스크에 반영되는 사건은 운영리스크 측정에 반영하지 않으나, 신용리스크와 관련된 모든 중요한 운영리스크 손실사건은 내부 운영리스크 데이터베이스에서 별도로 확인할 수 있어야 한다. 이는 신용리스크 손실사건은 대손충당금 및 신용리스크 자본량 산정 대상이므로 이중계상하지 않는다는 의미이다.

| 표 4.2 | 운영리스크와 연관된 리스크

연관리스크	수집/관리 범위
신용리스크	• 운영리스크 원인으로 신용리스크 손실이 발생한 사건 • 신용리스크: 거래상대방의 채무불이행/신용도 저하로 손실이 발생할 위험
시장리스크	• 운영리스크 원인으로 시장리스크 손실이 발생한 사건 • 시장리스크: 시장요인(환율, 주가 등) 변동으로 포지션으로부터 손실이 발생할 위험
법률리스크	• 운영리스크 사건이 소송으로 연결되어 패소한 사건 • 소송 부대비용은 손실금액으로 인식
평판리스크	• 운영리스크 원인으로 민원 및 언론/방송 매체의 부정적인 보도를 통하여 회사 평판에 부정적인 영향을 주는 사건
전략리스크	• 운영리스크 원인으로 잘못된 경영의사결정과 같은 전략적 오류가 발생한 사건

신용리스크와 연관되어 있는 운영리스크 손실사건의 사례를 살펴보면, 다음과 같다.

유형	상세내용
인사위원회 부의사건 중 여신 관련 사건	직원의 부책 사유로 인사위원회에서 심의하는 경우로 채권상각 사건과 중복 가능성 있음
여신 관련 소송 사건	신용보증기금, 기술신용보증기금, 한국주택금융공사 등과 보증채무 관련 소송
	여신 회수과정에서 취득한 자산 또는 구상권에 대한 부당이득 반환 요청 소송
	신용장 하자와 관련된 외부 금융기관 또는 화물 운송사 등과의 소송
	여신 취급 프로세스에서 회사의 잘못으로 의한 채무부존재 청구소송

시장리스크

운영리스크 사건과 결부된 시장리스크 손실은 운영리스크 소요자기자본 산출에 포함한다. 다만, 한도관리를 잘못해서 손실이 발생한 경우 한도까지는 시장리스크로, 초과분에 대해서는 운영리스크로 처리하는 것이 가능하다. 운영리스크 원인에 기인한 자산가치의 하락, 매매 손실 등이 발생한 경우 시장/운영리스크 사건으로 정의하여 관리해야 한다.

이러한 범주에 주문실행 오류, 자산분류 오류, 손절매 미시행, 한도 초과 포지션 보유, 잘못된 가치평가모형의 선택 및 구현 오류 등은 포함하지만 이미 실행중인 가치평가모형의 평가치 편차에 의한 손실은 포함되지 않는다. 또한, 한도 초과 거래 중 사후승인 등 적법한 절차를 걸친 사건은 수집대상에 포함하지 않으며, 잘못된 가치평가모형으로 발생한 사건 중 이미 인식된 가치평가모형의 평가치 편차에 의한 손실은 포함되지 않는다.

손실 유형	상세내용(예시)
한도 초과 거래	운영리스크 원인(직원의 실수 등)으로 인해 한도를 초과하여 거래한 경우
	잘못된 시장 가치로 거래
시장평가 모델의 오류	시장평가모델의 결함이나 시스템 오류 발생사건
내/외부사취	내/외부 사취(미승인 거래) 및 직원의 실수로 인한 시장손실

법률리스크

법률리스크는 선관윤리규정Prudent Ethical Standard, 계약사항Contractual Obligations 및 제반 법률Law & Regulation을 위반하여 손실이 발생할 위험을 의미하는데, 이러한 법률리스크는 민사소송 결과뿐 아니라 감독당국의 규제로 인한 벌금, 추징금 및 손해배상금을 포함하는 개념이다.

법률리스크는 Basel Ⅱ 정의상 운영리스크의 범위에 포함되므로 운영리스크 사건이 발생하여 소송으로 연결되는 경우로 정의하여 관리해야 한다. 소송의 원인이 되는 운영리스크 사건과 소송은 손실사건의 금전적/비금전적 영향력을

유형	구분	내용	비고
여신	여신 회수 관련 소송	부실여신 회수와 직접 관련된 소송	신용리스크
	여신 회수로부터 파생된 소송	여신 회수과정 및 회수결과에 기인하여 추가로 발생된 소송	신용리스크 관련 운영리스크 손실
민원	거래 고객과의 소송	거래고객의 불만, 민원에서 기인한 소송	운영리스크 관련성 높음 평판리스크 가능성이 높음
	비고객 거래 상대방과의 소송	비고객 거래상대방의 불만, 민원에서 기인한 회사 피소건	평판리스크 가능성이 높음
인사	고용관련 소송	채용/퇴직/근무 과정상 발생된 제/피소	운영리스크 손실
	사고관련자와의 소송	횡령, 업무상 배임 및 과실 관련자	운영리스크 손실
	인사관련 기타 소송	前 임직원에 대한 소송 등	운영리스크 관련성 높음
기타	기타	범주화하기 어려운 제유형의 소송	

그림 4-2 법률/운영 리스크 인식 절차

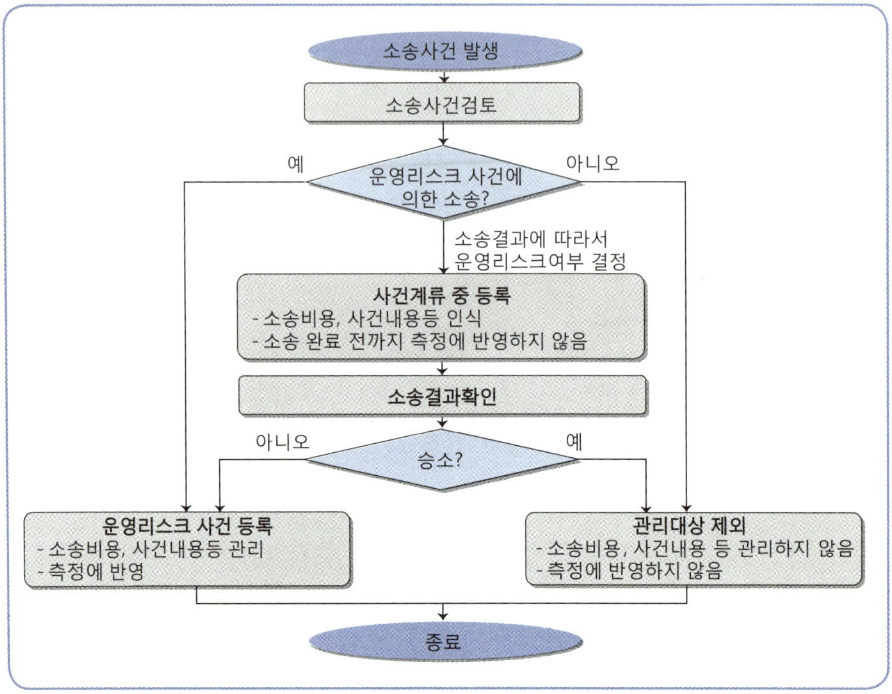

감소시키기 위한 수단이므로 원인이 되는 손실사건을 포함하여 하나의 사건으로 해석하며, 손실금액은 법률비용을 포함한다.

소송 결과에 따라서 운영리스크 사건 여부가 결정되는 경우, 사전적으로 수집/관리는 하되, 측정에는 반영하지 않는다.

평판리스크

평판리스크는 경영부진, 금융사고, 사회적 물의 야기, 고객과의 부적절한 관계 등으로 금융회사의 평판 또는 이미지에 부정적인 영향을 미치는 위험으로 운영리스크 사건 발생으로 인한 민원 및 언론/방송 매체의 부정적인 보도를 통하여 회사의 평판에 부정적인 영향을 주는 사건을 수집/관리 대상으로 한다.

운영리스크로 인한 평판저하(손실)	운영리스크로 인한 고객 불만 및 민원 (회사에 귀책사유가 있어 해당 민원을 수용한 경우)
	운영리스크로 인한 대외기관을 통해 접수된 민원 (회사에 귀책사유가 있어 해당 민원을 수용한 경우)
	운영리스크 사건으로 인한 회사의 평판 또는 이미지에 부정적인 기사 보도

전략리스크

전략리스크는 불리한 사업결정, 부적절한 결정의 수행, 사업환경 변화에 대한 대응책 결여 등으로 인해 야기되는 손실을 입게 될 위험을 의미하며, 운영리스크 원인사람, 프로세스, 시스템, 외부요인에 의하여 발생한 전략리스크 사건을 수집/관리 대상으로 한다.

투자결정	신규 사업 추진시 관련 법규 위반 등으로 신사업 추진 무산
	외규나 시장변화에 대해 적절히 모니터링하지 못한 상태에서 신규사업에 진출하거나, 기존 사업의 계속 여부에 대한 잘못된 사업분석이 이루어지게 될 위험
	IT부서에서 가공하여 제공하는 정보의 오류로 인하여 의사결정 및 전략수립에 악영향을 초래할 위험
	보고서 작성 시 기초데이터, 전분기 대비 분석표 등 데이터의 오류로 인해 경영진의 의사결정에 잘못된 정보를 제공할 수 있는 위험
인수 및 합병 의사 결정	타 부서와 연계된 업무관련 협의 시 전담자가 지정되지 않아 사전 정보 유출로 회사에 필요한 전략적 제휴 또는 M&A 목적 달성을 실패할 위험 (예) M&A 과정에 있어 법률 위반으로 인한 벌금 등이 부과된 경우, 이는 법률리스크에 해당되므로 운영리스크로 관리함
구조조정/감원	잘못된 시장조사에 의해 특정 사업본부의 구조조정을 수행하거나 감원을 단행할 위험 (예) 구조조정 및 감원에 있어, 법률을 위반하였거나, 고용계약 등을 위반하였을 경우에는 법률리스크에 해당되므로 운영리스크로 관리함
지역 및 현지 전략	해외지점 개설 시, 잘못된 정보에 의한 수요예측으로 인해 발생할 수 있는 위험(지점 개설 및 폐쇄)
인력채용	잘못된 직무정의에 의해서 해당 업무에 적합하지 않은 인력이 채용될 위험

여기에는 운영리스크 손실사건으로 인한 법적 분쟁, 법규를 위반한 공격적 판매 등이 포함될 수 있으며, M&A를 결정하는 의사결정과정에서 제공된 경영 정보에 오류가 존재하였거나 법률해석을 잘못해서 결과적으로 법규를 위반하게 되는 경우 등이 대상이다. 한편, M&A나 구조조정과정에서의 단순한 판단오류, 잘못된 전략 수립 등은 '순수' 전략리스크로 간주하여 수집/관리 대상에 제외할 수 있다.

외부 손실데이터

운영리스크 외부 손실데이터는 크게 국내 외부 데이터, 상업용 데이터, 데이터 컨소시움국내외 등의 세 가지로 분류할 수 있다.

운영리스크 외부 손실데이터 수집의 목적은 해당 조직에서는 발생하지 않았으나 외부에서 발생한 손실데이터를 축적하여 분석하고 관리함으로써 Basel II에서 정한 외부 손실데이터 사용 요건을 충족함과 동시에 다음의 목적을 달성하는 데 있다.

| 표 4.3 | **외부 손실데이터 구분**

대분류	종류	형태	장점	단점
외부 컨소시움 데이터	국내 은행 (KOREC)	국내 은행들의 데이터 공유를 위한 비영리단체에 가입하여 수집한 데이터	국내 현실을 반영한 자료	데이터 보안
	국외 금융회사	GOLD, ORX 등 참여은행들의 손실 데이터를 Pooling하여 분배하는 자료	보다 정교하고 완전한 자료	참여가 어려움
Public 데이터	자체 수집	신문 등 언론 매체 또는 포럼 등에 발표되는 손실사건들을 기록· 수집하는 방식	비용 절감	한정된 정보량 장기간 소요
	상업용 데이터	Op Risk Analytics, OpVantage, SAS 등에서 판매하는 상업용 자료	소요시간 절감 폭넓고 다양한 손실유형	정보의 왜곡 가능성 비용발생 과다

시나리오 데이터 생성

기본적으로 내부 손실데이터로서는 비예상손실을 반영한 충분한 운영리스크 자본량을 산정하였다고 할 수 없으며 손실분포의 꼬리부분을 정확히 반영할 수 없기에 외부 손실데이터를 검토하고 이를 자사 이익 및 규모를 적절히 반영하기 위함이며, 외국의 외부 손실데이터는 그 특성상 업무영역이나 영업특성, 그리고 업무환경이 상이한 다양한 금융회사들의 손실자료를 바탕으로 하므로 그대로 자사의 운영리스크 측정에 활용하기에는 많은 무리가 따른다. 따라서 이러한 국외 외부 손실데이터는 그대로 활용하기보다는 사건유형을 바탕으로 시나리오 분석을 위한 시나리오 항목으로 설정하여 은행에서 유사한 사건이 발생하는 경우를 설문을 통해 시나리오의 형태로 반영하여 운영리스크량 측정을 위한 자료로 활용할 필요가 있다.

내부 손실데이터를 이용하기 어려운 경우 리스크 측정

내부 손실데이터를 이용하기 어려운 경우 국내 주요 은행들이 공유하는 국내 외부 손실데이터는 유사한 업무영역과 영업특성 및 업무환경이 유사하므로, 이들 은행에서 발생하는 손실들은 매우 의미 있는 자료로서 활용될 수 있다. 그러나 이들 자료 역시 직접 사용되기보다는 각 은행의 내부통제 수준과 규모 등을 고려하여 적절한 조정scaling을 거쳐 사용되는 것이 합리적일 것이다.

RCSA의 평가 대상 리스크 선정

자사에서는 발생되지 않았으나 타 금융회사에서 발생한 외부 손실데이터를 분석하여 자사 업무와 연관성이 있는 경우에는 이를 RCSA 평가항목으로 선정하여 반영함으로써 예상하지 못한 운영리스크에 대해 스스로 평가하도록 한다.

운영리스크 감소를 위한 업무개선 과제 도출

외부 손실데이터를 분석하여 손실 발생원인 및 관련 프로세스를 파악하여 자사의 업무 프로세스 및 통제 내용을 상호 비교함으로써 운영리스크 발생 가능성이 있는 부분에 대한 개선기회를 통하여 운영리스크 사전 감소를 위한 도구로 활용할 수 있다.

한편, 외부 손실데이터를 운영리스크 관리목적으로 사용하는 경우에는 아래와 같은 사항을 유의하여야 한다.

- 규모 차이: 영업규모나 총이익 등의 차이로 인해 발생
- 통제 수준 차이: 내부 및 외부의 통제 유효성 및 차이로 인하여 발생
- 문화 편의: 리스크 성향 및 관리수준이나 영업 중시 전략 정도의 차이로 발행
- 기술 편의: 조직내 시스템 구축 현대화 등 기술적 기반의 차이로 발생
- 매체 편의: 외부 공공데이터처럼 큰 규모의 손실만 집계됨으로 인하여 발생

그에 따라 외부 손실데이터의 빈도 및 손실금액은 자사에 맞게 규모조정scaling을 수행해야 한다.

4. 2 프로세스 분석

운영리스크 인식을 위한 업무프로세스 분석은 업무와 조직/역할, 시스템, 사람 상호간 관계를 쉽게 이해할 수 있도록 업무흐름을 파악하는 작업이다. 지금까지 금융회사들은 조직개편 또는 프로세스 개선PI: Process Improvement 등의 목적으

로 다양한 형태의 업무프로세스 분석을 실시하여 왔다. 이에 따라 금융회사들은 RCSA 수행 시 별도로 업무프로세스 분석을 실시하지 않고 기존 업무프로세스 분석 결과를 활용하기도 한다. 이와 반대로 운영리스크 RCSA를 위해 수행한 업무프로세스 분석결과를 조직개편 또는 프로세스 개선작업에 활용하는 경우도 있다.

업무프로세스 분석은 운영리스크 인식의 출발점이 되고 리스크 인식의 완전성을 확보하는 중요한 수단이다. 적절한 업무프로세스 분석 없이 리스크 인식을 하게 되면 리스크 중 일부가 누락될 수 있으며, 이는 리스크 인식의 완전성을 보장하기 어려워진다. 일반적으로 업무프로세스 분석은 업무프로세스 분석서와 업무프로세스 맵process map으로 문서화된다. 업무프로세스 분석서 작성은 현행 분석대상 업무를 상위수준의 프로세스로부터 하위수준의 프로세스로 분석 가능한 수준으로 세분화, 구조화하여 상세 업무내용, 담당부서 및 업무로 인한 산출물을 상세히 기술하는 작업이다. 한편, 업무프로세스 맵은 업무프로세스 분석서를 토대로 각 업무활동과 의사결정과정을 하위프로세스의 시작부터 끝까지 흐름도flow chart로 나타내어 업무의 진행에 대한 이해를 돕고 관련 리스크를 도출하는 데 도움이 된다.

참고 4.1 업무프로세스 분석서 및 프로세스 맵 예시

a. 업무프로세스 분석서

업무	외화결제 관련 업무 수행
목적	외화거래의 정확한 자금이체 업무 수행 및 자금업무 지원

프로세스			담당 부서	Description	Input	Output
Segment Name	Activity ID	Activity Name				
기준환율 및 기준금리 최초 고시		제공되는 data source 수신 여부 점검	자금 결제실	data source(로이터자료) 조회자료 출력		환율, 금리 data 명세표
		환율 금리자료의 콘돌시스템 인터페이스 여부 점검	자금 결제실	기초data와 조회자료 일치여부 점검 및 확인		
		환율금리자료의 은행 시스템 인터페이스 여부 점검	자금 결제실	기초data와 조회자료의 일치여부 점검 및 확인등록		환율 금리자료 고시등록표
		고시 후 고시에러 유무 점검	자금 결제실	업무 server별로 정상종료 상태 확인		환율금리 정상고시
		서류보관 및 관리	자금 결제실	관련서류 일자별 편철 보관관리		환율금리 리스트

b. 업무프로세스 맵

As-Is분석	Process	외화 settlement/ 보고 관련 업무	Sub-Process	기준환율 및 기준금리 최초고시
영업점/본부	자금결제실			자금시장부

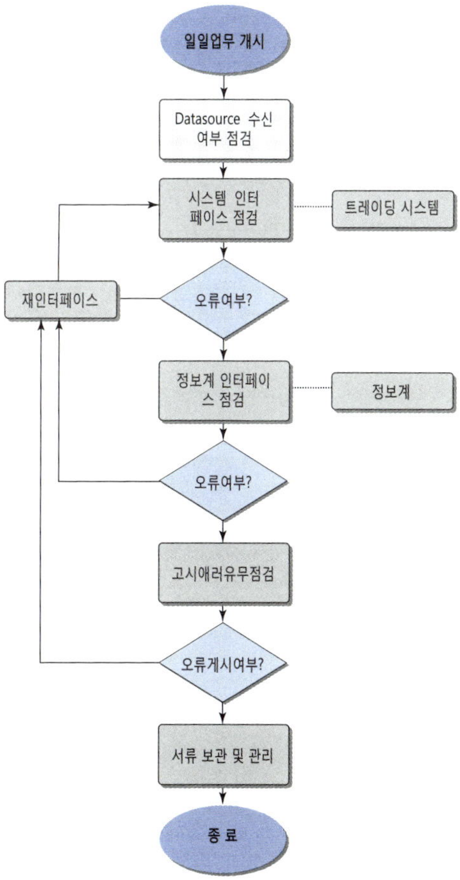

As-Is분석	Process	부수 업무	Sub-Process	타행환 자금 청구
고객/외부	영업점			본부

As-Is 분석	Process	외화settlement/보고 관련 업무	Sub-Process	기준환율 및 기준금리 최초고시
영업점/본부	**자금결제실**			**자금시장부**

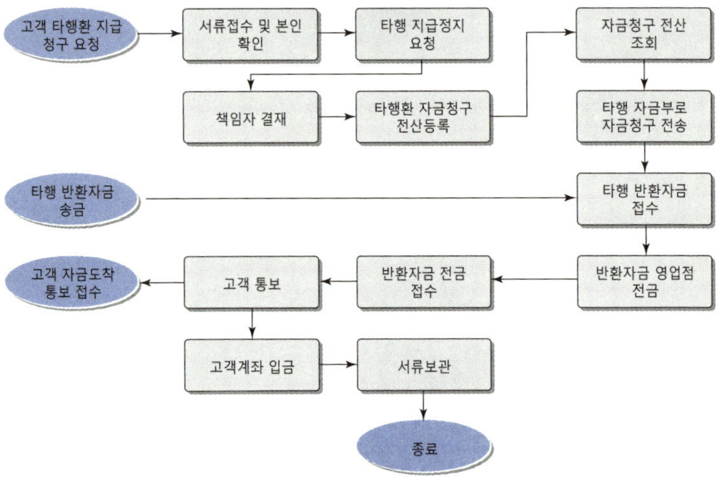

Appendix 4.1

유사손실(Near Miss)의 수집 및 관리

1. 유사손실의 정의

유사손실NM: Near Miss은 회사 내 심각하고 부정적인 효과를 가지는 내재적인 신호genetic signature를 포함하는 약한 신호weak signal로 간주된다. 기존 운영 손실사건을 리뷰해보면, 대개의 주요 사건들의 이전에 미미한 영향을 가진 다수의

그림 A4-1 유사손실 피라미드 구조

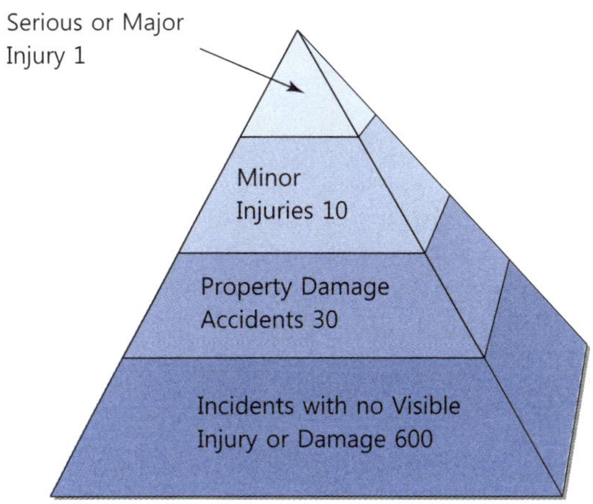

사건들과 직접적 손실이 없는 대다수의 사건이 존재하였음을 관찰할 수 있다. 이와 유사하게, 금융회사의 주요 운영리스크 손실사건에는 실재적인 손실로 이어지지 않는 작은 비정상(abnormalities) 형태를 가진 전조predecessors가 나타난다. 반대로, 조짐precursors은 때때로 베어링스 은행 같은 극단적 수익의 형태로 나타나기도 한다. 이러한 사건의 구조는 산업에서는 공통적으로 받아들여지는 것이며, 삼각 피라미드safety pyramid로 표현된다. NM은 피라미드의 낮은 부분을 나타낸다.

유사손실NM의 발생에 의한 재무적 영향은 제한적이지만, 이는 잠재적인 대규모 손실발생 가능성을 예상하게 한다. 따라서, NM을 적시에 적절하게 관리하는 것은 주요 손실사건이 실제 발생으로 연결되는 것을 사전에 예방하게 해준다.

NM은 매우 다양하게 정의된다. 몇몇 정의는 다음과 같이 잠재적인 부정적 결과의 정도에 초점을 맞춘다. "NM은 심각한 해를 초래할 가능성이 있는 의도되지 않은 사건이나 사건의 결과sequence이다" 그러나, 여기서는 NM의 부정적 측면뿐 아니라 시스템 운영에 대한 긍정적 기여까지에 초점을 두는 광범위한 정의를 선호한다. 금융회사의 운영리스크 관리 목적으로는 다음의 정의를 제시하고자 한다.

유사손실NM은 궁극적으로 심각한 영향을 유발하는 붕괴upsets 리스크를 줄이기 위해 시스템 운영을 개선할 가능성을 가진 사건이나, 사건 경로, 혹은 이례적인unusual 발생에 대한 관찰이다.

위의 정의는 다음과 같은 세 가지 중요한 측면을 가지는데,

첫째, 이러한 정의는 NM을 직원들로 하여금 숨기기보다는 보고하도록 하게 하는 긍정적 경험인 "개선기회improvement opportunities"로 간주하게 하며, 둘째, 이는 모든 운영 혼란이 중 몇몇은 심각한 손실을 유발할 가능성이 있으며, 나머지는 주로 비효율성을 유발하는 조건들임을 포함한다. 마지막으로 이러한 정의는 손실사건을 포착할 뿐 아니라 세심한 관찰을 포함한다.

2. 유사손실 관리체계

금융회사는 손실사건 수집 그물망을 넓게 사용함으로써 시스템의 비효율성을 확인할 수 있을 뿐 아니라, 주요 운영리스크의 핵심적인 전조precursors나 핵심 리스크지표를 포착할 기회를 개선할 수 있다고 판단된다.

8단계 관리절차

화학산업에서 개발된 유사손실관리체계를 따라, 금융회사의 ORM 8단계 절차를 제안하고자 한다.

① Identification: 유사손실NM의 인식

② Disclosurereporting: 인식된 정보/사건의 보고

③ Prioritization & Classification: 미래 조치 정보의 우선순위화Prioritization와 분류

④ Distribution: 적절한 경로로 정보를 조직단위에 배분

⑤ Analyzing: 문제의 원인 분석

⑥ Identifying Solutions: 해결방안 도출

⑦ Disseminations: 해결방안 조치 및 전파

⑧ Resolutionwrap-up: 완료 및 보고

① 1단계: 인식

유사손실관리체계의 첫 단계는 유사손실NM의 인식이다. 이는 특히 운영리스크 요인이 적절하게 정의되지 않은 금융회사에서는 매우 중요하다. 앞에서의 NM의 넓은 정의는 NM을 대부분의 운영리스크 이슈를 인식하도록 자연스럽게 도와주면서 운영리스크 정의의 막연함을 보완해준다. 실제로, 이는 인식awareness을 개선할 사례와 지침을 제공하는 데 도움을 줄 수 있으며, 일상적인 경험experience to date에 기초해서 개선 기회를 찾아 정의를 정기적으로 수정할 것이 요

구된다. NM 개념에 민감한 문화를 수립하는 것은 유사손실 관리체계의 성공적 실행에 매우 중요하며 시간과 노력을 필요로 하는 것이다. 현재의 그리고 잠재적인 문제의 인식은 관찰한 사람을 인지하고 보상함으로써 더 추동될 수 있고, 문제를 관리하기 위해 발견된 문제를 알리고, 취해진 조치를 조직 내외부에 공표함으로써 이루어질 수 있다.

② 2단계: 정보보고

정보보고는 문제를 관찰하거나 경험한 사람이 많은 시간이나 노력을 기울이지 않고 보고할 수 있도록 매우 간결해야 한다. 비록 모두 같은 중요성을 가지는 것은 아니나 가능한 많은 유사손실$_{NM}$을 포착하는 게 중요하다.

③ 3단계: 우선순위화와 분류

이는 효과적인 유사손실관리체계 수립에 매우 중요한 단계인데, 왜냐하면 이 단계는 수많은 유사손실 보고 중에서 필요한 것이 무엇이고, 어느 정도의 관심이 기울여져야 할지를 결정하기 때문이다. 이 단계에서는 유사손실에 대해 주어져야 하는 관심의 정도뿐 아니라 유사손실의 성격에 대한 결정도 이루어져야 한다. 따라서, 우선순위화 절차는 초기부터 잘 정의되어야 하고 분석과정에서 추가된 정보에 의거하여 계속 업데이트되어야 한다.

④ 4단계: 배분

유사손실 정보가 일단 유사손실관리체계를 통하여 보고되면, 이 정보에 따라 통제를 수행할 담당자에게 직접 전달될 필요가 있다. 운영리스크가 잘 정의되지 않은 금융회사에서는, 우선 정보를 적합한 부서로 직접 전달할 수 있는 각 지역의 관리 책임자에서 시작할 것을 제안한다. 유사손실의 관리가 발전함에 따라, 자연스럽게 유사손실의 범주와 적절한 추가적인 채널이 나타날 것이며, 또한 이 단계의 표준적인 절차를 수립하는 데 도움이 될 것이다.

⑤ 5단계: 원인분석

주어진 우선순위에 기반하여 유사손실이 일단 보고되면, 책임자나 문제에 관한 전문가 그룹은 문제의 원인을 확인하고 이런 유사사건의 재발을 방지할 조치를 취해야 한다. 특정한 유사손실에 주어진 우선순위는 이러한 후속조치에 중요한 역할을 한다. 보고된 사건이 "높은 순위"라면, 기본적인 단계에서부터 문제를 해결할 근본원인root-cause의 확인과 같은 세밀한 원인분석을 행해야 한다. 이는 다양한 원인분석 기법을 사용하여 상황을 분석할 수 있는 조직에 의해 수행될 수 있다. 일례로, 수개월 기간 내에 잘못된 사람에게 정보가 주어지거나 혹은 개인 당좌거래와 관련하여 컴퓨터 프로그램에서 데이터가 잘못된 위치로 보내진 것과 연관된 많은 다양한 유사손실 사건들이 보고되었다고 가정해보자. 유사한 사건이 재발한다는 것은 수행된 해결책이 만족스럽지 못함을 의미한다. 지속적으로 유사한 사건의 재발 때문에 새로 발생한 유사손실의 우선순위는 보고시마다 높아질 것이다. 어느 지점에서 이는 화면 디자인이나 운영 흐름의 필요한 변화를 논의하기 위해 웹 시스템 디자이너와 몇몇 다른 사용자관련된 NM을 보고하는 사람을 포함해서를 포함하는 미팅을 필요로 할 것이다.

⑥ 6단계: 해결책 인식

문제의 원인이 밝혀지면, 다음 단계는 각 원인에 대한 가시적인 해결책을 찾는 것이다. 이 단계의 중요 핵심은 다음과 같다.

- 해결책을 원인에 맞추고 이로써 각 원인이 제대로 관리될 것으로 확신해야 함
- 인식된 해결책들이 새로운 문제를 유발시키지 않을 것을 보장하도록 재확인함

⑦ 7단계: 전파(disseminations)

일단 조치가 결정되면, 조치는 적절한 경로로 승인되어야 하고 수행할 조직에 배정되어야 한다.

⑧ 8단계: 해결방안(resolution)

이 단계에서 적절한 부서에 조치하는 것을 포함해서 모든 조치가 완결되어져야 한다. 이 단계에서 모든 알려진 조치를 확인하고 추적할 필요가 있다. 이런 활동에는 수행절차의 우선순위priority를 정하기 위해 경영진으로부터 승인받는 절차가 포함되어야 한다. 유사손실을 발견하고 이를 보고한 직원들에게 보상을 하는 유인책도 제공해야 할 것이다.

Appendix 4.2

KOREC 데이터 분석 결과

여기서의 내용은 국내 은행권 데이터컨소시움인 KOREC의 데이터를 분석한 결과를 정리한 것으로 데이터기간은 2003~2010년의 8년 간이며, 총손실금액이 1,000만원 이상인 데이터를 분석하였다.

1. 운영리스크 변화 추이 분석

손실사건의 발생건수는 2004년도 이후 감소추세이고, 건당 손실금액 역시 2004년도 이후 감소추세로 226건04년도 ⇒ 56건10년도이며, 건당 손실금액은 5억 1천만원04년도 ⇒ 2억 8천만원10년도으로 나타났다.[2]

손실사건 발생건수는 총 1,147건, 총손실금액은 5,737억원인 것으로 집계되었는데, 매년 은행당 평균 143건의 손실사건이 발생하였으며, 평균 717억원건당 평균손실액: 5억원의 피해가 발생하였다.

2 2003, 2005년도에 손실규모가 큰 횡령에 따른 일시적으로 건당 손실금액 증가하는 것으로 나타남.

그림 A4-2 연도별 손실사건 발생건수 및 건당 손실금액

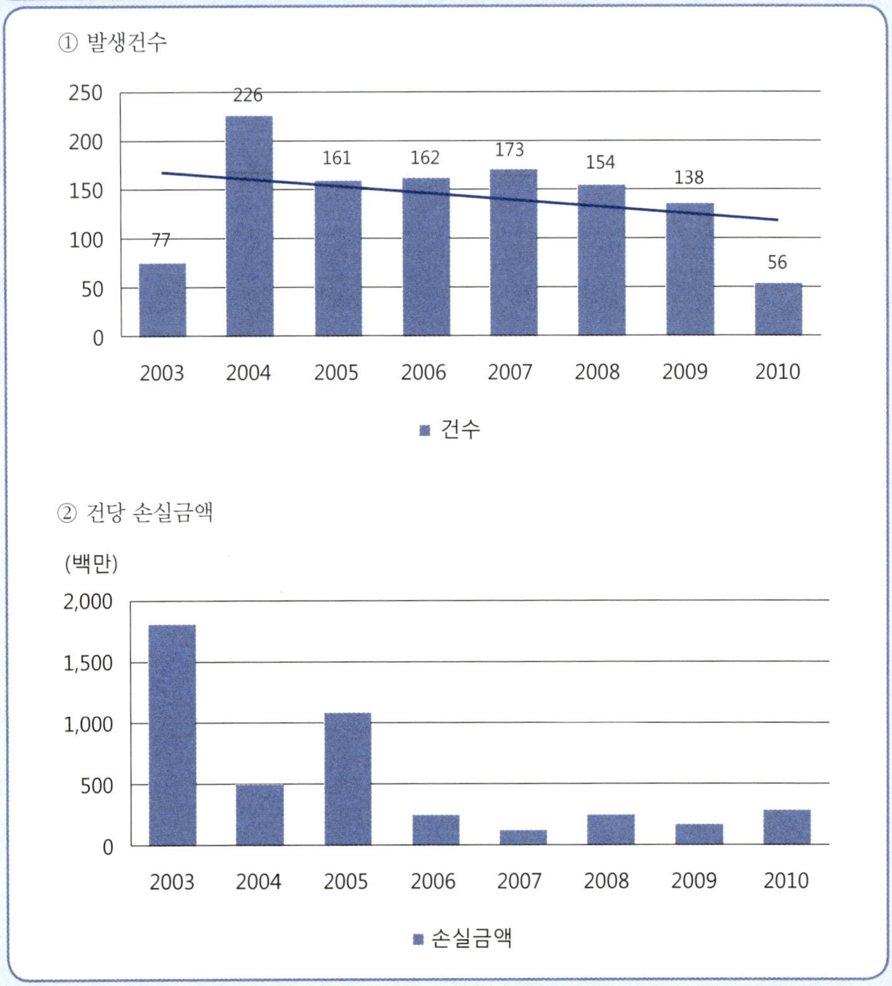

2. 4대 원인별 비중

손실사건을 4대 발생원인(사람, 프로세스, 시스템, 외부요인)별로 구분해보면, 외부요인(538, 47%)과 사람(44%, 506건)이 가장 높은 비중을 보여주었다. 개별적으로 보면, 신용카드 위변조, 명의도용 사건이 높은 비중을 차지하나, 위변조 사건의 수는 2006년 41건을 기록한 뒤 감소 추세이며, 명의도용 사건은 2003년 이후로 감소 추세이다.

신용카드 부정사용 건수를 제외하면, 사람(506건, 44%)에 의한 운영 손실사건(횡령)이 가장 빈번하게 발생하며, 프로세스 미비 등으로 인한 손실사건은 자주 발생하지는 않지만, 건당 손실금액은 11억원 이상으로 가장 영향이 큰 것으로 파악되었다.

그림 A4-3 4대 원인별 비중

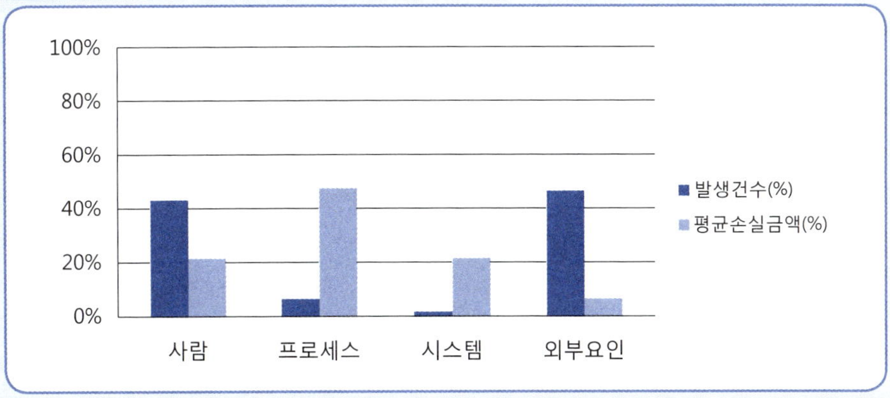

3. 사업영역/손실사건유형 분석

발생건수 기준은 소매금융/외부사취가 375건으로 가장 많으며, 금액 기준은 소매금융/내부사취가 960억원으로 가장 크게 나타났다. 미국 은행들은 고객과 분쟁, 상품의 구조적 결함 등으로 인한 운영리스크 손실이 큰 반면, 국내은행은 내부직원의 부정행위횡령, 유용의 비중이 높은 것으로 나타나 차이가 존재하였다. 국내에서도 복합금융상품거래, 집단소송제 도입 등으로 인해 고객/상품/영업관행 유형에서 대형 손실의 발생 가능성이 높으므로 사전대응이 필요하다고 판단된다.[3] 수집된 손실자료를 7개의 손실사건유형과 9개의 영업영역63개 셀으로 구분해보면,[4] 발생건수 기준으로 소매금융/외부사취 셀이 375건으로 가장 많으며, 다음으로 고용 및 사업장안정/본부지원 셀104건이다. 63개 셀 중 국내 다수 은행들에서 분포 생성을 위한 데이터의 최소요건으로 규정하고 있는 10개 이상의 자료가 존재하는 셀은 15개에 불과하였다.

손실금액 기준으로 소매금융/내부사취 셀이 670억원으로 가장 크며, 다음은 지급결제/내부사취 셀369억원로 나타났다.

국내은행의 손실자료 분석결과는 미국 감독당국이 2004년 수행한 분석결과와 차이가 있는데, 이는 양국간 금융관행/영업활동 복잡성 차이에 기인한 것으로 보인다. 손실금액 기준으로 비교해보면, 국내에서는 내부사취46%, 미국에서는 고객, 상품 및 영업관행79.8% 유형이 가장 높은 비중을 차지한 것으로 나타났다. 미국 은행들은 불완전 판매, 고객과의 분쟁, 상품의 구조적 결함 등으로 인한 운영리스크 손실이 큰 반면, 국내 은행들은 내부직원의 부정행위횡령, 유용의 비중이 높은 것으로 나타났다.

---

3 미국 감독당국(FRB, OCC, FDIC, OTS)은 미국내 은행들의 운영리스크 특성을 파악하기 위해 손실자료분석(Loss Data Collection Exercise: LDCE)을 2004년에 수행한 바 있음.

4 Basel Ⅱ 8대 사업영역 이외에 영역이 명확히 구분되지 않는 전산부문 등을 포함한 '본부지원' 부문을 추가하여 분석하였다.

| 표 A.4.1 | 손실사건 발생건수(7×9행렬) (단위: 건수)

	내부 사취	외부 사취	고용 및 사업장안전	고객, 상품 및 영업	유형자산 손실	업무중단과 시스템장애	실행전달	계
투자금융	0	0	0	0	0	0	0	0
트레이딩/매매	1	2	0	1	0	1	7	12
소매금융	89	375	6	32	29	1	98	630
기업금융	26	18	0	15	0	2	74	135
지급결제	2	1	0	0	0	2	6	11
대행서비스	7	1	0	6	0	1	13	28
자산관리	0	0	0	1	0	0	2	3
소매중개	1	2	0	99	0	0	19	121
본부지원	9	8	104	0	34	7	45	207
계	135	407	110	154	63	14	264	1,147

* 음영부분은 손실 발생빈도 기준으로 80개 이상의 손실사건이 수집된 셀.

제 5 장

운영리스크 평가: 리스크통제자가진단(RCSA)

5. 1 RCSA의 정의 및 목적

리스크통제자가진단RCSA은 업무담당자가 담당 업무의 리스크와 통제에 대해 가장 잘 알고 있다는 전제에서 이를 평가하는 방식이다. 즉, 업무담당자가 당해 업무프로세스에 내재되어 있는 운영리스크를 인식·평가하고 동 리스크를 방지하는 현재의 통제수단의 유효성을 평가함으로써, 이를 기초로 운영리스크를 관리할 수 있도록 하는 수단이다.[1]

1 리스크통제자가진단(RCSA)은 통제자가진단(CSA), 리스크자가진단(RSA) 등의 용어로 혼용되고 있는데, 통제자가진단(CSA)은 통제관점에, 리스크자가진단(RSA)은 리스크관점에 보다 주안점을 두고 만들어진 용어이다. 하지만, 운영리스크관리 실무에서 용어의 차이에 따른 실제적인 내용의 차이는 거의 없다. 본서에서는 리스크와 통제 모두를 인식하고 평가한다는 관점에서 리스크통제자가진단

RCSA를 운영리스크 인식과 평가의 수단으로만 활용하는 경우도 있지만, 일반적으로는 운영리스크관리 전반, 즉 리스크 인식, 평가, 모니터링/보고와 통제/경감에도 활용할 수 있으며, 고급측정법 적용시 규제자본량 산출에도 활용할 수 있다.

① 인식 및 평가

RCSA는 업무담당자와의 인터뷰나 프로세스 분석을 통하여 운영리스크를 인식하고 평가하며, 리스크 평가를 통해 취약한 업무나 상품을 식별하여 현재의 통제 수준을 파악한다.

② 모니터링/보고

RCSA을 통해 인식된 운영리스크를 정기적으로 평가하고, 평가결과와 대응방안을 경영진에 보고함으로써 모니터링 기능을 수행한다.

③ 통제/경감

RCSA 수행결과, 리스크가 일정 수준 이상이거나 통제평가 결과가 일정 수준 이하인 경우, 대응방안을 마련함으로써 리스크를 경감시키기 위한 절차로 활용한다.

④ 고급측정법에 의한 규제자본 산출

RCSA는 고급측정법상 운영리스크 '시나리오 분석'의 기초데이터뿐만 아니라, 영업환경과 내부통제요인BEIC: Business Environment & Internal Control factors과 관련한 정성적인 데이터를 제공함으로써 필요 자기자본 산출에 중요한 역할을 수행한다.

(RCSA)이라는 용어를 사용하고자 한다.

5.2 RCSA 수행방법

RCSA는 금융회사별로 수행절차나 방법이 다를 수 있으나, 일반적으로 '리스크의 인식 및 평가'와 '통제의 인식 및 평가'는 가장 핵심적인 절차로 대부분 금융회사에서 공통적으로 수행한다. 동 절차들의 이전단계로서 '업무프로세스 분석'을, 이후단계로서 '대응방안 마련'을 수행하는 것이 RCSA의 전형적인 수행방식이다.

업무프로세스 분석	→	리스크의 인식 및 평가	→	통제의 인식 및 평가	→	대응방안 마련
은행의 모든 업무프로세스를 활동단위로 분석하여 리스크 인식을 용이하게 함	→	해당 업무프로세스에서 발생 가능한 리스크를 인식하고 동 리스크의 영향과 빈도를 평가함	→	해당 리스크에 대비한 현재의 내부통제를 인식하고 동 통제의 유효성을 평가함	→	리스크/통제의 평가 결과를 바탕으로 운영리스크를 더욱 감소시킬 수 있는 대응방안을 마련함

인식된 리스크는 향후 1년간 발생할 것으로 예상되는 빈도frequency와 발생할 경우 예상되는 재무/비재무적 영향severity으로 구분하여 평가한다. 리스크에 대한 평가는 일반적으로 내부통제를 수행하지 않는 상태에서의 리스크인 '총리스크gross risk 또는 내재리스크inherent risk 평가'와 현재의 통제수준 하에서의 리스크인 '잔여리스크residual risk 평가'로 구분된다. 현실적으로 현재의 통제가 없다고 가정하여 수행해야 하는 총리스크 평가가 쉽지 않으므로 은행에 따라서는 총리스크 평가를 수행하지 않고 잔여리스크 평가만을 수행하는 방식으로 전환하는 추세이다. 이러한 방법론은 RCSA에서 궁극적으로 평가하고자 하는 것이 현재의 잔여리스크와 현재의 통제수준인 점에 기인한다.

빈도와 영향 평가 시에는 예상되는 일반적인 상황을 가정하여 평가한다. 리스크의 재무 또는 비재무 영향 및 빈도의 평가는 해당 사건이 평가를 수행하는

그림 5-1 RCSA 리스크 평가기준 예시

손실영향 평가 기준표

재무 손실 평가기준

등급	손실예상금액
5	100 억원 이상
4	10억~100억원
3	1억~ 10억원
2	5천만~1억원
1	5천만원 미만

비재무 손실 평가기준

등급	평판에의 영향	업무중단
5	• 국내외 미디어 보도(토픽기사) • 감독당국 제재 (기관제재, 임원제재)	1주일 이상
4	• 국내 전체 미디어 보도 • 감독당국 제재(직원제재)	1일~ 1주일
3	• 공중파 방송 보도 • 감독당국제재 (과징금및 과태료)	3시간~ 1일
2	• 일부 미디어 보도 • 감독당국제재 (개선, 시정, 주의)	30분~ 3시간
1	• 고객의 단순 불만	30분 이내

발생빈도 평가 기준표

등급	사건 발생주기
5	1주일에 최소 1회
4	1월에 최소 1회
3	1년에 최소 1회
2	3년에 최소 1회
1	10년에 최소 1회

부서 또는 영업점에 미치는 영향 및 빈도를 평가하는 것이며, 극단적 상황이 아닌 연평균의 영향 및 빈도를 평가한다. 재무적 영향은 해당 부서 또는 영업점의 해당 사건과 관련한 프로세스의 거래 규모 등을 감안하여 연평균 발생가능한 손실금액을 추정하여 평가하고, 비재무적 영향은 해당 사건으로 인하여 발생할 수 있는 평판리스크 등을 감안하여 평가한다.

[그림 5-1]은 국내 금융회사에서 주로 사용하는 평가기준 예시이다.

위에서 좌측은 재무적 손실에 대한 평가기준으로 여기서는 5등급 체계를 기준으로 하고 있으며, 중간 표는 민원, 평판 등 비재무적 손실에 대한 평가 기준이다. 제일 우측의 기준 표는 RCSA 평가 대상 사건또는 리스크의 평균 발생빈도를 평가하기 위한 기준이다.

금융회사에 따라 평가등급을 위의 5등급 외에 10등급으로 확대하거나, 본부부서와 영업점의 재무적 평가기준 등급을 다르게 설정하기도 한다. 본부부서와 영업점의 평가기준을 다르게 설정하는 이유는 평균적으로 발생하는 손실금액

그림 5-2 RCSA 통제 평가기준 예시

통제효과 평가 기준표

등급	통제효과		내부통제 미비사항/ 내부통제 개선과제
5	탁월	• 통제를 위한 규정, 프로세스, 시스템이 잘 갖추어져 있음(선진사례에 해당)	작성 불필요
4	우수	• 통제 규정, 프로세스, 시스템이 있으나, 개선의 여지가 있음	(선택적 작성)
3	보통	• 통제 규정과 프로세스는 있으나 부족하고, 시스템 상으로 구현되지 않거나, 상당한 개선 필요함	(선택적 작성)
2	부족	• 통제 규정은 있으나, 준수되지 않고 있음	작성 필수
1	취약	• 통제 규정이 없거나 부족함	작성 필수

의 크기scale가 너무 상이하므로 평가결과가 일부분 등급에 편중되는 결과를 피하기 위해서이다.

[그림 5-2]는 국내 은행권에서 주로 사용하는 통제효과에 대한 평가기준 표 예시이다.

내부통제는 주요 활동에 내재되어 있는 잠재적인 운영리스크의 사건 발생빈도 또는 영향을 줄일 수 있는 수단 또는 절차로서 은행의 내규, 업무편람, 매뉴얼 및 기타 규정 등 문서화된 일체의 규정 및 시스템 등의 수단이 포함된다. 나아가 업무를 좀 더 효과적으로 처리하기 위한 일체의 업무처리 관행 등도 모두 포함하는 개념이다. 일반적으로 금융회사는 업무프로세스 분석 수행 시 이미 수행중인 통제의 인식을 수행하며, 인식된 통제는 예방, 적발 및 수정의 유형으로 구분하여 관리한다. 현재 일부 국내 은행의 경우, RCSA 수행 시 통제평가는 통제의 설계적합성와 운영효과성 평가로 나누어 수행하고 있다. 통제의 설계 평가는 인식된 통제구조가 리스크를 방지할 수 있도록 적절하게 설계되었는지 여부를 평가하며, 동 평가는 리스크 단위로 이루어진다. 일반적으로 사건 발생을 예방하기 위한 절차 및 사후적인 모니터링, 예외사항을 보고하는 절차가 모두 포함되었는지 여부, 업무분장 여부, 통제가 시스템에 적용되고 있는지 여부, 회사 규정에 명시되어 있는지 여부 등을 고려하여 평가한다.

통제의 운영 평가는 인식된 통제구조가 제대로 업무담당자에 의해 수행되는지 여부를 평가하며, 동 평가는 통제 단위로 이루어진다. 설계평가 수행 후 기술된 통제활동이 수행되는지 여부, 통제활동이 기술된 시기에 매번 수행되는지 여부, 통제활동 책임자가 직접 수행 또는 권한 대리자가 수행하는지 여부 등을 평가한다.

국내 은행들에 RCSA가 도입된 초기에는 상당히 복잡한 RCSA 평가 템플릿이 사용되었으나—예를 들면, 총리스크 vs. 잔여리스크, 통제설계 및 운영 평가 등—일정 기간 운영해 본 경험에 의하여 점차 간편화되어 가는 추세이다. 이는 두 가지 이유에 기인하는데, 하나는 RCSA 평가자의 과다한 부담을 줄여 평가 용이성을 제고하기 위한 측면이고, 다른 하나는 실제 RCSA 평가결과의 활용도가 전반적으로 높지 않다는 현실적 한계 때문이기도 하다.

통제효과에 대한 평가기준도 리스크 평가와 마찬가지로 5등급 체계를 주로 운영하고 있는데, 탁월과 우수, 취약과 부족의 구분 기준이 명확하지 않고, 또한 구분한 다음 실제 활용하는 측면에서의 차별성이 존재하지 않는 등의 문제점이 존재한다. 그에 따라 이러한 평가기준을 이후 프로세스 개선 등의 업무과정과 연계하여 조정하는 방안이 필요하다고 판단된다.

RCSA를 통해 발견된 통제 미비사항을 규정/조직/프로세스/시스템 측면에서 설계 및 개선하여 업무프로세스에 적용함으로써 운영리스크를 경감시키는 활동이 중요하다. 대응방안에는 해당 리스크에 대한 기본적인 대응전략으로 다음과 같이 수용리스크 수용, 이전보험 부보, 회피사업 철수, 경감통제 강화에 대한 내용이 포함된다.

일반적으로 RCSA를 수행하는 담당자 또는 부서가 대응방안을 마련하거나 제안을 하는 경우도 있고, 운영리스크관리를 총괄하는 본부부서가 전사적인 대응방안을 마련하기도 한다. 운영리스크 전담조직은 마련된 대응방안이 차질 없이 구현되고 있는지 여부를 주기적으로 모니터링한다. 또한, 대응방안의 실행 이후 관련 리스크가 경감되었는지 여부를 모니터링하여 동 대응방안이 효과가 있는지와 추가적인 대응방안의 마련이 필요한지 여부 등에 대하여 검토해야 한다.

제 6 장

KRI 모니터링

6. 1 KRI 관리

KRI 정의

핵심리스크지표KRI: Key Risk Indicator는 금융회사의 운영리스크 특성 또는 익스포저 변화를 계량화하여 운영리스크를 모니터링하는 데 활용하는 등 운영리스크 관리의 계량적 기준 및 근거를 제공하는 지표이다. 대표적인 KRI에는 직원 이직률, 민원발생 건수, 직원만족도, 거래 수정 및 취소, 시스템 중단횟수나 시간 등이 있다. 일반적으로 KRI를 속성별로 구분하면, 운영리스크 손실사건의 직접적인 원인 발생을 예시할 수 있는 원인지표causal indicator, 손실사건의 발생 자체를 적시하는 손실지표loss indicator, 손실사건의 발생 원천 또는 모수를 보여주는 익스포저 지표exposure indicator 등이 있다.

이는 '원인 → 손실사건Risk event → 손실결과'의 손실발생 인과관계를 통해 KRI의 유형을 정의할 수 있다.

① 손실 KRI(Event KRI)

리스크 이벤트 발생 자체를 적시하는 지표

(예) 규정 위반 대출건수 등

② 원인 KRI(Causal KRI)

리스크의 인과관계 구조를 반영하여 특정 손실사건의 직접적인 원인 발생을 예시할 수 있는 지표

(예) '인당 입출금 처리건수'창구직원의 사고 원인인 업무과부하를 간접적으로 측정

그림 6-1 KRI 유형 구분

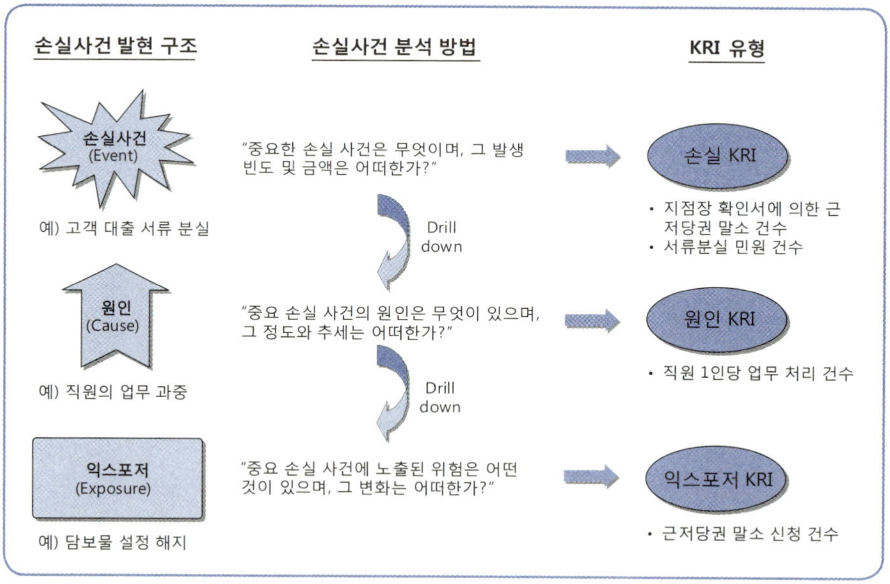

③ 익스포저 KRI

손실사건을 발생시키는 기본 업무 또는 모수가 되는 현상을 적시하는 지표

(예) 손실사건이 '담보물 과다평가로 인한 손실위험'일 경우, '담보물 평가 건수' 등이 해당

KRI의 활용목적

금융회사는 운영리스크관리에 있어서 리스크 모니터링의 주요 수단으로 KRI를 사용하며, 동 지표에 대한 모니터링을 통해 조기경보와 한도관리를 수행할 수 있다. 또한 영업환경과 내부통제요인의 계량화에 반영함으로써 운영리스크 규제자본량 산출에 활용하기도 한다. 또한, 앞서 설명한 바와 같이, KRI는 Basel Ⅱ의 고급측정법AMA의 기본 요건이기도 하다.

① 모니터링

금융회사는 KRI를 통해 운영리스크 특성과 중요 리스크 변화의 모니터링을 수행한다. 이러한 모니터링을 통해서 고위험 영역 또는 부서를 식별하여 그 원인분석과 사고예방을 위한 조치를 취할 수 있다. 또한 한도관리를 수행하거나, 손실의 예시적 신호와 패턴파악이 가능한 선행성 있는 지표를 추출하여 조기경보지표Early Warning Indicator로도 활용할 수 있다. 즉, 손실사건에 대해 선행성이 있는 지표를 선정하여 관리함으로써 리스크에 대한 조기경보 기능을 수행하여 리스크 예방활동을 가능하게 한다.

② 규제자본량 산출

KRI를 통해 금융회사의 영업환경과 내부통제요인BEIC의 변화를 계량화하여 Op VaR를 조정하는 경우에 활용가능하다.

또한, RCSA나 시나리오 평가 시 잠재적이 손실금액 및 발생 가능성을 예측하기 위한 참고정보로 활용될 수 있다.

그림 6-2 KRI에 의한 운영리스크 모니터링 예시

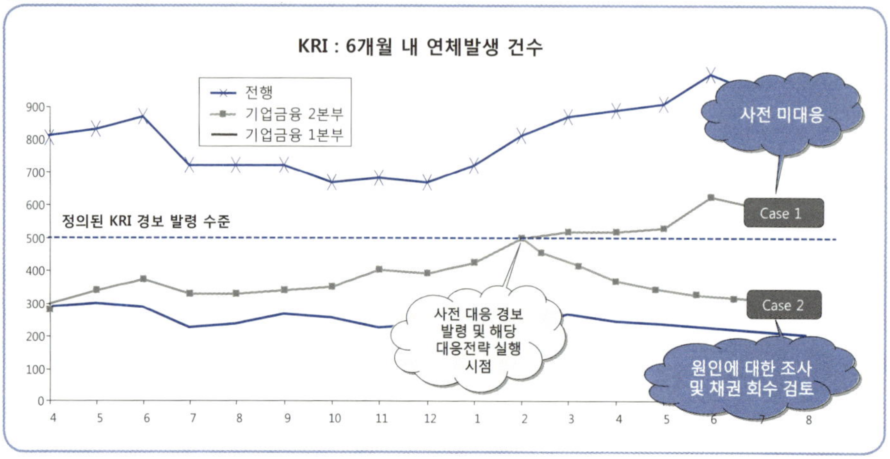

KRI 관리방안

KRI의 종류나 금융회사의 운영리스크 관리체제에 따라 그 수행절차가 다를 수 있으나, 일반적으로 KRI는 '리스크지표RI/핵심리스크지표KRI 생성', KRI 관리', 'KRI 보고', 'KRI 검증' 등의 관리절차를 거친다.

KRI 생성

일반적으로 RCSA와 과거 손실사건을 통하여 개별 리스크와 직접 연관성 있는 리스크지표RI를 도출하거나, 조직의 전략적 목표를 저해하는 운영리스크의 모니터링에 적합한 전사적 관점의 리스크지표RI를 수시로 도출한다. 또는 외부에서 구입한 핵심리스크지표KRI를 참고하여 리스크지표RI를 도출하기도 한다. 선정된 리스크지표RI 중에서 KRI의 목적운영리스크 모니터링, 리스크 한도관리, 규제자본량 산출 등에 활용가능한 것을 선정한다. 금융회사는 KRI 선정시 중요성, 연관성, 가용성 등 선정기준을 사전에 정하고 동 기준에 부합하는 RI를 KRI로 선정한다. 또한, KRI 중 손실사건에 대해 선행성을 갖는 지표를 검증자료 및 업무담당자의 검토를

그림 6-3 KRI 관리 절차 및 업무

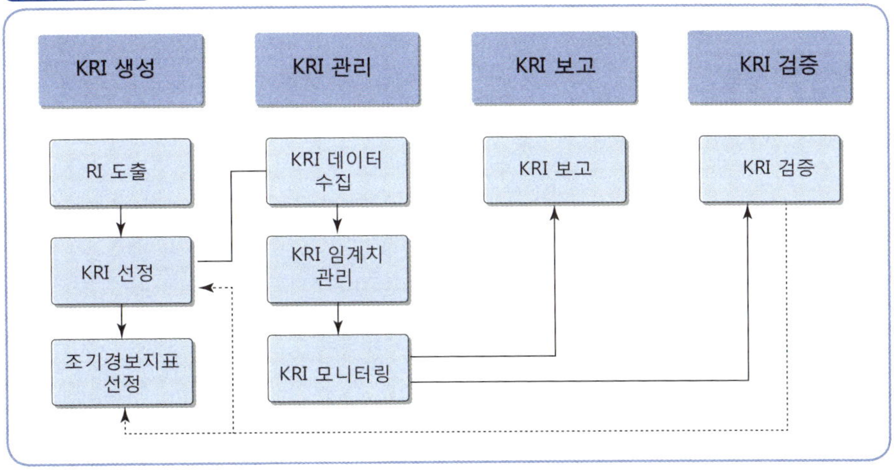

통해 정기적으로연 1회 이상 선정한다.[1]

RI 도출

RI는 금융회사의 업무처리 과정에서 운영리스크의 특성 변화를 계량적으로 모니터링하여 잠재적인 손실발생을 객관적으로 예측할 수 있는 지표이며, 변화하는 비즈니스 환경에 따라 KRI를 효율적이고 유연하게 추가 및 변경할 수 있도록 관리하기 위해 선정하여 관리한다.

RI의 인식은 RCSA를 통해 인식하는 방법과 손실자료내/외부 손실자료를 통하여 인식하는 방법, 타 금융회사의 지표를 참고하여 인식Benchmark하는 방법으로 구분된다.

1 2010년 금융감독원에서 18개 은행을 대상으로 실시한 설문조사에 따르면, KRI의 평균 개수는 은행당 193.4개였다. 그동안 은행들이 많은 KRI를 개발하여 관리하고 있으나 은행별로 너무 다양하여 감독당국이 KRI를 활용하여 은행들의 운영리스크 관리 수준을 비교·모니터링하는데 어려움이 많다고 판단된다.

① RCSA를 통한 RI 인식

RCSA에서 인식된 리스크사례사건 및 사건의 원인과 통제를 설명할 수 있는 지표를 RI로 도출하는 것으로 업무 소관부서의 대표적인 RI 인식방법으로 소관 업무담당자의 인터뷰를 통해 해당 리스크를 적절히 관리할 수 있는 RI를 도출할 수 있다.

② 내/외부 손실자료를 통한 RI 인식

내부 손실사건 발생 또는 외부 손실사건의 분석을 통해 해당 손실사건 및 사건의 원인, 통제를 관찰할 수 있는 RI를 인식하는 방법이다.

③ 타 금융회사의 지표 자료를 통한 RI 인식

국내외 금융회사의 KRI 자료를 참고하여 RI를 인식하는 방법이다.

KRI 선정

KRI는 RI 중에서 유의성 및 중요성 중심으로 선정된 핵심적인 지표Key Indicator를 지칭하는 것으로 계량화된 수치 데이터의 수집을 통해 모니터링 및 분석 대상이 된다. 즉, KRI는 임계치를 설정하여 모니터링하며, 조기경보지표의 후보가 되는 것이다. 따라서 KRI의 선정은 어떠한 선정기준을 통해 KRI를 선정할 것인가와 추후 유효하지 않은 KRI를 어떻게 구별하여 삭제할 것인가 등에 대한 내용을 의미한다.

운영리스크관리조직이하 ORM팀 및 지표 소관부서는 선정기준에 따라 KRI의 적정성을 평가해야 하며, 일반적으로 KRI 선정기준은 유의성, 중요성, 계량가능성이며, 3가지 기준을 통해 KRI를 선정하게 된다.

① 유의성

관리 대상 리스크가 명확하여 해당 리스크의 움직임을 나타낼 수 있는 지표이어야 하며, 리스크와 지표의 연관성을 통해 설명력을 가지는지를 판단해야 한다. 유의성 평가는 대상 지표 관련 업무담당자의 전문적인 지식과 경험 등에 기반한 주관적 평가를 활용하는 방법지표 소관부서과 지표 수치 데이터 축적 후에 손실과의 상관성 분석을 통한 방법(ORM팀)으로 수행될 수 있다.

② 중요성

관련 손실사건 유형의 영향 및 빈도를 고려하여 지표의 모니터링 필요 여부를 판단한다.

③ 계량가능성

지표가 모니터링 대상 조직별로 측정될 수 있는지를 판단하고 가능한 시스템을 통해 전산적으로 계량화가 가능한지를 검토한다. KRI에 의거하여 리스크 변화를 모니터링하기 위해서는 지속적인 데이터 확보가 가능해야 한다.[2]

KRI 선정주기는 연 1회를 원칙으로 하되, 손실사건의 중요성 변화에 의해 필요시 유효성 검증 및 소관부서별 검토를 통해 추가 및 삭제하는 프로세스를 수행해야 한다. 또한, 조직개편 및 리스크 변화 등 KRI 선정의 변경사유가 발생하였을 때에는 수시로 이를 반영하여 KRI를 변경하여야 한다.

KRI 관리

KRI 관리는 KRI 데이터를 수집하고, KRI 특성별 임계치를 설정하여 KRI 임계치 초과 여부 및 추이 분석 등을 통해 리스크 익스포저의 변화를 파악하고 사전 예방조치를 취함으로써 운영리스크를 관리하는 활동이다.

KRI 데이터 수집

KRI는 정기적(월, 분기, 반기, 년)으로 데이터를 수집해야 하는데, 수집된 데이터는 해당 지표의 현황 및 추세를 나타내기 때문에 리스크의 변화를 객관적으로 확인할 수 있다. 또한, KRI 데이터는 임계치 관리, 조기경보 및 유효성 검증을 위한 기초 자료로 활용된다.

2 영업점의 경우, 현실적으로 KRI 수치 확보(영업점 수기입력의 한계)의 어려움이 존재하기에 가능한 전산 자동화 지표를 KRI로 선정하여 관리하도록 하여야 함.

KRI 데이터 수집방법은 다음 두 가지가 활용되는데, 전산시스템을 통해 KRI 데이터를 자동으로 수집하는 전산수집 방법과 해당 부점에서 필요 KRI 데이터를 직접 수기 입력하는 방법이다. 부점의 업무부담을 경감해주기 위하여 시스템을 통한 전산수집이 선호되나, 전산수집 구현이 어려운 경우 수기수집을 해야 한다.

임계치 관리

운영리스크 관리의 목적은 모든 운영리스크를 제거하는 것이 아니라 수용 가능한 수준 범위 내에서 관리되도록 하기 위한 것이다. 따라서, KRI 임계치는 금융회사의 리스크에 대한 특성 및 수용 가능 정도를 고려하여 각 KRI에 대해 어느 정도 수준에서 해당 리스크가 관리되어야 하는지에 따라 설정된다.

선정된 KRI가 관련 리스크와의 유의성을 가진다면 KRI 수치가 임계치Threshold를 벗어날 경우 해당 리스크의 발생 가능성이 높음을 의미하게 되므로 임계치 초과 여부에 따라 관련 리스크를 사전에 인식하고 사고예방을 위한 선제적 조치를 취할 수 있게 된다. 통상적으로 임계치는 모니터링 대상인 KRI에 대해서만 설정되며, RI는 임계치를 따로 설정하지는 않는다.

임계치는 모든 KRI에 대해 두 단계로 설정할 수 있는데, 1차 임계치Amber: 주의는 관련 리스크 발생 가능성이 평상시보다 높아졌기에 경고단계로 나아가지 않도록 주의가 필요한 수준을 나타내며, 2차 임계치Red: 경고는 리스크 발생 가능성이 심각하게 증가한 수준을 의미하는 것이다.

임계치 설정 방법은 지표별 특성을 반영하여 차별화된 임계치를 설정하여 관리의 효율성을 제고해야 한다. 즉, KRI 지표별 특성에 따라 고정방식, 이동평균방식, 조정방식 중 한 가지 방식을 이용하여 임계치를 설정한다.

① 고정방식

임계치를 고정값fixed number으로 설정하는 방식이며, 소관부서 KRI 담당자의 의견을 충분히 수렴하여 결정해야 하며, 필요에 따라 수시로 임계치 조정이 필요할 수 있다. 고정값 한도는 부서에서 리스크 발생 가능성이 높다고 판단하는 수준 또는 경영진이 보고 받아야 하는 수준으로 설정 가능한데, 객관적으로 위험한 사항 외 불필요한 사항들이 위험신호를 발생시켜 업무 효율성을 저하시킬 가능성이 상대적으로 적다는 장점을 가진다. 다만, 임계치 설정의 객관성이 확보되기 어려우며, 임계치 내에서 변동폭이 클 경우 잠재적 이상 징후를 발견하지 못할 수 있다.

KRI값의 변동이 적어 장기간 일정한 값을 가지며, 이 값의 범위를 벗어나는 경우 위험이 증가하는 것으로 판단되는 KRI에 적합한 임계치 설정방식으로 내규 및 법규위반compliance이나 감독당국의 규제regulation와 연관되어 있는 경우, 그리고 발생 자체가 의미 있는 경우에 적합하다.

(예) 인당 여신 심사건수 등

② 이동평균방식

KRI의 임계치를 평균과 변동성표준편차을 반영한 수리적인 공식에 의해 설정하는 방식으로 이동평균과 표준편차로 계산되는 일정 범위신뢰구간를 벗어날 경우 임계치 초과로 정의한다.

KRI가 장기적으로 일정 방향의 추세를 갖기에 일정한 간격으로 임계치를 재설정해야 하는 KRI예: 계약직원 수에 적합하다. 임계치 설정 시에는 이동평균 산정의 기준 주기를 전기까지로 하여, 당기 변동이 임계치에 미치는 영향을 배제해야 한다.

t시점의 임계치: 이동평균 산정 기간(x)의 이동평균$\pm\alpha\times$표준편차(σ)

- 1차 임계치: 기간 이동평균($t-x$시점부터 $t-1$)$\pm 2\times\sigma$
- 2차 임계치: 기간 이동평균($t-x$시점부터 $t-1$)$\pm 3\times\sigma$

1차 임계치는 95% 신뢰구간을 가정하여 α는 2로, 2차 임계치는 99% 신뢰구간을 가정하여 α는 3으로 설정하며, 데이터 축적 후 검증을 통한 재설정과정이 필요하다. 데이터 축적 후 검증을 통해 추세 변화를 파악하고 임계치 설정 시 이용하는 데이터의 기간이동평균 산정 기간을 지표별로 차등화할 수 있다.

③ 조정방식

지표의 특성상 전년도 수준으로 임계치를 설정하여 관리해야 할 KRI에 적합한데, 영업점 KRI 중 영업점별 차이규모 등를 반영하여 지표의 직전년도 평균을 이용하여 차등적으로 임계치를 설정해야 하는 경우예: 자동화기기 장애 건수 등에 적합하다.

(예시) 임계치: 전년도 평균의 110%를 1차 임계치로, 120%를 2차 임계치로 설정. 조정폭은 추후 조정 필요

- 1차 임계치: 전년도 평균×1.1
- 2차 임계치: 전년도 평균×1.2

그림 6-4 KRI 모니터링 절차

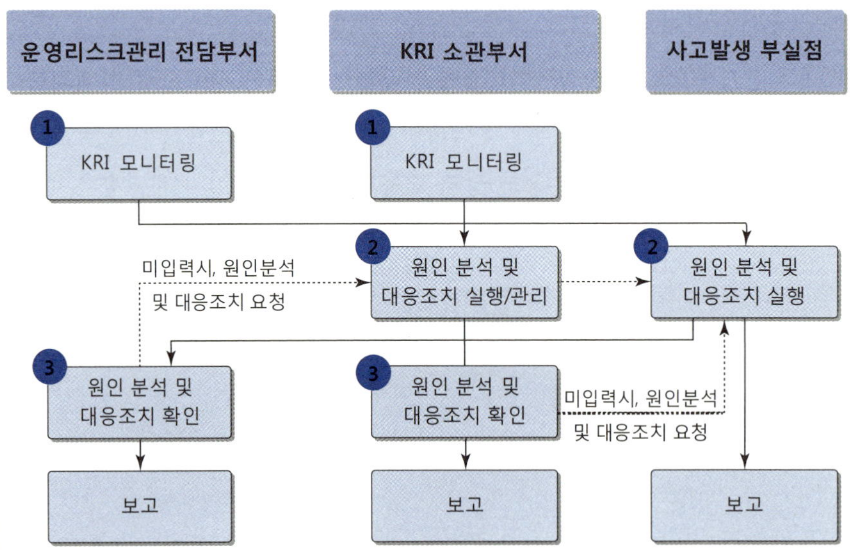

* 단위사무소 명칭 변경(부실점)

그림 6-5 KRI 모니터링 화면 예시

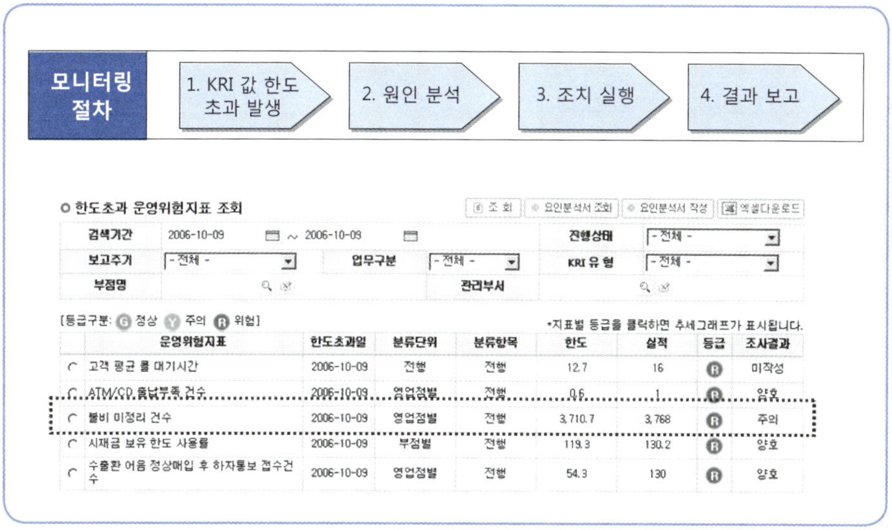

KRI 모니터링

KRI를 통해 리스크 특성과 중요 익스포저 변화를 모니터링하여 조기경보지표 또는 한도관리에 활용한다. 개별 KRI별 임계치로 지표별 담당부서와 협의하여 임계치를 설정하고, 임계치 초과 및 이상징후 여부를 모니터링하여 원인분석 및 대응조치를 수행한다.

소관부서 KRI 담당자는 KRI의 임계치 초과 및 이상징후 여부를 모니터링해야 하고, 임계치 초과 발생 시에 따른 원인 분석 및 대응 조치를 수행해야 한다.

[그림 6-5]는 KRI 모니터링 화면을 예시로 나타낸 것이며, 임계치또는 한도 초과 여부를 쉽게 파악할 수 있도록 설계되어 있다.

KRI 검증

KRI의 적정성을 검증하기 위하여 과거 손실자료와 KRI값을 통계적으로 분석한다. 동 검증을 통해 KRI의 적정성을 계속 확인하고, 필요한 경우 KRI를 폐기

그림 6-6 KRI 유효성 검증 예시

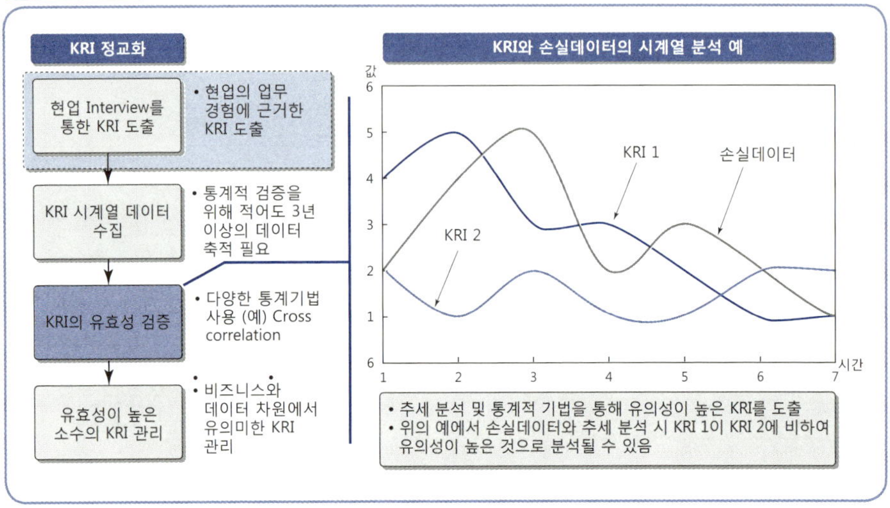

또는 재선정한다.

선정된 KRI의 유효성 검증은 손실데이터와의 시차상관성 분석 등을 통하여 수행하며, 손실데이터와 상관성이 지속적으로 낮은 KRI는 관리 대상에서 제외할 수 있다.

KRI 활용사례

운영리스크관리체계에서 KRI는 리스크 모니터링의 중요한 수단으로 활용되며, 익스포저가 명확하지 않은 운영리스크관리에 있어서 리스크경감의 중요한 수단으로도 활용이 가능하다.

[그림 6-7]은 여신취급수수료 미징수 건수라는 KRI를 활용하여 운영리스크 손실감축을 수행하는 사례를 보여주는 것으로 유효한 KRI를 선정해서 모니터링함으로써 금융회사의 운영리스크를 적절한 수준 이내로 통제할 수 있음을 보여준다.

그림 6-7 KRI에 의한 운영리스크 감축활동

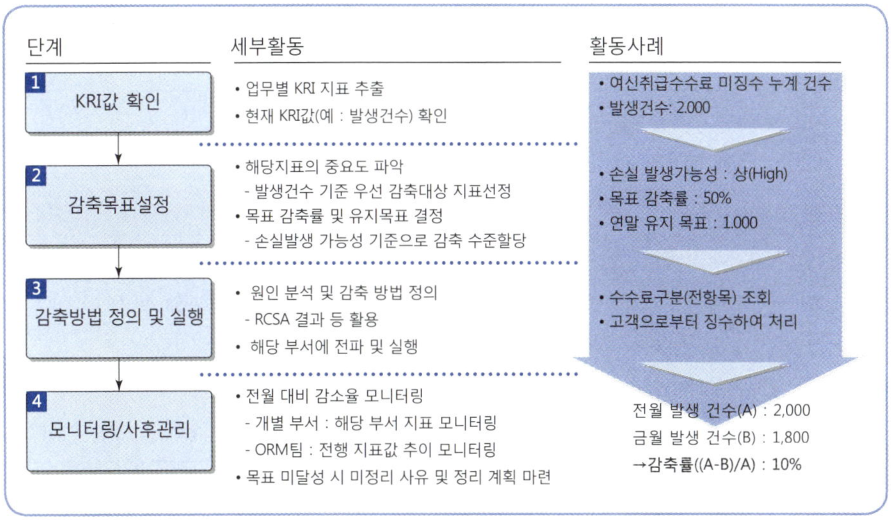

6.2 KRI 지수에 기반한 모니터링 방안[3]

본 절에서는 개별 금융회사의 운영리스크 수준을 모니터링하고 금융회사의 운영리스크 관리 수준을 비교하기 위하여 KRI를 활용한 운영리스크지수ORI: Operational Risk Index를 산출하고 등급화하는 방법을 설명할 것이다. 동 방법은 개별 은행뿐 아니라 전 은행권역의 운영리스크 추이와 분포를 모니터링하는데 유용하게 활용될 수 있다. 운영리스크지수ORI라고 명명한 공통 KRI 기반의 동 지수는 감독당국에게 은행의 리스크 특성 변화와 조기경보 기능을 제공할 수 있어 효과적인 상시감독 기능으로 활용 가능할 것이다.

운영리스크지수ORI를 산출하는 단계는 다음 4단계로 구성된다.

① 공통 KRI 선정 및 검증, ② 각각의 공통 KRI 지표에 대한 등급 구간 설정,

3 여기서의 논의는 김명직 · 원대식(2011)을 요약 정리한 것임.

| 표 6.1 | 은행별 KRI 개수

(단위: 개)

A은행	B은행	C은행	D은행	E은행	F은행
214	101	191	92	98	178

| 표 6.2 | 은행 KRI의 수집주기별 비중

(단위 : %)

구 분	A은행	B은행	C은행	D은행	E은행	F은행	합계
매일	61.7	–	–	–	–	–	15.1
매월	31.8	98.0	86.9	97.8	100.0	90.4	70.3
매분기	6.1	2.0	6.3	2.2	–	9.6	4.6
매반기	0.5	–	2.1	–	–	–	1.7
매년	–	–	4.7	–	–	–	1.2

③ 각 은행별 전체 지표 및 全 은행 운영리스크지수 산출, ④ 지표에 대한 적합성 검증 수행의 4단계를 통해 산출한다.

국내 6개 은행들은 은행별로 수백 개의 리스크지표RI를 선정, 관리하고 있으며, 그 중에서 중요하다고 판단되는 KRI를 100~200개 규모로 관리하고 있다. 200개 이상의 KRI를 관리하는 은행도 있고, 100개 정도의 KRI를 관리하는 은행도 있다.

수집주기별로는 매월 수집되는 지표가 평균적으로 70.3%를 차지하며, 대부분의 은행에서는 매월 수집되는 지표가 90% 이상을 차지하고 있다. 일부 은행의 경우에는 일부 지표를 매일 수집하여 실시간으로 운영리스크를 모니터링하기도 한다.

공통 KRI 선정 및 세부 산출기준의 통일

6개 시중은행이 유사한 업무를 수행하고 있으나 공통 KRI 선정 작업을 하기

| 표 6.3 | **은행별 KRI 유사성** (단위: 건, %)

구분	단독지표*	공통지표				합계
			2개 은행	3개 은행	6개 은행	
건수	136	26	15	8	3	162
비중	84.0	16.0	9.3	4.9	1.9	100.0

*Note: 단독지표는 1개 은행에서만 사용하는 KRI를 의미, 공통지표는 2개 이상의 은행에서 사용.

이전에 은행간 지표의 유사성이 매우 낮은 것으로 나타나 기존 KRI를 이용하여 은행간 운영리스크를 비교하는 데에는 한계가 있었다. KRI 중에서 은행들이 중요하다고 평가한 총 162개의 지표 가운데, 136개84.0%는 1개 은행만 사용하는 단독지표인 것으로 나타났고, 2개 은행 이상이 동일 또는 비슷한 내용으로 관리하는 공통지표는 26개16.0%에 불과하였다. 6개 은행들이 모두 KRI로 이용하고 있는 지표는 3개민원건수, 편의취급건수, 전산장애, 3개 은행이 KRI로 이용하고 있는 지표는 8개방카실효율, 인터넷뱅킹서비스장애시간, 편의취급 미정리건수 등, 2개 은행이 KRI로 이용하고 있는 지표는 15개고객정보유출, 컴플라이언스 위반건수, 화재보험 기일경과 담보물건수 등에 불과하였다. 또한, 공통지표라 하더라고 은행별로 세부적인 산출기준이 상이하여 은행들이 사용하고 있는 기존의 KRI 중에서 공통 KRI를 선정하고, 이를 통해 은행간 비교분석하는 것은 현실적으로 불가능하였다.

우선, 각 은행이 정의하고 있는 KRI를 추출하였고, 앞서 설명한 공통 KRI 선정기준에 부합되는지 판단하고, 다른 은행에서는 유사한 지표가 KRI 또는 RI로 관리하고 있는지, 아니면 신규로 지표를 산출하는 것이 가능한지 여부를 파악하여 공통 KRI 후보군을 선정하였다. 동 후보군에 대하여 은행별 정의와 세부 산출기준을 정확하게 일치시켰고, 계량지표 산출을 위해 각 은행별로 KRI에 대한 전산화가 가능한지 확인하였고, 최종적으로 30개의 공통 KRI를 선정하였다.

아래 [표 6.4]의 KRI 목록과 그에 대한 관련 정보를 정리하였다. 예를 들어, '1

| 표 6.4 | 선정된 30개 공통 KRI

번호	KRI명	KRI 정의	세부 산출요건	의의
1	딜러별 손실한도 초과 건수 (주식, 채권, 파생)	전월 중 발생한 딜러별 손실한도 초과건수(주식, 채권, 파생에 대하여 종합 계산)	전월 중 발생한 주식, 채권, 파생 관련 딜러별 손실한도 초과건수	트레이딩 거래 시 손실한도관리 실패로 인한 운영리스크 발생가능성을 모니터링
2	포지션한도 초과 건수 (주식, 채권, 파생)	전월 중 발생한 딜러별 포지션 한도 초과건수 (주식, 채권, 파생에 대하여 총합 계산)	전월 중 발생한 주식, 채권, 파생 관련 딜러별 포지션 한도 초과건수	트레이딩 거래 시 포지션 한도관리 실패로 인한 운영리스크 발생 가능성을 모니터링
3	만기 후 1개월 이상 경과한 예금계좌 건수	전월말 현재 만기 후 1개월 이상 경과 및 원금 1천만원 이상 예적금 계좌수(단, 청약관련 예적금, 법착(압류/가압류), 질권설정계좌, 장기주택마련저축, 만기 후 정상 운용 상품 제외)	－건수(계좌수) －월말기준 －예금, 적금 포함 －1개월 이상 －1천만원 이상	고객관리 활동에서 만기계좌의 관리소홀로 인하여 발생할 수 있는 고객의 수익저하 혹은 고객불만을 야기할 수 있는 리스크를 모니터링
4	편의취급 미정리건수 (5영업일 초과분)	전월 편의취급한 건수 중 5영업일을 초과하여 정리하였거나 미정리된 건수	① 전월 중 5영업일 초과하여 정리된 건수 ② 전월말 현재 5영업일 초과하여 미정리된 건수 ①＋②합산	예금 및 신탁 업무 중 예금주의 동의 없이 고객의 예금을 부당 인출하여 사취할 가능성을 모니터링
5	3천만원 이상 예금중도해지건수	전월 중 발생한 3천만원 이상 예금계좌 중도해지건수	전월 중 발생한 3천만원 이상 예금계좌 중도해지건수 －예금: 3천만원 이상 －적금: 3천만원 이상	직원이 고의로 고객의 예금을 횡령 또는 유용할 위험 (예) 예금거래의 취소, 해지 또는 정정, 허위 제사고 신고, 인터넷거래 등

6	업무시간 이외 중도해지 건수	전월 중 발생한 거래 시간 08:30 이전 및 16:30 이후 건당 해지 금액 5백만원 이상 중도(분할) 해지건수	–08:30 이전, 17:00 이후 중도해지계좌 –만기의 개념이 있는 모든 수신계좌 –은행계정만 해당	직원이 고의로 고객의 예금을 횡령 또는 유용할 위험 (예) 예금거래의 취소, 해지 또는 정정, 허위제사고 신고, 인터넷거래 등
7	보호예수 기한 경과한 건수	전월말 현재 보호예수 기간 만기일이 1일 경과한 건수	–월말기준 –보호예수 기간의 만기일이 경과한 건수	직원이 고의로 고객의 예금을 횡령 또는 유용할 위험을 모니터링
8	거액 편의취급 거래건수	전월 중 편의취급 거래 중 1억원 이상 건수	–전월 중 –편의취급 거래 중 1억원 이상 건수	예금 및 신탁 업무 중 예금주의 동의 없이 고객의 예금을 부당 인출하여 사취할 위험 발생 가능성을 모니터링
9	(가계) 신규 후 6개월 이내에 연체 발생 여신 건수	전월말 현재 신규 후 6개월 이내 연체발생 건수(가계)	–건수(계좌 수) –가계(순수가계) –월말기준 연체 대출금 중 신규/재약정 일자와 연체발생일 비교하여 6개월 이내인 여신 –금액: 원금기준(2천만원) –연체: 원금/이자 연체 모두 포함	여신심사기준 혹은 여신업무 프로세스의 문제 등으로 대출 초기 연체발생에 따른 운영리스크 모니터링
10	(기업) 신규 후 6개월 이내에 연체 발생 여신 건수	전월말 현재 신규 후 6개월 이내 연체발생 건수 (기업)	–건수(계좌 수) –기업(SOHO 포함) –월말기준 연체대출금(원금) 중 신규/재약정 일자와 연체발생일 비교하여 6개월 이내인 여신 –금액: 원금기준 (5천만원) –연체: 원금/이자연체 모두 포함	여신심사기준 혹은 여신업무 프로세스의 문제 등으로 대출 초기 연체발생에 따른 운영리스크 모니터링

11	화재보험 기일경과 담보물 건수	전월말 현재 화재보험 가입 대상이나 기일 경과된 담보물 건수(단, 아파트 담보 제외)	-월말기준 -화재보험 가입대상이나 기일경과된 담보물건수	부동산 담보의 화재 발생시 담보가치 소멸로 부족 채권이 발생할 위험을 모니터링
12	재감정 기일경과 업체 수	전월말 현재 기업차주담보물 중 재감정 기일이 경과된 건수(단, 아파트담보 제외)	-월말기준 -기업차주 담보물 중 재감정 기일이 경과된 건수 * 자동재평가 불가능 담보물(아파트형 공장, 연립주택, 다세대주택, 집합건물상가, 오피스텔)에 대한 모니터링(등록일자가 경과되지 않는 담보물은 제외됨)	담보물 기일 관리소홀로 담보물 가치하락 시 부족채권이 발생할 위험을 모니터링
13	신규 2영업일 이내에 담보제공된 예금담보대출 계좌건수	전월 중 예금가입일을 포함하여 신규 2영업일 이내에 담보제공된 예금담보대출 계좌건수	-전월 중 예금 가입일을 포함하여 신규2영업일 이내에 담보제공된 예금담보 대출계좌 건수 -신탁, 수익증권 담보대포함 -제외조건: (1) 예금담보대출 1천만원 이하인 계좌 (2) 청약 관련 예금	직원이 차주와 유착하여 무자원으로 예금을 신규한 후 대출을 취급할 위험(감독기관 제재)
14	고객정보 변경 후 예금담보대출 취급명세	전월 중 고객 핸드폰번호 변경 또는 전화수신 거부 등록 후 예금담보대출 1천만원 이상 취급 명세	-전월 중 예금담보대출 1천만원 이상 취급건 중 7영업일 이내에 ① 핸드폰번호 변경이 있었던 건 ② 전화 수신거부 등록이 있었던 건 ①+②	직원이 고의로 고객의 예금을 횡령 또는 유용할 위험을 모니터링

15	외국환 장기미달환 건수	전월말 현재 당/타발 송금 3개월 이상 미처리 건수	- 건수 - 월말기준 ① 당발 3개월 이상 미달건 ② 타발 3개월 이상 미정리 건 ①+② 합산 - 제외조건: 당발송금 퇴결, 송금수표 제외	외국환 당/타발송금 업무 중 업무처리 오류 및 지연으로 인해 발생할 수 있는 운영리스크 발생 가능성을 모니터링
16	수출환어음 매입서류 발송지연건수	전월 중 발생한 영업점 서류 매입일로부터 3영업일까지 해외 미발송된 서류의 건수	- 건수 - 전월 중 영업점 매입된 수출환 어음 중 "대외발송일-매입일"이 4영업일 이상인 건수	수출 발송 업무 처리 시 업무소홀 등으로 인해 적정기일(3영업일) 이내에 업무가 처리되지 못할 운영리스크를 모니터링
17	미정리 타발송금 건수	전월말 현재 미지급된 타발송금 중 영업점 접수일로부터 5영업일 초과 경과한 건수	- 월말기준 - 타발내도일로부터 5영업일 초과경과하여 미지급중인 건수 - 국내은행간 이체(TR)+해외송금	타발송금 내도 통지를 지연(누락)하여 고객 불만이 발생할 위험 또는 직원이 미정리 송금액을 횡령/유용할 위험을 모니터링
18	수출환어음 정상매입 후 하자통보 접수건수	전월 중 발생한 수출환어음 정상매입 후 하자통보 접수 건수	- 전월 중 정상매입했으나 하자통보 접수한 건수	신용장 조건과 일치하지 않는 선적서류를 추심전 매입하여 부실채권이 발생할 위험을 모니터링
19	취소후 동일자, 동일인, 동일 금액으로 적용 환율이 다른 외환업무 처리건수	전월 중 당발송금 취소건 중 동일 계정 일자에 동일인, 동일금액으로 적용 환율 다르게 송금이 발생한 경우	- 전월 중 환전, 당발송금 취소건 중 동일계정 일자에 동일인, 동일금액으로 적용환율 다르게 송금이 발생한 경우	담당자가 고객계좌 입금처리시 고의로 자금을 횡령할 위험
20	예약환율 미사용 건수	전월 중 환율예약 후 미사용 건수	- 전월 중 - 환율예약 거래건 중 미사용 건수	

21	인병휴가 중인 직원수	전월말 현재 인병휴가 중인 직원 수	- 월말기준 - 인병휴가 중인 직원 수	
22	금융정보분석원 앞 자금세탁혐의거래 보고건수	전월 중 금융정보분석원으로 보고한 자금세탁혐의거래 건수	- 전월 중 금융정보분석원으로 보고한 자금세탁혐의거래 건수	자금세탁혐의거래는 잠재 운영리스크 사건이며, 법률리스크 및 평판리스크에 크게 노출되어 있음
23	영업점 보관중인 신용카드 수	전월말 현재 영업점에서 15일 이상 보관중인 신용카드 수	- 월말기준 - 영업점 도착 후 15일 이상 경과한 신용카드 수	영업점내 보관중인 신용카드를 직원이 임의대로 부정하게 사용할 위험을 모니터링
24	신용카드 부정사용 보상건수	전월 중 신용카드 부정사용 보상건수	- 전월 중 - 신용카드 부정사용 보상건수	
25	가계여신 서류 센터미집중 건수	전월말 현재 가계여신 서류 센터 미집중 건수	- 월말기준 - 가계여신 서류의 센터미집중건수	업무미숙 및 업무소홀 등으로 인하여 채권서류 확보가 누락될 위험을 모니터링
26	Call Center 응대 실패율	전월 중 콜실패건수/총 인입량	- 전월중 콜 실패건수/총인입량 - 전체 콜센터로 취합	교환기, ARS 등 장비 장애발생으로 서비스 제공에 차질 발생 시 운영 손실사건이 될 가능성 많음
27	고객 불만 및 민원 접수건수	전월 중 민원관리시스템으로 접수된 불만민원 건수	- 전월 중 대외경로(예: 금감원, 소보원 등)를 통하여 접수된 불만 민원 건수	업무지식 미흡 혹은 부정확한 정보제공으로 고객의 니즈를 만족시키지 못하여 은행 평판저하 및 고객이탈을 발생시킬 수 있는 위험을 모니터링

28	인터넷뱅킹 서비스 장애시간	전월 중 발생한 인터넷뱅킹 서비스 장애시간	–단위: 분 –월 합산 –인터넷뱅킹 서비스 장애로 인하여 대고객서비스가 불가능한 상태 –인터넷뱅킹 전체가 장애뿐만 아니라 단위업무 장애시에도 합산	인터넷뱅킹시스템의 장애로 인하여 고객불만 및 민원을 야기하거나 은행의 손실을 초래할 운영리스크를 모니터링
29	방카슈랑스 품질보증 해지건수	전월 중 발생한 방카슈랑스 계약의 품질보증 해지(구속성으로 인한 리콜계약 포함) 건수	–전월 중 발생한 방카슈랑스 계약의 품질보증 해지(구속성으로 인한 리콜계약 포함) 건수	보험계약 체결이 정당한 방법으로 처리되지 않아 계약의 원천 무효 및 고객민원이 발생할 위험을 모니터링
30	70세 이상 실적배당상품 신규 고객수	전월 중 만70세 이상 고객이 특정금전신탁, 수익증권 신규 가입한 고객 수	–만70세 이상 고객수 –특정금전신탁 포함, MMF 제외한 수익증권 신규가입 고객 수	실적배당 상품을 판매하면서 설명부족 등에 의한 민원이 발생할 위험을 모니터링

억원 이상의 거액 편의취급 거래건수'는 예금 영역의 내부사취 유형의 운영리스크를 관리할 수 있는 KRI라고 할 수 있다. 국내에서는 예금주가 본인의 계좌에서 예금을 인출할 경우, 신분증과 인감을 제시하여야 한다. 그러나 특별한 경우, 고객의 동의하에 이러한 규정을 지키지 않고 예금을 인출할 수 있다. 이때 은행 직원들은 이러한 제도를 남용하여 불법적으로 고객의 동의 없이 고객 계좌에서 예금을 인출할 수 있는데, 이런 경우 은행은 횡령 등의 운영리스크에 노출될 것이다.

분석을 위해 선정한 30개 공통 KRI에 대하여 과거최대 3년 시계열 자료를 산출하였는데, 25개 지표에 대하여는 과거1년 이상 시계열 자료를 확보하였고, 나머지 5개 지표편의취급 미정리건수, 보호예수기한 경과한 건수, 화재보험 기일경과 담보물 건수, 재감정 기일경과 업체수, 가계여신 서류센터 미집중건수는 2009년 11월부터 데이터를 축적하였다.

개별 KRI의 등급구간 설정

각 은행의 자산규모가 다르기 때문에, 은행간 KRI 지수를 비교하기 위해서는 은행의 규모별로 KRI 발생건수에 따른 값을 조정하여야 한다. 이를 위해 총예수금, 기업여신, 가계여신, 총자산 등 각각의 지표에 맞는 규모변수를 활용하여 조정하였다.

각 은행별로 규모조정scaling된 KRI의 시계열 자료를 수집하여 분포를 도출한 후 적정성을 검증하고, 등급구간을 설정하기 위하여 표본평균과 표준편차를 이용하여 분포의 정규성normality을 검증하였다. 실제 데이터의 분포가 정규성을 가지고 있다고 판단될 경우, 등급구간을 설정하는 데 표본평균과 표준편차를 활용할 수 있다. 예를 들어, 특정 은행의 KRI의 값이 (표본평균+표준편차)보다 클 경우 가장 낮은 5등급이 할당되고, (표본평균+0.5×표준편차)보다 크고 (표본평균+표준편차)보다는 작은 경우 4등급에 할당하도록 한다. 1, 2, 3등급도 동일한 방법으로 구간을 할당한다면 (1×표준편차)나 (0.5×표준편차)와 같은 파라미터의 선택이 유효한지에 대해서는 등급이 산출된 후 분포가 특정 등급에 쏠리지 않는 경우 합리적이라고 판단할 수 있을 것이다.

실증분포가 한 쪽으로 쏠리게 된 경우 중간 값과 10퍼센트, 25퍼센트, 75퍼센트와 같은 퍼센타일을 평균과 표준편차를 대신하여 사용할 수 있을 것이다. 퍼센타일의 선택은 등급 분포의 집중화를 피하는 데 적용할 수 있다. 여기서는 평균-표준편차mean-SD 방법과 퍼센타일 방식percentile rule을 둘 다 고려하였으며 두 가지 방법의 적정성을 서로 비교하여 보았다.

개별 은행에 대한 지수 및 전체 운영리스크 지수 산출

개별 은행의 모든 KRI에 대한 월별 등급을 산출하고, 개별 은행에 대한 합산된 지수는 30개의 KRI를 평균하여 산출하였다. 이 과정에서는 개별 KRI를 단순평균하여 등급을 산출하였다. 각각의 KRI가 속한 손실사건유형의 중요도나 하나의 손실사건유형 내에서도 KRI의 분포에 따라서 각각의 다른 가중치를 적용

표 6.5 전사 운영리스크지수 산출 절차

자료수집		규모조정		개별지표 리스크등급		은행별 리스크지수		전사 리스크지수
〈은행별〉 지표 #01 지표 #02 ⋮	→	은행간 규모 조정 −총수신, 총여신, 총자산 등	→	지표별로 평균에서 떨어진 정도에 따라 등급(1~5) 산출	→	은행별로 개별 지표의 등급을 평균	→	은행별 리스크 지수를 평균

할 수도 있다. 여기서는 표본 사이즈가 상대적으로 작기 때문에 동일한 가중치를 적용하였다. 은행업계의 KRI 지수는 모든 개별 은행의 운영리스크지수를 단순평균하여 계산하였다.

지수에 대한 검증

운영리스크지수가 운영리스크 측정 및 관리에 대한 효율적인 관리도구로 사용 가능한지를 확인하기 위해 적합성 검증을 수행하여 보았다. 이를 위해서 운영리스크지수가 운영 손실사건에 대한 선행지표로 활용이 가능한지 검증하였는데, 동 지수와 손실사건이 시차를 두고 상관성이 높은지를 검증하는 방법이 효과적인 적합성 검증 툴로 입증되었다.

분석결과

위에서 언급한 1단계의 기준을 적용하기 위해서 국내 6개 시중은행으로부터 30개의 KRI에 대한 데이터를 수집하였다. 데이터 수집기간은 2007년 1월부터 2010년 6월까지 대략 3년간 월별 데이터를 수집하였다.[4]

KRI는 각각의 손실유형에 따라 내, 외부 사취 13개, 실행전달 및 처리절차의 관리 10개, 고객상품 및 영업관행 4개, 업무중단 및 시스템장애 2개, 고용 및

4 일부 은행의 데이터 누락으로 전체 데이터 수는 6,299개이다.

그림 6-8 운영리스크지수(ORI)와 실제 운영 손실사건

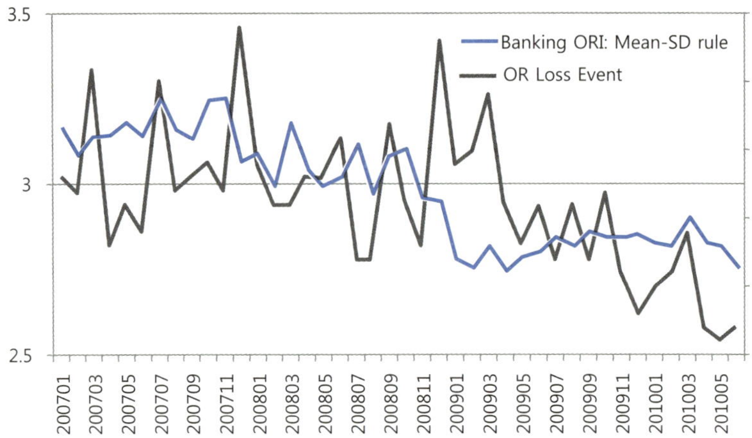

* Note: 전체 은행의 운영리스크지수는 $mean \pm k \cdot SD$ 방법으로 산출한 결과이며, 손실데이터는 KOREC 데이터임.

사업장 안전 1개, 유형자산 손실 0개로 할당되었다. 유형자산손실은 국내 은행들에게는 상대적으로 사소한 손실사건으로 분류되어 KRI가 할당되지 않았다.

산출된 지수의 적합성 검증을 위하여 운영리스크지수와 실제 운영 손실사건 간의 관련성을 검증하여 보았다. [그림 6-8]은 평균과 표준편차를 이용한 $mean \pm k \cdot SD$ 방법으로 산출된 전체 은행의 운영리스크지수의 그래프와 운영 손실사건 그래프를 비교한 것이다. 여기서 운영 손실사건은 국내 은행연합회의 운영리스크 손실데이터 공유 컨소시움KOREC에서 회원사들이 수집한 데이터를 기반으로 한 것이다.

동일 시점에서의 운영리스크지수와 실제 운영 손실데이터 간의 상관계수는 낮게 나왔으나, 운영리스크지수가 손실데이터에 6개월 선행함을 알 수 있었다. 운영리스크지수와 손실데이터 간의 상관관계는 6개월 선행에서 가장 크게 나타났고, 특히 평균-표준편차 등급 방법론을 사용한 운영리스크지수와 손실데이터 간의 6개월 상관관계가 가장 높게 나타났다. 이때 상관계수

값은 53.0%이다.

손실사건유형별 운영리스크지수가 전체 운영리스크지수에 기여하는 비중은 손실사건과 일치된다. 예를 들어, [그림 6-9]는 3개의 내부 및 외부사취13개의 KRI, 실행/전달/처리절차10개의 KRI, 고객/상품/영업관행4개의 KRI 등 손실사건유형 3가지의 지수를 나타낸다. 이 3개의 지수가 전체에서 차지하는 비중이 70.8%이며, 그들의 요인값factor loadings이 각각 0.635, 0.624, 0.455로 산출되었다. 업무중단/사업장장애2개의 KRI 또한 일관적으로 운영리스크지수에 기여하고 있지만, 고용관행/사업장안전1개의 KRI은 음수는 아니지만 매우 작은 기여 정도를 나타내고 있다. 그러나 고용관행/사업장안전이 제외되어 산출된 요인값을 가중치로 한 가중평균 운영리스크지수는 운영 손실사건에 대한 선행성을 개선하지는 못하는 것으로 나타났다.

그림 6-9 운영리스크 손실사건 유형별 운영리스크지수

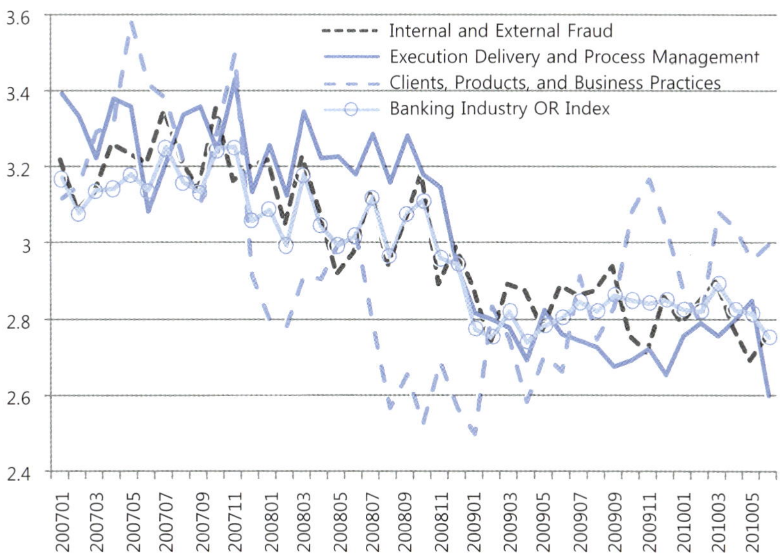

* Note: 내부/외부사취, 실행/전달/절차, 고객/상품/영업관행 등 운영리스크 사건 손실유형에 따른 손실사건유형별 지수.

한편, 감독당국은 개별 은행 수준의 운영리스크 변화를 모니터링하기 위하여 개별 은행의 운영리스크지수 분포와 추이를 활용할 수 있다. 예를 들어, [그림 6-9]는 평균-표준편차 방법을 사용한 개별 은행의 운영리스크지수를 단순 평균한 것이다. 수직선은 2008년 한국의 유동성 위기를 야기한 2008년 9월 리만브라더스의 부도시점을 의미한다. 리만브라더스의 파산 이후, 2009년 상반기 동안 개별 은행의 운영리스크지수는 감소 추세를 나타난다. 이는 은행들이 리만브라더스의 파산 이후 운영리스크 관리에 대한 중요성을 인식하고, 감독당국 또한 위기상황에서 은행의 운영리스크를 더욱 철저하게 관리하였기 때문으로 판단된다. 또 지수의 감소 추세와 은행간 운영리스크 지수 차이의 감소는 금융위기 동안 미시건전성 감독의 일환으로 감독당국의 모니터링이 철저해졌기 때문이기도 하다.

[그림 6-10]을 보면, A은행과 B은행은 산출기간 중에 지속적으로 가장 나쁜

그림 6-10 운영리스크지수 추이와 분포

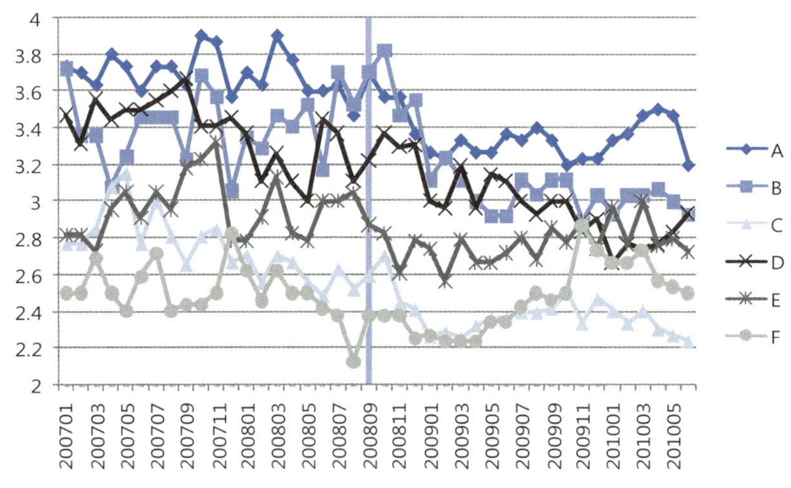

* Note: 각각의 그래프는 평균-표준편차 등급 구분방법에 의하여 산출된 개별 은행의 운영리스크지수의 시계열 데이터이며 수직선은 2008년 금융위기 당시 리만브라더스의 파산 시점을 나타낸다.

등급을 나타냄을 알 수 있다. 이러한 결과에는 여러 요인들이 복합적으로 작용한 결과로 보이지만, A은행의 자산 특성이 다른 업체보다 경기악화에 취약한 중소기업SME: Small & Medium Enterprise 부문에 편중되어 있다는 것이 가장 큰 원인이라고 판단된다. B은행 역시 다른 은행보다 소매 쪽에 편중되어 있어 유사한 결과가 발생한 것으로 파악되었다.

개별 은행의 운영리스크지수는 빈번하게 교차하고 있기 때문에 어느 은행이 운영리스크지수에 좀 더 민감한지를 판단하기는 쉽지 않다. 이를 판단하기 위해 가장 단순하면서도 많이 쓰이는 방법은 운영리스크지수의 평균과 표준편차의 산포도가 있다. [그림 6-11]을 보면, A은행과 E은행이 2010년 동안 명확히 여타 은행들에 비하여 산포도의 1사분면북동쪽에 위치하고 있음을 알 수 있고, B은행은 업계 평균에서 이탈되어 있는데, 이는 6개 은행 중에서 운영리스크에 상대적으로 많이 노출되어 있다는 것을 의미한다.

그림 6-11 개별 운영리스크 지수의 평균과 표준편차 산포도

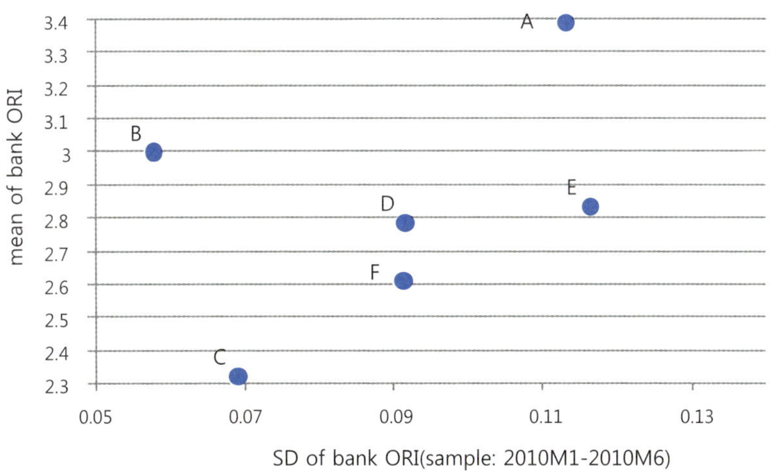

* Note: 2010.1~2010.6월 기간 중 6개 시중은행의 개별 운영리스크지수의 평균과 표준편차 산포도.

제 7 장

통제/경감 방안 및 활용

운영리스크관리전략ORM strategy이란 금융회사가 경영목적을 달성하기 위해서 업무 및 활동에 내재된 리스크에 대응하기 위한 일련의 관리 방향을 의미하며, 운영리스크관리정책ORM policy은 은행의 운영리스크관리전략을 구체적으로 달성하기 위한 보다 상세화된 수행방안이라 할 수 있다. 운영리스크관리 전략 및 정책은 관리대상범위, 관리원칙, 관리체계, 선호도 및 허용수준 결정, 통제 및 경감, 문서화 등으로 구체화된다.

운영리스크관리정책은

- 표준화된 운영리스크 정의가 전사적으로 소통되고 이해되도록 하여야 하고,
- 운영리스크 정의가 새로운 사업 및 규제의 변화 등에 맞추어 따라가야 하며,

그림 7-1 운영리스크 관리전략 및 정책의 역할

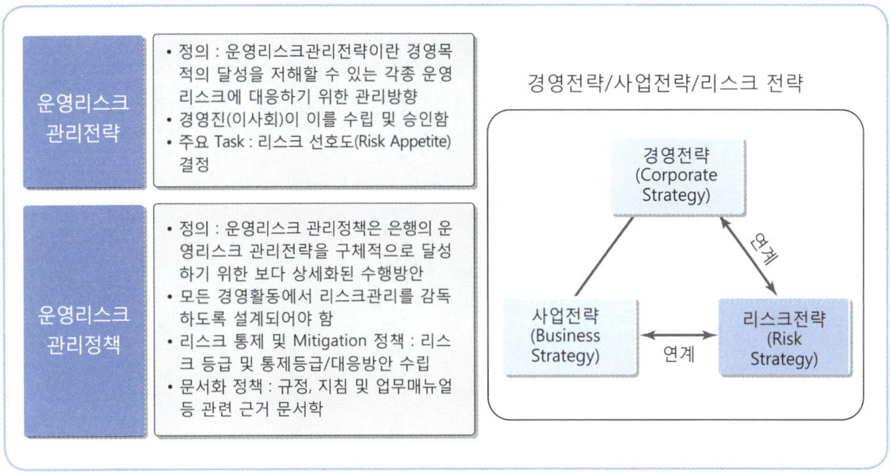

• 주요 경영활동에서 운영리스크 인식/평가, 통제/경감 등이 수행하도록 설계되어야 하고,

• 정기적으로 검토 및 갱신되어야 한다.

7.1 리스크 대응방안

금융회사는 정기적으로 매년 리스크성향risk appetite을 반영하여 리스크허용수준과 통제전략을 수립해야 하는데, 리스크 통제경감방안은 금융회사의 내부통제 체계를 보완하기 위하여 사용될 수 있다.

금융회사에서 적정 수준의 운영리스크를 유지하기 위하여 다음의 원칙을 기반으로 리스크대응방안risk response을 마련해야 한다.

그림 7-2 통제 및 경감 정책의 기본원칙

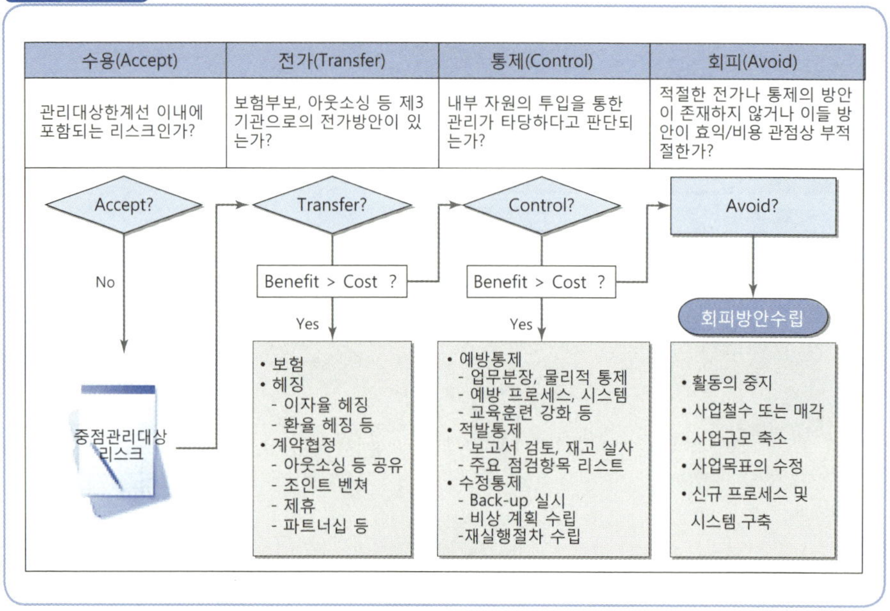

리스크 수용(Accept)

관리대상 리스크가 한도 이내일 경우 리스크를 수용하는 것을 의미한다.

리스크 이전/전가(Transfer)

보험부보, 헤징, 아웃소싱 등 제 3 자에게 리스크를 이전하는 것을 의미하며, 특히 위기상황 손실 발생에 대비하여 헤지할 수 있는 수단을 강구하는 것을 포함한다.

운영리스크관리조직은 보험 가입으로 인한 자본 경감효과와 보험 부보를 위한 비용을 고려하여 추가적인 보험 부보 또는 기존 보험 유지를 결정해야 할 것이다.

그림 7-3 한도에 기반한 리스크 대응방안

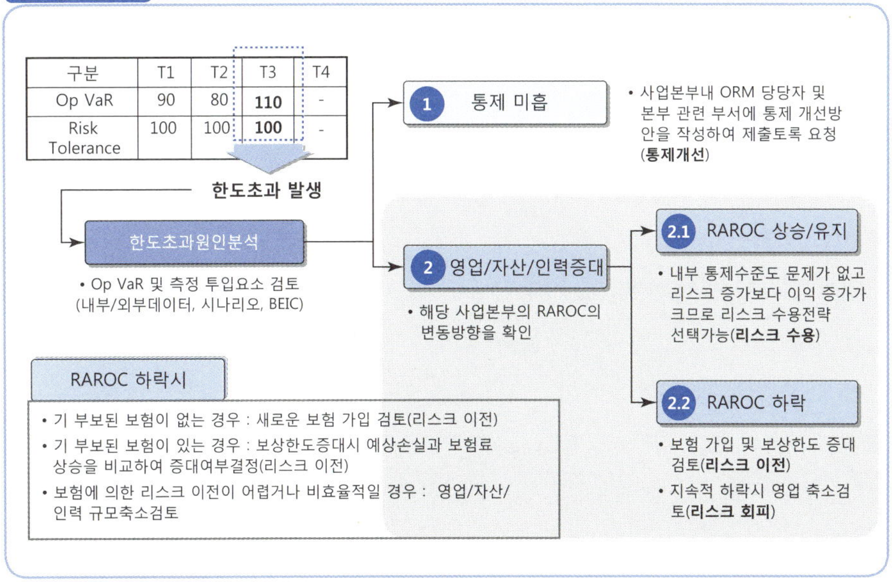

리스크 통제(Control)

손실사건의 발생빈도 감소를 위한 예방 및 교육을 시행하거나 리스크 영향 감소를 위한 점검 및 계획수립 등의 통제를 추가하여 대응함으로써 리스크를 분산, 축소한다.

리스크 회피(Avoid)

적절한 이전이나 통제의 방안이 존재하지 않거나 편익/비용 관점 상 부적절한 경우 리스크와 관련된 영업활동을 하지 않거나 상품거래를 중단하는 것을 의미한다.

평가/측정된 운영리스크 수준이 금융그룹이 감내할 리스크허용수준risk tolerance을 초과하는 경우, 이에 대하여 적합한 통제경감방안을 수립하여 실행해야 한다. 물론 허용수준 이내에 존재하더라도 지속적으로 모니터링을 통하여 리스크

수준의 변동을 모니터링하고 있어야 한다.

이러한 리스크허용수준을 결정하는 방법은 평가 및 측정방법론의 정교성 등에 따라 달라질 수 있으나, 여타 리스크와의 일관성 등을 고려할 때 Op VaR에 기반한 방식이 가장 일반적이라고 할 수 있다. Op VaR의 정교성, 신뢰성이 낮은 경우에는 손실데이터발생금액, 건수나 시나리오 평가결과, KRI 지수 등을 활용할 수 있을 것이다.

여기서는 Op VaR 한도에 기반한 리스크 대응방안Risk Response을 수립하여 리스크 수용/통제/이전/회피 전략을 수행하는 방식에 대해 살펴볼 것이다.

특정 시점의 산출된 운영리스크량Op VaR이 사전에 설정된 리스크허용수준risk tolerance을 초과하는 경우, 금융그룹은 내부통제 강화, 보험에 의한 리스크이전, 영업 중단 등의 리스크회피 등 3가지 방안을 실행해야 한다. 3가지 전략 중 어느 것을 선택해야 하는지의 문제는 통제개선 가능 여부, RAPM 지표 변동 등을 감안하여 결정해야 한다.

측정 투입요소손실데이터, 시나리오, BEIC를 검토하여 전사/사업부문의 리스크 증대 사실을 확인하고, 증가 원인을 (1) 통제미흡, (2) 영업/자산/인력 증대 때문으로 구분한다.

우선, 본부 관련부서예: 인력개발부, 재무관리부 등로부터 영업/자산/인력 증대 여부를 파악할 수 있는 정보를 제공받아 사실 여부를 확인하며, 통제미흡은 RCSA/시나리오 평가결과, 손실사건 발생내역을 검토하거나 본부 주관부서 및 사업부문내 운영리스크관리 책임자 면담을 통하여 직접 확인한다. 만약 통제 미흡과 영업/자산/인력 증대가 동시에 발생한 경우라면 통제미흡을 주 원인으로 간주하여 통제개선방안 수립을 실행한다.

1 통제미흡인 경우(통제개선 선택)

리스크허용수준 초과의 원인이 특정 손실유형에 대한 통제장치 미흡 때문이라면 리스크관리조직은 해당 본부 주관부서 및 사업부문 내 운영리스크관리 담당자에게 통제 개선방안을 작성하여 제출하도록 요청한다. 해당 사업부문 내 운영리스크관리 담당자는 요청을 받은 후 10영업일 이내 개선방안을 작성하여 관련 시스템에 등록하고, 본부 주관부서는 실현 가능성 등을 고려하여 개선방안 채택 여부를 결정한다. 리스크관리조직은 개선방안 채택 여부를 모니터링하여 CRO에게 보고하며, 필요시 개선방안 수립에 있어 해당 사업부문 운영리스크관리 담당자를 지원할 수 있다.

2 영업/자산/인력 증대인 경우(리스크 수용/이전/회피 중 선택)

한도초과의 원인이 영업 및 자산규모의 증가나 인력 확충 때문으로 확인된다면, 이는 리스크와 수익을 종합적으로 고려하여 적정 리스크 수준을 검토하여야 하므로 전사 및 해당 사업부문의 RAROC의 변동 방향을 확인 후 필요사항을 조치한다. RAROC 지표가 양(+)인지 음(−)인지의 단순 방향이 아니라 전사 또는 전기 대비 변동 폭을 판단기준으로 적용할 수 있다.

2.1 RAROC이 하락하지 않는 경우(리스크 수용 선택)

내부 통제수준도 적정한 수준이며, 리스크 증가 대비 이익 증가가 크게 나타난다면 리스크 수용전략을 선택할 수 있다. 리스크관리조직은 리스크 수용전략을 선택하기 위하여 해당 자본량 한도의 증대를 검토하여야 하며, 한도 증대를 위하여 한도 설정식에 포함되어 있는 요소 중 자본버퍼를 상향조정하여 한도를 증대할 수 있다. 한도의 증가 폭은 해당 사업부문과 협의하에 결정하되, 증대된 한도는 리스크관리위원회에서 승인을 득한 후 다음 기부터 적용할 수 있다.

2.2 RAROC이 하락하는 경우(리스크 이전 또는 회피 중 선택)

한도초과이면서 동시에 RAROC 지표도 하락하고 있다면 리스크를 이전하거나 회피하는 방안을 검토하여야 한다. 리스크 회피는 금융회사가 선택할 수 있는 방안 중 가장 극단적이므로 보험이나 아웃소싱을 통한 리스크 이전을 우선적으로 고려한다.

① 리스크 이전

해당 손실유형에 대하여 금융회사에서 기 부보된 보험이 존재하지 않는 경우 리스크 이전을 위하여 새로운 보험의 가입을 검토한다. 이를 위하여 리스크관리조직은 보험가입 담당부서에 신규보험 가입을 권고하여야 한다. 기 부보된 보험이 존재하는 경우에는 보험약관상 보상범위 및 보상한도가 해당 손실유형을 커버하기에 충분한지를 검토한다. 검토결과 보상범위 변경 및 보상한도 상향조정이 필요한 경우, 리스크관리조직은 보험관리 담당부서에 약관변경을 요청한다. 보상한도의 적정성 검토 시에는 손실분포의 예상손실또는 시나리오 평가의 예상손실과 보상한도 조정에 따른 연간 보험료를 비교하여 증대 여부를 결정할 수 있다.

② 리스크 회피

관련 보험상품이 존재하지 않아 보험에 의한 리스크 이전이 어렵거나 비용대비 효과를 분석하여 효율적이지 않을 경우, 해당 업무의 감축을 위하여 영업/자산/인력 규모를 축소하거나 상품 판매를 중단하는 등의 방안을 검토하여야 한다. 영업 축소 등의 리스크 회피전략은 수익 및 리스크로 평가될 수 없는 여타의 부가적인 비용평판 악화 등이 수반되는 최후의 수단이므로 RAROC 지표 하락이 분명한 추세예: 3분기 연속 하락로 확인되어야 하며, 리스크관리위원회에서 결정하도록 한다.

7. 2 보험에 의한 리스크 이전

운영리스크 보험전략은 운영리스크의 감소, 유지, 회피, 이전 전략 중 보험가입을 통해 노출되어 있는 운영리스크의 효율적 이전을 달성하려는 전략을 의미한다.

보험전략 수립방향

금융회사는 현재 직면하고 있는 운영리스크 특성risk profile에 부합하도록 보험가입 방안을 수립하고 보험약관을 개선하여야 한다. 즉, 외부환경 변화와 비즈니스 전략분석, 신상품 도입 시 잠재리스크에 대한 사전분석을 토대로 보험가입을 고려하는데, 이를 위해서 내부/외부 손실데이터 분석, RCSA 평가결과 및 시나리오 분석결과 등을 활용할 수 있다.

고급측정법 자본량Op VaR에 기반하는 Basel Ⅱ 손실유형별 리스크 노출규모exposure 및 비예상손실unexpected loss을 반영하여 보험의 보상한도를 설정할 수 있다. 운영리스크관리조직에서는 보험가입 또는 보상한도 증대로 인한 비용cost과 운영리스크 대응능력 강화 및 자본량 경감 등의 효과benefit를 비교하여 보험전략을 수립하고 이를 보험관리 부서에 권고한다.[1]

이러한 보험가입 및 운용전략을 통하여 금융회사의 운영리스크 자본량OR Capital 규모를 경감하고 대규모 손실사건의 발생에 대한 대응능력resilience을 강화할 수 있다.

보험전략 수립절차

보험전략은 기존 가입 현황 검토, 운영리스크관리 현황 분석, 신규 전략 수립 및 실행의 절차로 수행된다.

1 금융회사가 가입한 보험의 대부분은 운영리스크와 연관된 것들이나 현재는 운영리스크관리와 별다른 연계 없이 운영되는 경우가 다수이므로 이에 대한 개선이 필요하다.

기존 보험가입 현황 검토

운영리스크관리조직은 보험가입 및 관리 소관부서에서 기존에 가입한 보험리스트를 확인하고 구체적인 약관내용보험사, 보상한도, 지급 보험금, 공제금액, 보험조건의 규제요건 충족 여부 등을 확인한다. 또한, 운영리스크관리조직은 감독당국의 보험경감요건보험사 신용등급, 보험주기, 계약취소 사전통지기간, 보험보상범위, 기타 고려사항 등을 분석하고, 관련 요건 변경 시 이를 즉시 반영해야 하며, 분석된 규제요건을 토대로 기존 가입한 보험과의 갭gap을 분석한다.

보험관리부서는 기존 가입보험의 보험금 지급 등과 관련하여 제기된 이슈사항 등 문제점을 연 1회 이상 운영리스크관리조직에 공문을 통하여 통지하도록 한다.

운영리스크 특징 및 현황 분석

운영리스크관리조직은 내부 및 외부 데이터 분석을 통하여 총손실금액이 높음에도 보험에 가입되어 있지 않은 손실사건을 확인하며, 보험이 가입된 손실유형은 총손실금액과 보험회수금액을 비교분석하며, 보험보장 손실유형과 보상범위coverage를 확인한다.

보험이 가입되지 않은 손실유형은 기존에 발생한 총손실금액을 확인하고 신규보험 가입이나 기존 보험약관의 변경이 가능한지를 소관부서와 협의하여 향후 신규전략 수립에 반영한다.

신규 보험전략 수립

운영리스크관리조직은 가입보험 수준의 적정성 평가에 준하여 기존 가입보험을 재가입/변경약관 등의 보험가입조건 변경 등/해지 여부를 검토해야 하며, 적정성 평가결과 손실발생대비 보험보장이 이에 미치지 못하거나, 보장되지 않는 경우를 가장 최우선으로 고려한다.

이를 위하여 운영리스크관리조직은 내부 및 외부 손실데이터 분석과, 신상품 사전검토 등을 통해 발생 가능한 리스크에 대한 신규 보험가입을 검토하며, 신규 보험가입이 필요하다고 판단되는 경우 소관부서에 보험가입을 권고해야 한다. 소관부서는 운영리스크관리조직의 권고를 고려하여 보험가입 여부를 결정하여 운영리스크관리조직에 결과를 보고하되, 보험을 가입하지 않을 경우 적정 사유를 보고서에 포함하여야 한다.

운영리스크관리조직은 운영리스크 보험 가입현황과 타사 사례 등을 토대로 새로운 보험 가입 및 약관변경의 타당성에 대한 검토를 최소 연 1회 이상 정기적으로 실시하고 동 결과를 CRO에게 보고하여야 한다. 여기서 새로운 보험은 현재 가입하지 않았지만, 보험약관 등의 보장범위가 운영리스크 손실사건유형과 연관되어 있다고 판단되는 보험을 의미한다.

보험에 의한 리스크 이전이 비용-편익 분석결과 효과적이지 않을 경우에는 해당 영업이나 상품 판매를 중단하는 등의 보다 강력한 조치가 필요할 것이다.

[그림 7-4]는 운영리스크 보험전략의 실행을 위한 업무절차를 예시적으로 나타낸 것이다.

그림에서 보여지듯이, 금융회사는 현재 가입 중인 금융기관종합보험BBB보험의

그림 7-4 보험전략 프로세스 예시

1 은행 현황 분석
- BBB 보험담보조항검토 : 고용인횡령, 사업장내 도난, 위변조, 유가증권, 위조화폐, 사무실과 수용물의 절도, 강도, 파괴, 법률비용

2 검토 배경
- Basel Ⅱ에서 요구하는적극적인 보험가입전략의 실행
- 만기도래 보험사에 제공할 데이터 확보를 통하여 보험료 할인혜택 예상
- 보험 보상한도의 적정성 분석

3 타행 현황 분석
- BBB보험 횡령담보조항 가입한도 현황
- 총보상한도, 건당 보상한도, 자기부담금, 보험료 등 비교

4 ORM팀 의견
- BBB 임직원횡령 담보조항 한도증액건 중 내부사취 cell에 대해 과거 5년 내외부데이터 12건이 확인되어 예상보험료 대비 부보효과가 큰 것으로 판단됨
- 이외 보상 한도증액으로 Op VaR 산출시 자본량 경감효과를 xx억원 수준 예상할 수 있음

커버리지와 보상한도의 적정성을 검토하여야 한다. 특히, 해당 손실사건유형에 대한 내부 손실데이터 분석, 시나리오 분석, Op VaR 등을 통하여 객관적이고 합리적 근거를 바탕으로 보험전략을 구사해야 할 것이다.

7.3 운영리스크 허용수준 설정

리스크관리위원회는 금융회사의 리스크성향risk appetite 및 리스크허용수준risk tolerance을 승인하는 책임이 있다. 이러한 리스크허용수준은 모든 사업그룹 및 부서에 단계적으로 할당된다. 리스크성향에 대한 평가는 지속적으로 이루어지며, 이러한 리스크성향은 리스크한도 즉 허용수준risk tolerance을 통하여 구체화한다.

리스크허용수준은 특정 리스크에 대해 조직이 수용할 수 있는 리스크 수준을 의미하며, 일관성 있고 현실적이며 측정가능하게 정량화되어야 한다. 운영리스크관리는 리스크를 제거하는 것이 아니며 리스크가 정해진 허용수준리스크허용수준 등을 넘지 않도록 하는 것을 의미한다.

전사, 사업부문별 허용수준은 자본량을 기준으로 이루어지며, 리스크 원인 및 프로세스 등 하부 단위에 대해서는 RCSA 기준 또는 KRI 기준 허용수준을 설정하는 등 조직 단위별로 다양한 허용수준 유형이 적용될 수 있으며, 운영리스크 손실유형에 따라 하나 이상의 허용수준치가 적용될 수 있다.

① 제로 허용수준(zero tolerance)

Zero 허용수준은 단일 사건이 손실데이터와 연관되어 자동적으로 체크되는 활동에 적용하는 것으로, 이는 전형적으로 법규 위반, 범죄활동criminal activities 등과 연관되어 있다.

② 빈도기준 허용수준(Frequency-based tolerances)

업무내용에 따라 비슷한 유형의 행동 또는 오류가 발생하는 시간의 최대 허용가능 퍼센트로 측정된다. 예를 들어, 은행 후선업무의 지급 프로세스에서 부적절한 거래취급incorrect transaction handling에 대한 리스크허용수준은 0.1% 수준으로 결정될 수 있다.

③ 금액기준 허용수준(Amount-based tolerances)

금액기준 허용수준은 사고의 발생 건수와는 관계없이 연간 금액으로 기록되는데, 예를 들어, 자산손실을 커버하기 위해 비용 또는 프로세스상의 오류에 대해 허용할 수 있는 금전적 수준을 의미한다. 개별 손실사건에 대한 관리기준으로 일정 수준 또는 금액을 설정할 수 있을 것이다.

④ 자본기준 허용수준(Capital based tolerances)

금융회사의 리스크허용수준은 비예상손실unexpected loss까지를 커버할 수 있는 최소 경제적 자본을 확보해야 한다는 Op VaR를 사용하여 결정될 수 있다.

현재 금융회사—주로 은행권—에서 수립한 한도 산출방법은 고급측정법에 의한 자본량Op VaR에 기반하여 자본량 변동분을 감안하여 설정하도록 되어 있으며, 동 한도는 리스크관리위원회에서 승인받은 후 효력을 가진다.

각 사업부문은 부문 내에서 수립한 각종 한도 대비 운용현황을 모니터링하여 그 결과를 운영리스크관리조직에 정기적으로 또는 필요시 제공하여야 한다. 운영리스크관리조직은 각 사업부문과 독립적으로 리스크 관련 현황을 모니터링하고 그 결과를 CEO 및 리스크관리위원회에 보고해야 한다.

각 사업부문은 설정된 리스크한도 범위 내에서 리스크를 유지하도록 관리하고 특별한 상황 등 부득이하게 각종 한도를 초과한 경우에는 그 사유를 명시하여 담당 경영진에게 보고하고, 운영리스크관리조직에 리스크 경감계획을 제출하여야 한다.

7. 4 자본배분 및 RAPM 적용방안

자본배분 및 성과평가 결정의 기본 원칙을 세우고, 그 원칙에 따라 운영리스크 허용수준을 유형별로 정의 및 분류하며 전사, 사업부문별 허용수준을 일상적 경영활동과 연계시키기 위해 KRI 및 RCSA 등 모듈별 한도와의 연관성을 고려해야 한다.

전사적 리스크성향 및 허용수준에 대한 결정을 기반으로 하위수준의 자본배분이 이루어지며 이러한 자본배분은 손실사건유형 및 실제 손실량에 따라 조직별로 상이하게 처리되는데, 단기적으로는 고급측정법 또는 표준방법에 의거하여 실제 사업부문별 운영리스크 자본량을 측정하고, 이를 사업부문 단위로 배부한다. 이렇게 배분된 자본의 효율적 사용 여부 및 리스크량 대비 성과분석을 위해 자회사/부문별로 RAPM 지표를 사용한다.

[표 7.1]은 고급측정법AMA에 의한 자본배분 및 성과평가 방안을 보여주고

표 7.1 AMA에 의한 자본배분 및 성과평가 현황

<table>
<tr><th colspan="2">구분</th><th>A은행</th><th>B은행</th><th>C은행</th><th>D은행</th><th>E은행</th></tr>
<tr><td>RAROC</td><td>대상</td><td>이익계정 사업본부</td><td>7개 사업본부</td><td>5개 사업본부</td><td>6개 사업본부</td><td>시행예정 (자본배분 시행중)</td></tr>
<tr><td rowspan="4">운영리스크 관리실적 평가</td><td>대상</td><td>지역본부 및 영업점</td><td colspan="2">영업점</td><td>영업점</td><td>지역본부 및 영업점</td></tr>
<tr><td>반영 방식</td><td>경영평가 항목 (비재무)</td><td colspan="2">검사부 상시감사 평가항목</td><td colspan="2">경영평가 항목(비재무)</td></tr>
<tr><td>반영 비중</td><td>내부통제점수 (가중치 5%)</td><td>감사평점 총 60점 중 최대 3점 감점</td><td>총 50점 중 최대 5점 감점</td><td>100점 배점 (경영평가 10,000점)</td><td>영업점 10점, 지역본부 7.5점(경영평가 1,000점)</td></tr>
<tr><td>반영 항목</td><td colspan="5">RCSA 참여도, 손실사건 미보고, 통제대응방안 입력 횟수, 시나리오 워크숍 참여율, KRI 등급, 운영리스크 필수 교육 이수율 등</td></tr>
</table>

있다.

은행권의 AMA에 의한 자본배분의 경우, AMA 자본량 산출이 가능한 사업본부 단위까지 배분되고 있다. 그에 따라 사업본부의 성과평가에 대해서도 RAROC 지표 산출 시 운영리스크를 반영하고 있다. 그러나 영업점을 포함한 부점의 성과평가에는 자본배분이 이루지지 못하고 있으므로 RAROC과 같은 지표는 적용하지 못하고, 운영리스크 관리실적을 중심으로 성과평가에 반영하고 있다. 운영리스크 관리실적 평가는 은행들마다 다소 차이가 존재하나 손실데이터 수집/보고, RCSA 수행실적 등으로 평가하고 있다.

운영리스크 측정 및 검증 방안

Part Ⅲ

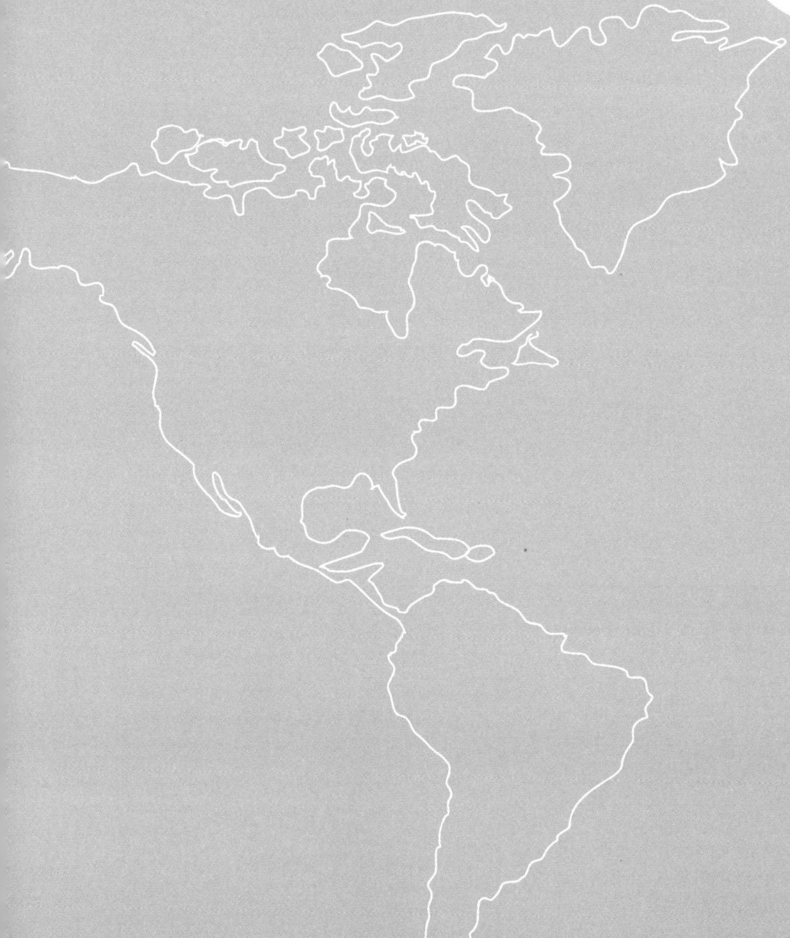

운영리스크 측정의 목적은 감독당국의 운영리스크 대비 필요 자기자본 산출과 동시에 운영리스크 관련 익스포저를 파악하기 위한 객관적 지표를 산출하고, 이러한 지표를 이용하여 운영리스크의 통제 및 관리의 효율성을 증진하기 위한 것이다. 운영리스크의 측정은 시장 및 신용리스크와 비교할 때 상이한 방법론을 사용해야 한다. 왜냐하면 정규분포 가정을 일반적으로 사용하는 시장리스크 측정법은 두터운 꼬리분포fat-tail distribution를 따르는 운영리스크의 손실분포에 적합하지 않기 때문이다. 또한, 신용리스크는 익스포저가 비교적 쉽게 계산될 수 있지만, 운영리스크는 손실사건 발생 시 손실금액을 간단하게 산출하기 어렵기 때문이다. 따라서 운영리스크 측정법은 통상적인 VaR 측정방식과 달리, 보험통계에 기초하는 손실분포접근법LDA: Loss Distribution Approach에 주로 기반한다. 운영리스크 측정에서 LDA의 사용목적은 운영리스크 손실자료를 이용하여 향후 1년 동안 0.01%의 오차확률로 발생가능한 비예상손실UL을 측정하려는 것이다.

운영리스크 고급측정법AMA은 내부 손실자료와 외부 손실자료, 시나리오 및 영업환경과 내부통제요인을 종합적으로 활용하여 운영리스크 필요 자본량을 산출하는 방법이다.

내부 손실데이터

- **은행은 효과적인 운영리스크 관리 및 측정을 위하여** 손실자료(loss data)를 포함한 모든 손실사건자료(loss event data)를 수집, 관리
  - 측정에는 손실자료(loss data)만을 사용
  - 손실자료 수집대상 최소금액은 총손실액 기준 1백만원 이상으로 설정

외부 손실데이터

- 은행은 적합한(relevant) 외부자료를 확보하여 **운영리스크 관리 및 측정에 활용해야 함**
- 활용목적 : 리스크유형 파악, 시나리오 자료생성 또는 부족한 내부손실자료 보충 등

시나리오

- **시나리오는 전문가 의견 등에 기초하여 미래 발생 가능한 운영 손실사건의** 잠재 손실액과 손실사건의 발생빈도를 예측한 자료
- **시나리오 분석 결과는** 부족한 손실자료를 보완하여 **자본량 산출에 활용됨**

영업환경과 내부통제

- **영업환경과 내부통제 요인은 손실자료가 수집된 이후에** 리스크 익스포저 수준 또는 내부통제 환경을 변화시키는 **미래지향적인 질적 요인들을** 포괄적으로 나타냄

고급측정법AMA에 의한 운영리스크 자본량은 손실분포접근법LDA을 이용하여 다음과 같은 절차에 따라 산출된다.

① 내부/외부 손실자료를 이용하여 측정단위별 LDA VaR 산출

② 시나리오 평가결과를 이용하여 측정단위별 시나리오 VaR 산출

③ LDA VaR와 시나리오 VaR를 통합하여 측정단위별 Op VaR 산출

④ 산출된 측정단위별 Op VaR를 단순 합산하여 전사 Op VaR 산출

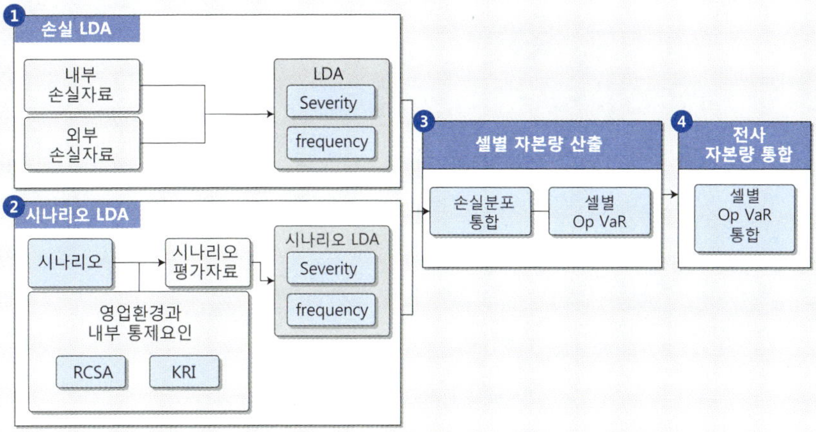

제 8 장

시나리오 분석

시나리오 분석Scenario Analysis은 금융회사의 영업활동 전반에서 미래에 발생 가능한 운영리스크 손실사건의 발생빈도와 그 영향을 관련업무 전문가들이 평가하여 측정하는 방법으로 동 분석은 Basel Ⅱ 운영리스크 고급측정법AMA 적용을 위한 기본요건 중 하나이다.

참고 8.1　Basel Ⅱ의 시나리오 정의

시나리오 분석이란 금융회사의 비즈니스 활동에서 발생가능한 심각한 손실(severe loss)을 고려하기 위한 절차이다. 따라서, 시나리오 분석은 은행 내부에서 과거 자주 발생하지 않았던 심각한 손실사건을 평가하는 방법이라고 할 수 있다.

평가 대상이 되는 업무나 상품 관련 전문가들이 영업환경 및 통제요인 변화를 감안하여 미래 발생가능한 운영리스크 손실사건의 잠재적인 손실금액과 발생빈도를 예측하는 분석방법이다.

8.1 분석 목적 및 절차

운영리스크관리의 맥락에서 시나리오 분석은 다음 세 가지 목적을 가진다.

첫째, 고급측정법AMA에 의한 운영리스크 자본량 산출에 적용하기 위함인데, 시나리오 분석을 통하여 금융회사는 부족한 손실자료를 보완할 수 있으며, 변화된 영업환경과 내부통제 수준 변화를 측정에 반영할 수 있게 된다.

둘째, 새로운 상품이나 프로세스, 시스템, 통제수단 등의 도입에 따른 잠재리스크potential risks를 평가하기 위해서이다. 이들은 과거 경험한 손실경험은 없으므로 시나리오 평가 등을 통하여 손실 영향을 평가해 보아야 한다.

셋째, 심각한 손실사건에 대한 평가로 자주 발생하지는 않지만 금융회사 경영에 심각한 영향을 미치는 사건의 발생 가능성 및 손실영향을 평가하는 데 사용될 수 있다.

시나리오 분석은 (i) 시나리오 생성, (ii) 업무전문가 선정, (iii) 시나리오 평가/검증, (iv) 적정성 검토 및 확정의 순서로 수행된다.

시나리오 생성

생성된 후보 시나리오에 대해서 업무 소관부서 적정성 검토

업무전문가 선정

사업영역별 소관부서를 고려하여 업무전문가 선정

| 표 8.1 | 손실사건유형의 업무 소관부서 예시

손실사건유형		리스크 이벤트	업무 소관부서
대분류	중분류		
고용 및 사업장 안전	고용관계	퇴직/해고 및 보상	HR
		노동쟁의	
		업무상 재해	
	인종차별	차별행위 및 성희롱	HR
	사업장안전	안전관리 소홀	안전관리실
유형자산 손실	재해 및 기타사건	자연재해	총무부 안전관리실
		화재/테러/시위	
업무중단 및 시스템 장애	시스템	하드웨어 장애	IT
		소프트웨어 장애	
		네트워크 장애	
실행, 전달 및 절차의 관리	거래의 포착 실행 및 유지	회계 및 세무처리 오류	회계팀

시나리오 평가/검증

업무전문가 그룹의 평가 및 검증

적정성 검토 및 확정

적합성 검증조직의 평가 절차 및 결과 검토

통상적으로 시나리오 분석은 운영리스크 측정주기매분기를 감안하여 연 2회 이상 실시하는 것이 바람직하다. 기본적으로 시나리오의 미래지향적 특성과 영업환경과 내부통제 수준 변화를 반영 자본량 산출주기를 고려할 때 분기별로 수행하는 것이 바람직하지만, 운영리스크 익스포저는 단기간에 크게 변화하지 않으며 생성 및 평가에 수반되는 현실적인 업무 부담을 고려하여 연 2회 이상 시행도 가능할 것이다. 물론 갑작스런 영업환경 변화 또는 통제수준이 변화되었다고 판단될 경우 추가로 실시해야 한다. 아울러, 신규 사업의 진출이나 인수/합병 등에 의해서 금융회사의 내부조직 및 구성원에 큰 변화가 발생하였을 경우나 프로세스에 변화가 있는 새로운 상품 도입이나 통제환경이 변화되어 운영리스크 자본량의 재산출이 필요한 경우 등에도 비정기 시나리오 분석을 수행할 필요가 있다.

8. 2 분석방법

시나리오 생성은 중요 리스크를 포착하고, 전사적으로 일관성 있게 적용될 수 있는 시나리오를 결정해야 하며, 다음과 같은 일련의 절차에 따라 수행된다.

첫째, 회사의 운영리스크 특성조직의 취약성 등을 반영하는 모든 리스크 요소들을 질문서나 워크숍 등을 통해 업무담당자로부터 도출한다.

둘째, 전사적 차원에서 공통적으로 적용될 수 있는 시나리오는 일관성 제고를 위해 회사의 모든 부문에 적용한다.

셋째, 업무담당자들은 평가대상 시나리오가 담당 업무에 적합한 것인지를 평가해야 한다. 예를 들어, 담당 업무나 조직이 IT장애와 관련성이 없다면, IT시스템의 장애리스크를 평가하기 어려울 것이다.

시나리오 생성절차 및 기준은 반드시 문서화되어 있어야 하며, 시나리오 생성은 반드시 문서화된 절차에 의거 수행되어야 한다. 한편, 시나리오는 변화하는 영업환경 및 회사의 리스크 특성을 반영할 수 있도록 주기적으로 그 적정성을 재검토할 필요가 있다. 여기서 주기적이라는 의미는 RCSA 주기, 규제자본 산출주기, 내부자료/외부자료/통제환경 입력변수의 변경 · 재검토시, 조직개편 및 급격한 영업상의 변화 시 등을 고려해야 할 것이다.

시나리오 평가는 평가대상 시나리오가 업무와 관련성이 있다는 전제하에 관련 내·외부 손실자료, RCSA 평가결과, 거래관련 정보, KRI 추이 등 최대한의 관련 정보와 업무경험에 기반하여 수행되어야 한다. 따라서 평가의 적정성은 평가자에게 제공되는 정보의 수준에 많이 의존하게 된다. 평가자는 해당 업무에 대한 지식과 경험을 활용하여 특정 시나리오의 잠재적인 사건의 발생빈도 및 손실크기를 평가해야 한다.

신뢰성 있는 평가결과를 얻기 위해서 시나리오 평가는 운영리스크관리 담당부문과 독립적이면서 업무경험이 풍부한 업무담당자 또는 전문가 등에 의해 수행되어야 한다. 평가방법 및 평가자 선정 기준 등 시나리오 평가와 관련된 제반사항은 문서화된 절차와 기준에 의해 수행되어야 한다.

다음으로 시나리오 평가로부터 얻어진 데이터가 금융회사의 운영리스크 특성을 적절하게 반영하고, 동 결과의 품질quality을 확인하는 것이다. 즉, 빈도와 심도에 대해 평가결과가 과소 또는 과대평가 여부를 확인하고 이를 수정하는 과정이 필요하다. 특히, 국내 은행들의 경우에 시나리오 분석에 대한 의존성이 높기 때문에 평가결과의 정확성에 대한 검증이 매우 중요하다. 평가결과에 대한 검증은 기본적으로 내·외부 손실자료와 비교하는 것으로 통해 수행될 수 있으며, 가능하다면 동일 시나리오에 대해 다른 평가자독립적인 평가자도 유사한 평가결과를 산출하는지를 확인해볼 필요가 있다.

마지막으로 시나리오 평가결과로부터 손실분포 생성에 필요한 모수를 추정하는 단계이다. 예를 들어, 대상 측정단위예: 셀의 분포를 대수정규분포로 가정하고 있다면 시나리오 평가결과로부터 동 분포의 모수인 평균과 분산을 유도해내어야 한다. 시나리오 평가결과로부터 분포를 생성하는 방법은 금융회사별로 상이한 방법론을 적용하고 있어 일괄적으로 설명하기 어렵다. 외국에서 많이 사용하는 방법론의 경우, 시나리오 평가결과에서 평균손실은 심도분포의 평균또는 최빈수으로, 최대손실은 사전에 정의된 심도분포의 위험수준95%, 99% 등에 해당하는 값으로 가정하며. 평가결과의 발생빈도는 포아송분포Poisson distribution의 모수로 활용한다.

다음의 시나리오 분석방법은 국내 은행권의 방법론을 예시적으로 설명하는 것이다.

① 시나리오 생성

시나리오는 '업무영역BL×손실사건유형LET'별로 1개씩 생성함

시나리오 선정 기준은 심각한 손실이 발생할 수 있는 사건을 식별할 수 있도록 정의하는데, 우선 총손실액 기준 상위 10%의 내/외부 손실자료와 관련된 시나리오를 생성한다. 다음으로 직전 수행된 RCSA의 영향 평가결과 재무적 영향이 고위험high risk으로 평가된 시나리오를 선정한다. 그 외 운영리스크관리 전담부서 및 소관 업무부서에서 중요하다고 판단하는 시나리오를 선정할 수 있는데, 여기에는 다음과 같은 사건들이 포함될 수 있다.

- 예 1: 해외 금융회사 등에서 발생한 대형 손실사건 관련 시나리오
- 예 2: 직전 RCSA 영향 평가결과 3등급 이상으로 3회차 연속 상승 중인 리스크 사례가 존재하는 시나리오

그림 8-1 시나리오 생성단위 예시

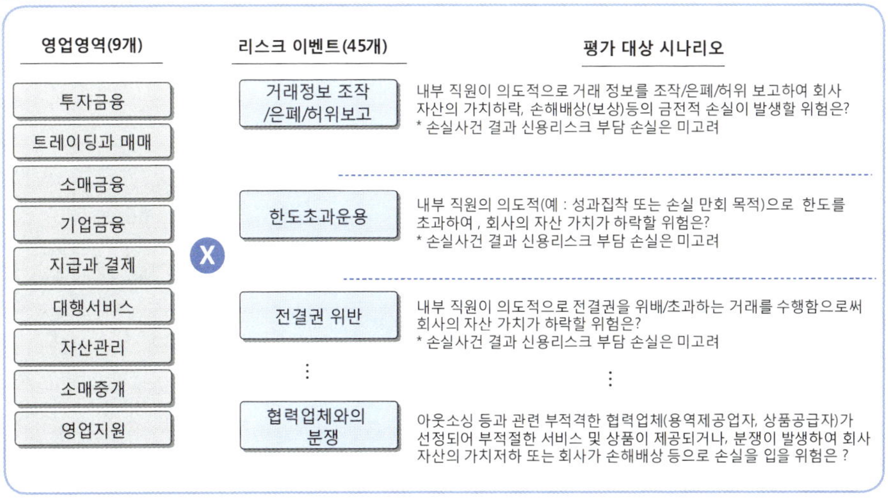

- 예 3: 새로운 상품, 프로세스 및 시스템 도입에 내재된 리스크 사례가 존재하는 경우 관련 시나리오
- 예 4: 거액의 내/외부 손실자료 중 발생가능한 시나리오 생성 시 거액의 기준은 총손실/순손실액 기준 상위 10% 손실금액을 활용할 수 있음

참고 8.2 시나리오 선정 시 고려 요소

① 내부 손실자료

내부 손실자료는 과거에 실제 발생한 손실사건을 기준으로 하기 때문에 객관적이며, 금융회사의 특성을 가장 잘 반영함

② 외부 손실자료

내부적으로는 경험하지 못했으나, 실제 타 금융회사에서 발생한 손실사건을 기록한 자료이므로 해당 회사에서도 발생가능성이 존재함

③ RCSA 영향 평가결과

RCSA 평가결과, 재무적 영향 4등급 이상의 평가를 받은 리스크 사례를 고위험으로 정의하고 있음

그림 8-2 시나리오 생성 절차

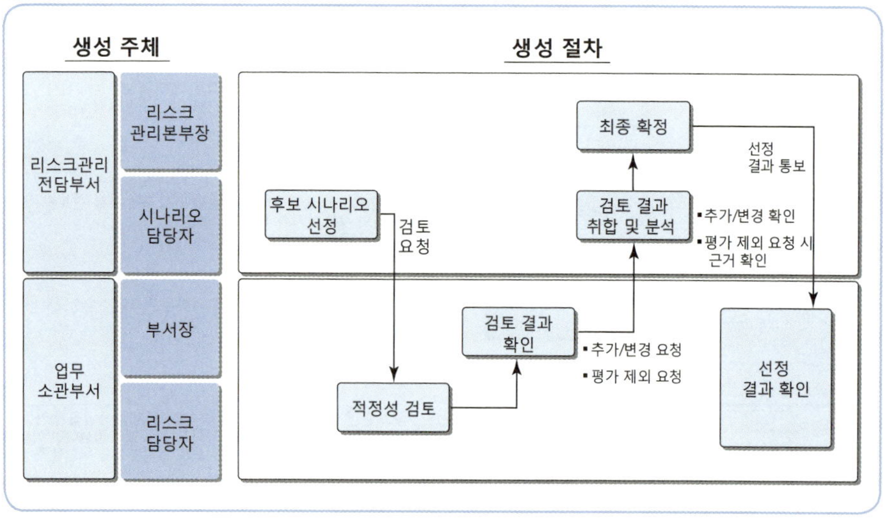

이렇게 생성된 평가 대상 시나리오는 후보 시나리오의 적정성 검토를 거친 후 리스크담당임원CRO의 최종 승인 절차를 거쳐 확정된다. 후보 시나리오의 적정성은 사업영역별 업무 소관부서에서 검토하는데, 검토결과 업무 관련성이 없는 시나리오에 대해서는 평가 제외를 ORM팀에 요청할 수 있으며, 새로운 리스크 발견 시 시나리오의 추가/변경을 요청해야 한다. 리스크담당임원CRO은 업무 소관부서의 검토결과를 확인하고 평가 대상 시나리오를 최종 확정한다.

8. 3 평가 및 검증 절차

① 업무전문가 선정

시나리오 평가 및 검증을 위해 소관부서는 사업영역별 해당 업무 전문가그룹평가자와 검증자을 선정/추천하며, 업무전문성과 운영리스크의 이해도를 고려하여 다음과 같은 요건 충족자로 선정된다.

(1차 조건) 업무 전문성: 해당 사업영역 혹은 관련부서에서 2년 이상 근무한 책임자급 이상 직원

(2차 조건) 운영리스크 이해도

- 1순위: 운영리스크 시나리오 평가 및 검증 유경험자
- 2순위: 손실사건, KRI, RCSA 등 운영리스크 관리활동 유경험자
- 3순위: 운영리스크 관련 교육 이수자

단, 선정요건을 만족하는 해당자가 없는 경우 소관부서장이 적합한 자를 추천함

② 평가 및 검증 절차

사업영역별로 업무 전문가집단은 평가그룹과 검증그룹으로 구분하는데, 시나리오별로 평가자 3인 이상과 검증자 2인 이상으로 구성된다. 평가그룹에 의해서 수행된 시나리오 평가결과는 검증그룹이 1차 검증을 수행하며, 1차 검증이 완료된 평가결과를 취합하여 적합성 검증조직이 최종 검증을 수행한다.

평가자는 평가 시 제공되는 참조정보와 평가자의 경험과 지식을 활용하여 미래지향적으로 평가하며 전사적 차원에서의 발생가능성을 고려하여 평가하는데, 적합성 검증조직의 검증을 통하여 '부적정'으로 반려된 경우 재평가를 수행해야 한다.

검증그룹은 평가그룹의 평가결과를 종합하여 평가자별 평가결과에 대해서 1

그림 8-3 시나리오 평가/검증 절차

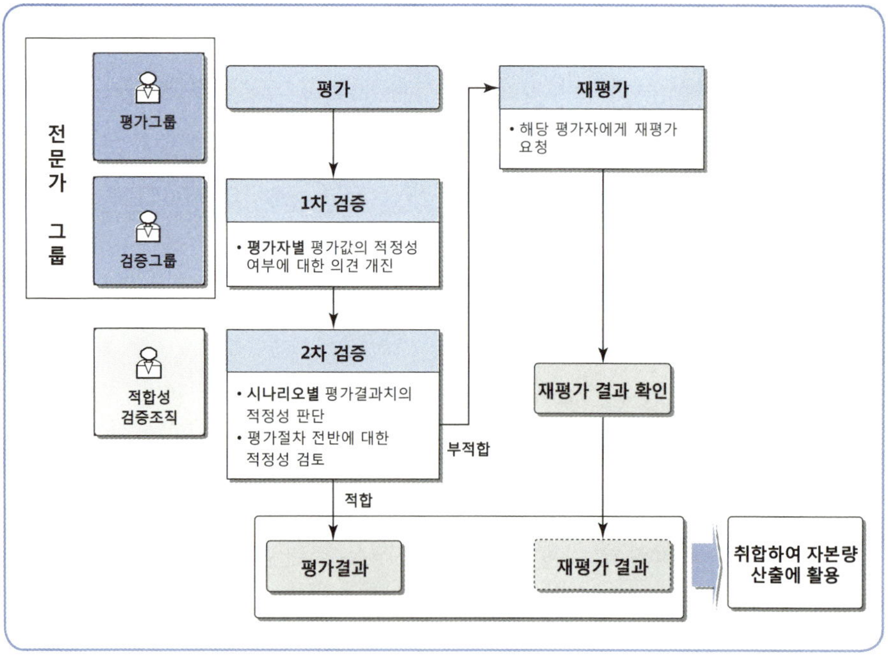

차 검증을 수행한다. 여기서 부적정한 시나리오 평가란 평가자의 주관성이 과다하게 반영되었거나, 특정 업무에 국한하여 평가된 평가결과를 의미한다. 이후 평가결과에 대하여 적합성 검증조직이 2차 검증을 수행한다. 2차 검증은 시나리오별 평가값과 시나리오 평가절차 전반에 대한 적정성을 검토하며, 2차 검증 결과 부적합 판정된 시나리오는 재평가 조치를 내린다.

③ 평가방법 및 기준

시나리오 평가는 회사 전체 영업활동을 기준으로 해당 시나리오의 손실사건이 발생할 가능성발생빈도과 발생 시 영향손실규모을 평가자의 과거 경험과 참조정보 및 현재의 영업환경 및 통제수준을 고려하여 미래 지향적인 관점으로 평가하여야 한다.

우선, 발생빈도 평가는 해당 시나리오의 손실사건이 발생할 가능성을 연 평균 발생빈도로 기재하는 것이다. 평가자의 과거 경험과 참조정보를 참조하여 현재의 영업환경과 통제수준을 고려하여 발생 빈도를 평가한다.

평균 손실액 평가는 해당 시나리오의 손실사건 1건 발생 시 입을 평균적인 손실규모를 기재하며, 심각 손실액 평가는 해당 시나리오의 손실사건이 100건 발생할 경우 예상되는 가장 큰 손실금액을 기재하여야 한다.

시나리오의 발생빈도와 손실금액을 평가한 근거를 회사 규정이나 현재의 영업환경 및 통제수준 또는 해당 요인들의 예상되는 변화에 기초하여 구체적으로

표 8.2 평가항목별 지표

평가항목	주요지표	보조지표
발생빈도	KRI 추이	내/외부 손실자료 빈도평균, 추이 RCSA 빈도 평가 추이 RCSA 통제 평가 추이
평균손실액	RCSA 영향 등급 추이	내/외부 손실자료 평균 손실금액 표준자본량 추이
심각손실액	표준자본량 추이	내/외부 손실자료 최대 손실금액 RCSA 영향 평가 추이

기술하며, 구체적인 근거를 제시할 수 없는 경우 평가자의 경험에 기초한 추정치를 제시예: 경기침체 또는 주가하락 시 외부사취 발생 급증하여야 한다.

ORM팀에서는 보다 객관적인 시나리오 평가를 위해서 평가 기준값References을 평가자에게 제공할 수 있는데, 제공되는 평가 기준값을 주요 지표의 추이와 참조정보 및 현재의 영업환경/통제수준 등을 종합하여 평가할 수 있다. 즉, 기준값에서 주요 지표의 추이를 참고하여 조정방향을 결정할 수 있다. 주요지표 상승 시 기준값을 상향조정하거나 하락 시 기준값을 하향조정하는 형태로, 혹은 참조정보주요지표, 보조지표를 종합하여 조정크기를 결정하고 조정을 수행할 수 있다. 만약 주요 지표의 추이와 반대되는 평가 혹은 평가범위를 벗어나는 경우는 평가 근거를 상세히 기술하여야 한다.

- 예 1: 발생빈도 기준값이 0.4이고 평가범위가 0.2~0.6일 때, KRI와 내/외부 손실자료 빈도 평균이 모두 하락 중인 경우 기준값 하향예: 0.3 조정
- 예 2: 발생빈도 기준값이 0.4이고 평가범위가 0.2~0.6일 때, KRI와 내/외부

그림 8-4 시나리오 평가의 객관성 제고 방안

목적

- 시나리오 평가의 과대 주관성 완화
- 시나리오와 BEIC의 이중계상 문제 해소
- BEIC에 의한 조정이 측정단위인 BL/LET와 일관성 유지

* 여기서 설명되는 내용은 시나리오의 생성, 평가, 검증과정 중 시나리오 평가과정에만 적용함

New Approach 절차

1. 개별 시나리오 평가시 기준점[1] 제공
   - 개별시나리오의 빈도, 심도(평균, 최대) 평가시 각각의 기준점을 제공함
2. BEIC 정보제공
   - 내부통제요인(IC) : KRI, RCSA, Audit Score 등
   - 영업환경요인(BE) : 총이익(Gross Income) 등
3. BEIC 정보에 근거한 기준점 조정범위 제공
   - KRI에 의한 빈도 조정범위 및 민감도 정보 제공
   - 총이익(GI)에 의한 심도조정범위 및 민감도 정보 제공
4. 시나리오 평가자에 의한 기준점 조정
   - KRI에 의한 빈도 조정
   - GI에 의한 심도 조정

1) 기준점(Reference Point)은 시나리오 평가 항목에 대한 준거값을 의미

손실자료 빈도 평균이 모두 상승 중이지만 새로운 통제 도입 혹은 업무 프로세스 개선으로 발생빈도가 줄어들 것으로 예상되는 경우 기준값 하향예: 0.3 조정

시나리오 평가 항목별 기준값reference point은 손실자료의 평균값을 활용하고, 평가범위는 99% 신뢰구간을 산출하여 제공할 수 있다. 다만, 시나리오 평가 시 제공되는 참조정보는 가능한 다양한 정보를 명확한 요건에 의해서 제공해야 한다. 참조정보 제공 시 신용리스크 관련 자료는 제외하는 것을 원칙으로 하되, KRI 제공 시에는 신용리스크 관련 자료임을 명시한 후 제공할 수 있다.

참조정보로 내부 손실자료는 과거 회사에서 발생한 손실자료로 시나리오 평가 시 가장 직접적이고 객관적인 자료로 활용할 수 있으며, 외부 손실자료인 KOREC 자료 등은 유사한 영업환경을 가지고 있는 국내 은행들의 손실자료로서 손실금액 및 발생빈도의 신뢰성이 높다는 장점이 있다. 또한, 시나리오 관련 KRI의 추이를 파악함으로써 시나리오 관련 익스포저의 변화를 모니터링하여 평가에 활용할 수 있다. RCSA는 전사 차원의 리스크 사례를 가장 포괄적으로 정의하고 있으며, RCSA 평가 담당자의 의견이 반영되어 있는 평가치로서 미래지향적 요소를 내포하고 있으므로 RCSA 결과를 통해 시나리오 관련 항목들의 통제수준이나 준수 정도를 인식함으로써 시나리오 평가에 활용할 수 있다.

한편, 전기 시나리오 평가결과를 참조정보로 제공할 수 있는데, 시나리오 평가에 있어서 전기 평가자의 의견을 참조로 하는 것은 시나리오 평가의 주관성을 완화하고, 평가결과의 과다한 변동을 막기 위한 것이다.

④ 검증방법 및 기준

검증그룹에 의한 1차 검증은 평가자별 평가값과 평가값의 집계결과에 대해서 검증한 것으로 1차 검증의 목적은 주관적으로 평가한 평가값 혹은 특정 업무에 국한하여 평가한 평가값을 식별하는 것이다. 여기서 주관적으로 평가한 평가값

| 표 8.3 | 참조정보 내역

구분	참조정보		비고
평가	내부 손실자료	–연 평균 발생빈도 추이 –평균, 최대 손실금액	–회계처리일 기준 직전 5년 –1백만원 이상
	외부 손실자료	–연 평균 발생빈도 추이 –평균, 최대 손실금액	–회계처리일 기준 직전 5년 –1천만원 이상
	KRI 추이	시나리오 관련(BLxLET) KRI 값 추이	–직전 1년 –신용리스크 관련 KRI 포함 –전사/본부부서 KRI
	RCSA 결과	–최근 빈도/영향/통제 평가결과 –빈도/영향/통제 평가결과 추이	직전 2년
	표준자본량 추이	분기별 추이	–직전 2년 –사업영역 기준
	전기 시나리오 평가결과	–전기 발생빈도의 평균 –전기 평균 손실액의 평균 –전기 심각 손실액의 평균	검증 통과값만 활용
	손실사건 사례	–각각 총손실금액, 회계처리일 기준 상위 10개씩의 내부 손실자료 –각각 총손실금액, 최근 회계처리일 기준 상위 10개씩의 외부 손실자료 –운영리스크관리조직에서 입력한 리스크 사례 –재무영향 4등급 이상 평가한 RCSA 사례	적요, 발생일, 총손실금액, 금융회사 정보 제공
재평가	타 평가자의 평가값 및 요약정보	–타 평가자의 항목별 평가값 –평가항목 별 평균, 최소/최대값	검증 통과값만 활용
	평가 반려사유	검증그룹의 검증의견	

은 타 평가자의 평가결과와의 편차가 큰 평가값을 의미하며, 특정 업무에 국한하여 평가한 평가값은 사업영역 전반을 고려하지 않고 평가한 평가값을 의미한다. 검증그룹의 검증자는 평가 근거 및 영업환경과 내부통제요인의 변화사항을 고려하여 검증을 수행한다.

적합성 검증조직은 시나리오별 평가결과에 대한 검증 및 분석절차 전반에 대해서 검증하게 되는데, 검증기준은 손실자료와 시나리오 평가결과의 사업부문BL별, 손실사건유형LET별로 상대적 크기 및 비중을 비교할 수 있다. 즉, 과거 시나리오 평가결과와의 비교를 통하여 변동이 큰 경우 평가결과의 타당성 여부를 검토한다. 시나리오별 평가결과가 부적합다고 판단되는 경우, 해당 시나리오의 평가자별 평가결과를 검증의견과 종합하여 검토한다.

8.4 활용방안

자본량 측정

시나리오 평가결과는 고급측정법을 이용한 자본량 측정에 직접적으로 활용되는데, 측정단위별로 시나리오 Op VaR를 산출한다. 측정단위는 손실사건유형 수준에서 정의되므로, 측정단위 내에 여러 개의 시나리오가 존재할 수 있다. 개

그림 8-5 시나리오 Op VaR 추정 절차

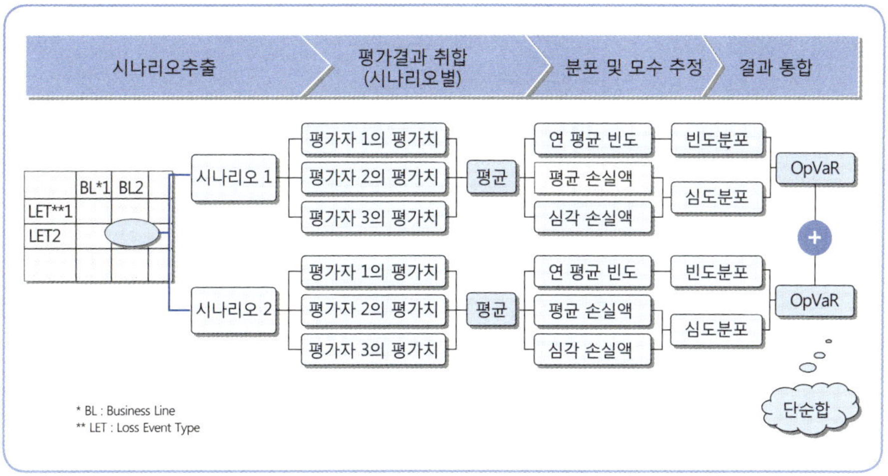

별 시나리오별로 연 평균빈도, 평균 손실액, 심각손실액을 기반으로 하여 빈도 및 심도 분포를 추정한다.

新 사업 위험성 분석 및 스트레스 테스트

자본량 산출 이외에도 비정기 시나리오 분석을 통하여 신규 사업의 위험성 검토, 위기상황 분석 등에 활용할 수 있다. 비정기 시나리오 분석은 신규 사업 진출, 신상품 도입, 타 금융회사 거액 손실사건 발생, 금융위기 징후 등 손실영향을 평가하기 위하여 시행하는데, 수행결과 손실영향이 큰 경우 대응방안을 수립해야 한다.

그림 8-6 비정기 시나리오 분석 절차

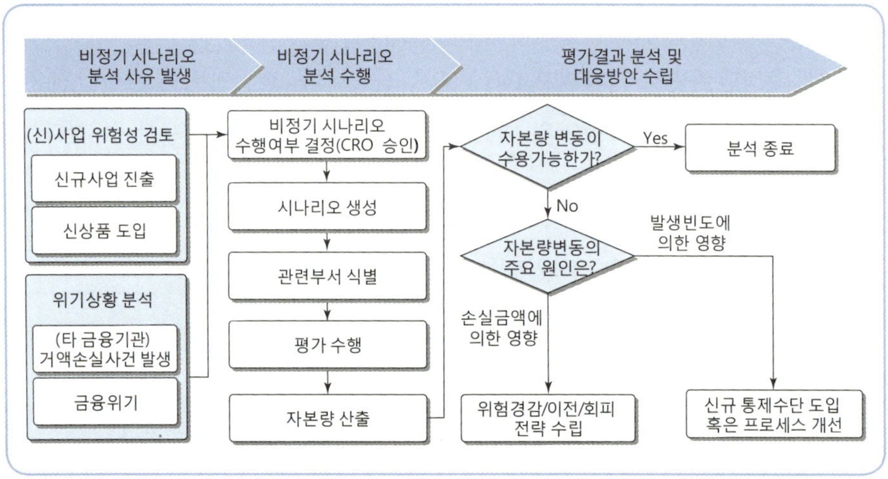

제 9 장

고급측정법에 의한 운영리스크 측정

9. 1 손실분포접근법에 의한 Op VaR 산출

추정된 빈도분포와 심도분포를 이용하여 총손실분포를 시뮬레이션하고, 총손실분포의 99.9퍼센타일을 Op VaR값으로 사용한다.[1]

■ 총손실분포 도출 절차

① 선택된 빈도분포로부터 하나의 빈도 난수를 추출함

② 추출된 난수만큼 선택된 심도분포에서 심도 난수를 추출함

[1] Op VaR는 LDA에 의해 생성된 손실분포의 99.9퍼센타일에 해당되는 금액을 의미하며, 이는 보험경감 및 영업환경/내부통제요인에 의한 조정 전 자본량으로 간주된다.

그림 9-1 총손실분포 도출절차

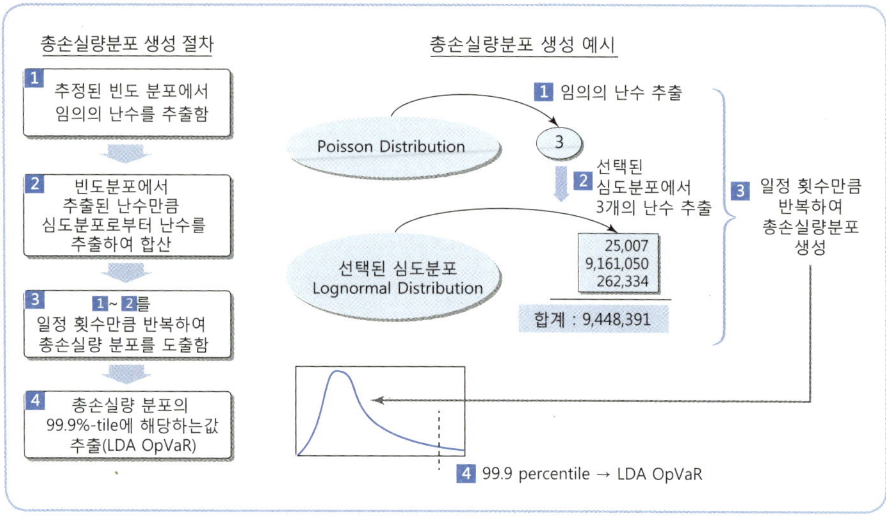

③ 추출된 난수에 내부 손실자료의 임계치를 더함

④ 빈도 난수만큼 추출된 심도 난수를 모두 합산하여 총손실금액Loss Amount을 계산함

⑤ 위의 과정을 일정횟수만큼 반복하여 총손실분포를 시뮬레이션하고, 이 분포로부터 99.9퍼센타일 값을 추출하여 Op VaR로 추정함

실행절차

손실분포접근법LDA에 의한 운영리스크 측정을 위해서는 우선 심도severity와 발생빈도frequency에 대한 확률분포를 각각 추정해야 한다. 여기서, 심도는 운영리스크 손실사건이 한 번 발생했을 경우 손실규모를 의미하며, 손실빈도는 일정기간예: 1년 동안 손실사건의 발생횟수를 의미한다. 즉, 1년 이내 손실크기loss size S는 확률변수인 심도와 빈도의 조합이다.

참고 9.1 **손실분포접근법(LDA) 실행절차**

① 측정모형의 투입요소(내 · 외부 자료, 시나리오 자료)를 수집하여 이를 7대 손실사건유형과 8대 사업영역, 즉 7×8행렬로 배분함.[2]

② 운영리스크 손실사건의 심도(severity)와 손실빈도(frequency)의 확률분포를 각각 추정함.

③ 심도와 빈도 분포를 통합하여 각 셀별 손실분포(aggregated loss distribution)를 생성함.

- 분포 통합을 위해서는 크게 분석적 방법(Panjer method)과 몬테칼로 시뮬레이션(Monte carlo simulation)으로 구분할 수 있는데, 대부분의 글로벌 금융회사들은 몬테칼로 시뮬레이션에 의해 심도와 빈도분포를 통합하고 있음

④ 각 셀별 손실분포를 산출한 후, 99.9%의 신뢰수준하에서 Op VaR값을 계산함.

- 신뢰수준을 99.9%로 높게 설정하는 이유는 발생빈도는 낮지만 손실영향(impact)은 높은 운영리스크 손실사건의 특성을 고려하기 위한 것임

⑤ 각 셀별로 산출된 Op VaR값을 집계화(aggregation)하여 전사 Op VaR를 산출

$$S = \sum_{i=1}^{N} X_i \tag{9.1}$$

여기서, X는 개별 심도, N은 손실빈도를 나타냄.

위 식에서 개별 심도를 나타내는 X 는 대수정규분포log-normal나 극단치분포EVD: Extreme Value Distribution 등과 같은 연속형 확률분포를 따른다. 한편, 일정기간 내 발생하는 손실사건의 빈도를 나타내는 n은 다음과 같은 이산형 확률분포 h를 따르는 것으로 가정한다.

2 대부분 국내은행들의 경우, 바젤의 8대 사업영역으로 구분되지 않는 "본부지원" 부문을 추가하여 9대 사업영역으로 자료수집 및 측정을 수행하므로 실제 측정은 7×9 행렬의 각 셀별로 수행된다.

$$P_n = h(n) \tag{9.2}$$

여기서, P_n은 n번의 손실사건이 발생할 확률을 의미함.

$$F_S(x) = P(S < x) = \sum_{n=0}^{\infty} h(n) P(S < x/N = n) \tag{9.3}$$

즉, 위 식은 1년 동안 빈도가 n번 발생하는 확률($h(n)$)과 $N=n$이라는 조건에서 손실크기 S가 특정 수준 x보다 작을 확률($P(S<x/N=n)$)을 곱하여 합산함으로써 손실분포를 얻을 수 있음을 보여준다. 식 (9.3)은 수학적으로 합성곱 convolution을 이용하여 다음과 같이 간단히 나타낼 수 있다.

$$F_S(x) = \sum_{n=0}^{\infty} h(n) f^{(n)}(x) \tag{9.4}$$

여기서, $f^{(n)}$은 n-fold convolution으로 식 (9.3)에서 $P(S<x/N=n)$에 해당됨.

분포 모형화

심도분포는 손실사건이 1회 발생했을 때 금융회사가 입을 수 있는 손실금액의 확률분포로 정의될 수 있다. 심도분포를 모형화하기 위해 사용되는 후보분포는 다음과 같은 연속형 확률분포들이 주로 사용되고 있다.

① 대수정규분포 Log-normal distribution
② 와이블분포 Weibull distribution
③ 감마분포 Gamma distribution
④ 파레토분포 Pareto distribution

여타 다른 연속형 확률분포도 심도를 모형화하는 데 고려할 수 있으나, 운영

| 표 9.1 | 바젤위원회 LDCE(2009) 조사결과: 심도분포 선택

〈심도분포 선택 방법〉

구분	은행 수	비율
단일 분포 모델 가정	13	31%
몸통, 꼬리 다른 분포 기초한 단일 모델 적용	12	29%
몸통, 꼬리 다른 분포 모델 적용	8	19%
기타	9	21%

• 단일 분포 가정

분포	비율
대수정규	31%
와이블	17%
경험적 분포*	14%
기타	14%
혼합대수정규	7%
일반화 파레토	5%
혼합대수정규감마	5%

✔일본 및 호주의 다수 은행에서 단일 분포 가정
–강점: 간단하고 이해도 높음
–단점: 리스크 민감도 및 꼬리 부분의 저평가

• 몸통(body) 부분 분포

분포	비율
경험적 분포*	26%
대수정규	19%
와이블	10%
일반화 베타	7%
일반화 파레토	2%

• 꼬리(tail) 부분 분포

분포	비율
일반화 파레토	31%
기타	17%
대수정규	14%
와이블	7%
감마	7%

✔유럽의 다수 은행: 몸통, 꼬리 다른 분포 기초한 단일 모델 적용
✔미국의 다수 은행: 몸통, 꼬리 다른 분포 모델 적용
✔몸통, 꼬리 기준되는 Threshold 선택 기준 중요

* 경험적 분포(Empirical Distribution): 과거 손실자료 기반 분포.

리스크 측정에 중요한 분포 꼬리부분의 주요 특성은 위의 후보분포들을 통해 대부분 포괄할 수 있다고 판단된다.

한편, 빈도분포의 모형화에 있어서는 포아송분포Poisson distribution와 음이항분포Negative Binomial distribution의 두 가지 이산형 확률분포가 주로 이용되며, 빈도분포를 가정하는 경우에는 주로 포아송분포를 사용한다. 포아송분포는 1개의 모수로 구성된 분포로써, 비교적 적은 양의 데이터를 필요로 하며, 음이항분포는 2개의 모수로 구성된 분포로 포아송분포에 비해 많은 수의 손실데이터를 필요로 한

다. 현실적으로 운영리스크 측정에서는 데이터 기간이 충분히 길지 않으므로 국내 은행권에서는 주로 포아송분포만을 가정하고 있다.

바젤위원회의 LDCE2009의 조사결과에 따르면, 해외 금융회사들의 경우 대수정규분포 등과 같이 단일분포를 심도분포로 선택하는 회사가 31% 수준이고, 분포의 몸통body과 꼬리tail를 구분하여 상이한 분포나 모형을 적용하는 회사들이 48% 수준이다. 특히, 꼬리 부문에 대한 분포 모형화는 파레토 분포 등 꼬리가 두터운 분포를 적극적으로 활용하는 것으로 나타났다. 이에 따라 몸통과 꼬리의 구분 없이 단일분포를 가정하고 꼬리 특성 반영이 미흡한 국내 금융회사들은 보다 정확한 운영리스크 측정을 위하여 측정방법론의 수정보완이 필요할 것이다.

모수추정법

확률분포들 중 운영리스크 손실자료에 가장 적합한 분포를 찾아내고, 각 개별 분포의 모수값을 추정하기 위해서는 최우추정법MLE: Maximum Likelihood Estimation, 적률법MM: Method of Moment, 마코프체인 몬테칼로 시뮬레이션MCMC: Markov Chain Monte Carlo 등을 사용할 수 있다.

최우추정법MLE은 가장 일반적인 모수추정법이지만, 데이터의 수가 적을 경우, 보통 30개 미만일 경우에는 최우추정법의 모수추정량이 불편성unbiasedness이나 효율성efficiency과 같은 바람직한 특성을 만족하지 못하는 것으로 알려져 있다. 따라서 심도분포를 추정하는 측정단위의 손실자료가 30개 미만인 경우에는 최우추정법에 의한 모수추정치가 편의bias를 가질 수 있다.

운영리스크의 측정에 있어서 손실데이터의 數가 최우추정법을 사용하기에 부족한 경우 적률법MM 또는 확률가중적률법PWM을 고려할 수 있다. 그러나 확률분포의 모수에 대한 이러한 추정법MM 또는 PWM은 비교적 적은 수의 데이터에 대해서 최우추정법에 비해 표준오차standard error가 작다는 장점이 있으나 분포가 두

표 9.2 모수추정법 비교

추정법	특징	비고
최우추정법	• 대표적인 모수 추정방법으로 우도함수(likelihood function)를 극대화 방식임 • 우도함수는 데이터의 결합 확률밀도함수를 의미하므로 최우추정법은 관찰된 데이터의 특성과 가장 유사한 확률분포의 모수(평균, 분산)를 찾는 방식임	• 추정의 편리함 • 정규분포 가정
확률가중적률법 (PWM)	• PWM은 심도 분포의 모수를 확률분포의 특성을 나타내는 적률(moment)에 기초하여 추정하는 방식 • 데이터 수가 30개 미만일 경우에는 최우추정법보다 효율적인 추정량(estimator)으로 알려져 있음	• 두터운 꼬리 분포의 경우 편의(bias)를 가짐 • 추정량의 통계적 신뢰성(robustness)이 낮음
MCMC	• MCMC 추정법은 모수를 추정하는 방식이 아니고 조건부 확률분포를 시뮬레이션을 통해 생성해내고, 생성된 분포의 모수를 찾아내는 방식임 • 두터운 꼬리를 가지면서 데이터 개수가 충분하지 않은 경우에 효율적임	• 추정방법이 복잡하여 적용이 어려움

터운 꼬리fat-tails를 가지는 경우, 추정의 불편성unbiasedness이 만족되지 않는다는 단점을 가지고 있다. 따라서 극단치분포EVD와 같이 관찰치가 소수이며 두터운 꼬리를 가지는 분포를 추정하고자 하는 경우에는 최우추정법이나 적률법을 사용하기 어렵기 때문에 보다 정확한 추정을 위해서는 마코프체인 몬테칼로MCMC 추정법을 활용할 수 있다. 이 방식은 손실자료가 주어졌을 때 모수의 조건부 확률분포를 근사화하는 실증적 확률분포를 생성시키는 알고리즘을 의미하는 것이다.

심도분포의 우도함수를 추정하는 경우에는 손실자료의 임계치를 고려할 필요가 있는데, 이를 감안한 추정절차는 다음과 같다.

일반적으로 측정 시 내부 손실데이터는 특정 임계치 이상의 자료만을 사용하므로, 임계치 이하좌측 절단에 대한 고려가 필요하다.

그림 9-2 자료의 좌측절단 고려방법

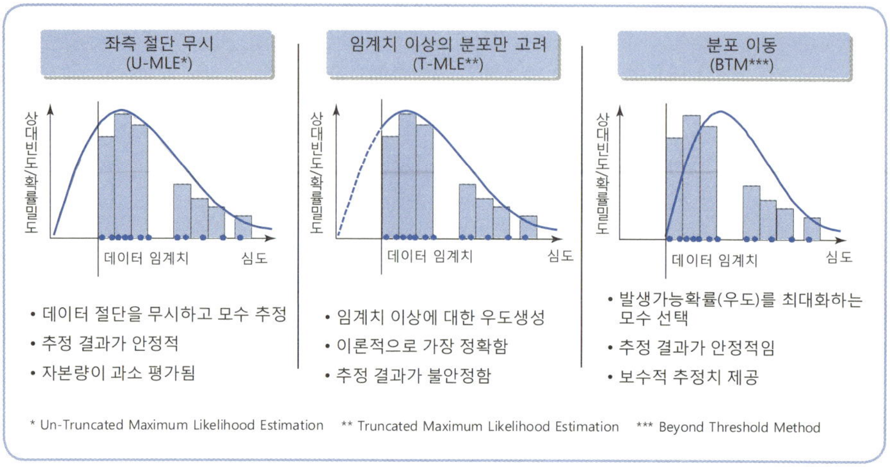

[그림 9-2]에서는 이러한 좌측 절단을 고려하기 위한 추정방법을 나타낸 것이다.

가장 통상적이며 이론적인 추정방법은 조건부 MLET-MLE를 사용하는 것으로 임계치를 조건으로 부여하여 우도함수를 추정하는 것이다. 이론적으로는 덜 우수하지만 편리한 다른 방식BTM: Beyond Threshold Method은 추정된 우도함수를 임계치 크기만큼 우측으로 이동시키는 방식이다. 특히, 외부 손실데이터에 대한 우도함수 값은 내/외부 손실자료의 임계치 차이를 고려하여 보정이 필요하다.

적합도검정(Goodness of Fitness Test: GoF)

그래프검정

① 확률밀도함수

확률밀도함수에 의한 적합도검정은 실제 데이터의 분포empirical distribution와 이론적으로 가정한 분포theoretical distribution의 확률밀도함수pdf나 누적 확률밀도함수cdf

의 그래프를 비교하는 방식이다. 즉, 실제 데이터 분포와 이론적으로 가정한 분포의 그래프가 유사하게 나타나면, 데이터가 연구자가 상정한 이론분포를 실제로 따른다고 간주한다.

구체적으로, 누적 확률밀도함수cdf에 의존하는 검정은 실제 자료 X_1, X_2, ⋯, X_N에서 얻어지는 실증적 cdfEmpirical cdf를 구하여 이론적 cdf와 비교하는 것으로, 크기순으로 배열된 N개의 자료에 대해 실증적 cdf는 다음과 같이 나타낼 수 있다.

$$E_N = \frac{n(i)}{N} \tag{9.5}$$

여기서, $n(i)$: X_i보다 작거나 같은 관찰치의 개수임.

이렇게 얻어진 실증적 cdf는 $1/N$씩 증가하는 계단함수step function의 형태를 가지는데, 실제 자료의 분포와 이론분포가 동일한지에 대한 적합도 검정은 실증적 cdf와 이론분포의 cdf의 모양을 비교함으로써 판단하게 된다.

[그림 9-3]에서 실제 손실자료의 cdf에 비해 대수정규분포는 대략 90% 수준부터①시점, 그리고 검블분포Gumbel는 96% 수준②시점부터 손실을 과소평가하는 것으로 나타나므로 실제 손실자료는 대수정규분포나 검블분포에 비해 두터운 꼬리를 가지는 분포로 판단된다.[3]

② Q-Q plot

Q-Q plotQuantile-Quantile plot은 분위수 그래프에 기반하여 적합도GoF를 검정하는 방식으로 기본적인 아이디어는 확률밀도함수에 의한 그래프 검정과 동일하다. 연속형 확률변수에 대한 분위수quantile는 다음과 같이 계산될 수 있으며, 특히 정

3 Moscadelli(2004)에 의하면, 소매금융 이외 다른 사업부문에서도 손실데이터가 대수정규분포나 검블분포에 비해서는 두터운 꼬리를 가지는 것으로 나타났으며, 이러한 결과는 통계적 검정법인 Kolmogorov-Smirnov검정이나 Anderson-Darling검정에서도 확인되었다.

그림 9-3 누적 확률밀도함수(cdf)에 의한 그래프 검정

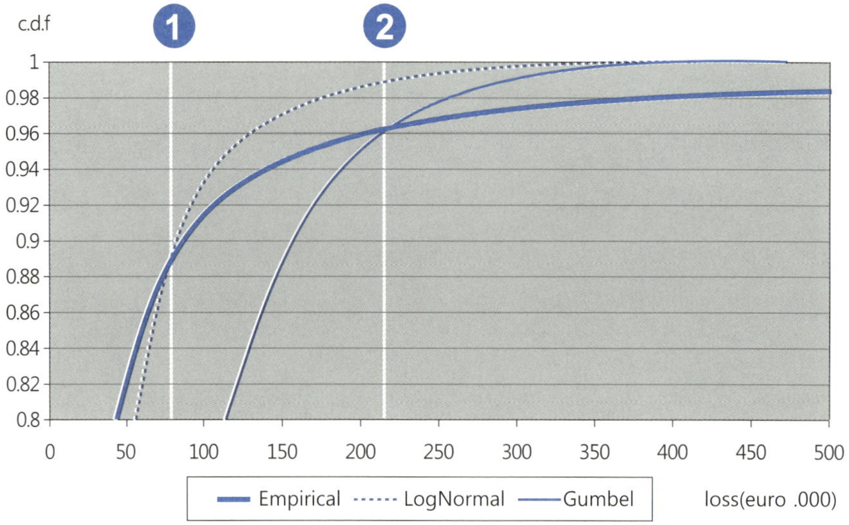

* X축은 손실크기(1,000유로 기준), Y축은 cdf값을 나타냄.
* 참고: 바젤위원회의 LDCE(2002), 소매금융의 손실데이터에 대해 대수정규분포와 검블분포(Gumbel)의 이론적 cdf를 비교한 그림.

규분포 등에 대해서는 확률 c에 해당되는 분위수를 쉽게 계산할 수 있다.

$$F(x) = \int_{-\infty}^{x} f(u)\,du = c$$

여기서, c-quantile은 확률변수가 x보다 작은 값을 취할 누적확률을 의미하며, 50%-quantile은 중위수(median)에 해당됨.

두 자료집합에 대해서 이러한 분위수를 각각 계산한 다음, X와 Y축에 대해 이러한 분위수 값을 나타내면 Q-Q plot을 만들 수 있다. 구체적으로, 표본크기가 N인 실제 자료를 순서대로 재배열하면, $X_1 < X_2 < \cdots < X_N$으로 나타낼 수 있으며, 이 데이터의 실제 cdf분포인 $F_N(X_j) = \dfrac{n(j)}{N}$에 대해 이론분포 F의 분위수 X_j를

비교해보는 것으로 Q-Q plot은 다음의 자료집합을 그림으로 표현한 것이다.

$$\left[X_j, F^{-1}\left(\frac{n(j)}{N}\right)\right]$$

여기서, $j=1, 2, \cdots, N$이며, $F^{-1}(\cdot)$는 실제 cdf의 역함수이며 분위수를 나타냄.

만약 실제 데이터와 이론분포가 유사하다면 Q-Q plot은 45도 선상에 위치하며, 이 기준선에서 많이 벗어날수록 두 분포는 상이한 모집단에서 추출된 것으로 간주할 수 있다.

통계적 검정

그래프에 의한 검정은 손실자료가 어떤 확률분포와 유사한지를 보여주는 간접적인 방법이고, 최종적인 결정은 통계적인 적합도검정GoF을 통해 수행되어야 한다. 실제 자료의 분포와 이론적으로 가정한 분포가 동일한 것인지를 검정하는 방식으로 Q-Q plot과 같은 그래프 검정방식들은 비교적 실행하기 편리하다는 장점을 가지고 있으나, 공식적인 검정통계량이 존재하지 않는다는 문제점을 가진다. 즉, Q-Q plot의 경우에 45도선에서 얼마나 벗어나야 실제로 두 분포가 다른 것인지를 평가할 수 있는 객관적인 기준이 존재하지 않는다.

이러한 문제를 해결하기 위해서는 공식적인 통계량을 통해 두 분포가 동일한지를 검정하는 방식이 필요한데, 적합도 검정방법으로는 콜모고로프-스미노프KS: Kolmogorov-Smirnov 검정, 앤더슨-달링AD: Anderson-Darling 검정, 크래머-폰 미제스CVM: Cramer-Von Mises 검정, 우도함수 검정AIC: Akaike Information Criterion, SBC: Schwartz Bayesian Criterion 등을 활용할 수 있다. KS검정이나 AD검정은 기본적으로 이론분포의 누적확률밀도함수cdf와 실제 자료의 누적확률밀도함수cdf를 비교하는 거리검정distance test으로, 이러한 통계적 검정을 위해서는 이론분포에 대한 모수추정이 선행되어야 하므로 충분한 수의 데이터가 요구된다.

① KS검정

KS검정Kolmogorov-Smirnov test은 표본의 자료가 특정 분포의 모집단에서 나온 것인지를 검정하기 위한 통계적인 방법으로 다음과 같은 가설을 검정하는 것이다.

- H_0: 자료가 특정 이론분포예: 정규분포를 따름
- H_a: 자료가 특정 이론분포를 따르지 않음

표본크기가 N인 경우, 위 가설을 검정하기 위한 KS검정통계량은 다음과 같다.

$$D = \max\left| F(X_j) - \frac{n(j)}{N} \right| \tag{9.6}$$

여기서, $F(X_j)$는 이론적인 cdf이며, $\frac{n(j)}{N}$는 식 (9.5)에서와 같은 실증적 cdf임.

위 식의 아이디어는 cdf값 차이의 절대값을 계속 구해서 최대거리maxi-mum distance에 대한 검정통계량을 계산하는 것이므로 KS검정통계량은 이론분포의 확률값과 대응되는 실제 분포의 확률값 사이의 최대거리를 의미하는 것이다. 자료가 이론분포를 따른다는 귀무가설은 검정통계량 D가 특정 신뢰수준예: 95%하에서의 임계수준critical value보다 크면 기각된다. 즉, D로 표시되는 이론분포와 실증분포 사이의 최대거리가 크면 클수록 이론분포와 실증분포는 상이한 것으로 간주된다.

KS검정은 검정통계량이 이론적인 가설분포를 어떤 분포대수정규, 지수분포 등로 설정했는가에 따라 변하지 않으며, 표본크기에 의존하지 않는다는 장점을 가지는 반면, 꼬리부분보다는 관찰치가 많은 분포의 중앙 근처의 차이distance에 민감하다는 단점을 가지고 있다.

② AD검정

AD검정Anderson-Darling test은 실제 자료가 특정 이론분포로부터 나온 것인지를

판별하기 위한 통계적인 검정으로 KS검정과 마찬가지로 '거리검정법' distance test 이다. AD검정은 꼬리부분에 가중치를 더 부여함으로써 KS검정의 단점인 꼬리부분 분석의 한계를 보완할 수 있다. AD검정에서 귀무가설과 대립가설은 KS검정과 동일한 형태이며, 가설검정을 위한 AD검정통계량은 다음과 같이 나타낼 수 있다.

$$AD = -N - S \tag{9.7}$$

여기서, $S = \sum_{i=1}^{N} \frac{1-2i}{N} [\ln F(X_i) + \ln(1 - F(X_{N+1-i})]$임.

위 식에서 cdf값은 오름차순 $F(X\ )$과 내림차순 $F(X_{N+1-j})$으로 각각 계산되며 대수변환후 합산되는데, $[\cdot]$앞에 곱해져 있는 $-\frac{1}{N}, -\frac{3}{N}, \cdots, -\left(2-\frac{1}{N}\right)$가 꼬리부분의 가중치를 늘리는 역할을 하게 된다. 이렇게 계산된 AD통계량이 특정 임계치보다 크면 귀무가설은 기각되는데, 이는 실제 자료의 분포가 이론분포와 동일한 모집단에서 추출된 것이 아님을 의미한다.

KS검정에서는 임계치가 특정 분포에 의존하지 않는다는 점에서 "Distribution free"이지만, AD검정은 임계치가 이론적으로 가정한 특정 분포에 의존한다는 단점이 존재한다. 따라서 꼬리부분에 대해 더욱 민감한 검정이라는 장점이 있는 반면에, 각 이론 분포에 대해 임계치를 따로 계산해야 하며 KS검정과 마찬가지로 연속형 확률분포에 대해서만 실행할 수 있다는 단점이 존재한다.[4] 그러나, 운영리스크 측정에서는 극단적인 손실을 나타내는 꼬리부분의 분포적 특징이 중요하므로 이러한 점을 고려한다면 AD검정의 유용성이 높다고 평가할 수 있다.

③ AIC & SBC

우도함수 likelihood function를 이용한 적합도 검정방법에는 AIC Akaike Information Criterion

4 임계치를 각각 계산해야 한다는 단점은 그다지 심각한 것은 아니다. 왜냐하면 각 분포의 임계치가 크게 차이가 나지 않기 때문인데, 예를 들어, 대수정규분포, Gumbel분포, Weibull분포에 대한 AD검정의 임계치는 소수점 세자리 이하에서만 상이할 뿐이다. 한편, AD검정법은 특정 분포(감마분포)에 대해서는 임계치가 알려져 있지 않으므로 감마분포에 대해서는 적용할 수 없다는 한계가 있다.

와 SBCSchwartz Bayesian Criterion 두 가지 검정이 존재하는데, 이들은 우도함수값(l)과 추정해야 하는 모수의 수(k)에 기초하여 추정의 적합도를 평가하려는 방법이다. 일반적으로 우도함수값이 높을수록 추정은 잘 되었다고 평가될 수 있지만, 너무 많은 모수를 추정하게 되면 자유도Degree of Freedom가 낮아져 추정의 신뢰성이 낮아지게 된다. 따라서 모수절약의 원칙parsimony principle에 의거하여 적은 수의 모수추정을 통해 우도함수값을 크게 만드는 경우에 추정의 적합도가 높다고 간주할 수 있다.

$$AIC = \frac{-2l}{N} + \frac{2k}{N}$$

$$SBC = \frac{-2l}{N} + \frac{k \cdot \log N}{N}$$

여기서, l: 대수우도함수값이며, k는 추정해야 하는 모수의 수를 나타냄.

위 식에 의하면, 우도함수값이 클수록 AIC와 SBC가 낮게 되므로, 그 경우에 상대적으로 적합도가 높다고 평가할 수 있다.

참고 9.2 AD^2up 검정(Quardratic Upper tail AD test)

AD통계량이 양쪽 꼬리 모두 동등한 비중을 두는 반면, AD^2up통계량은 Op VaR 산출과 관련된 오른쪽 꼬리에 더 높은 비중을 두는 특징을 가진다.

$$AD^2up = n\int_H^\infty \frac{(F_n(x) - F(x))^2}{(1 - F(x))^2} dF(x)$$

한편, AD^2up 검정통계량의 신뢰수준에 따른 임계치는 다음과 같다.

신뢰수준	검정통계량 임계치
90%	16.498
95%	28.473
99%	112.243

그림 9-4 최적 심도분포 선택절차 예시

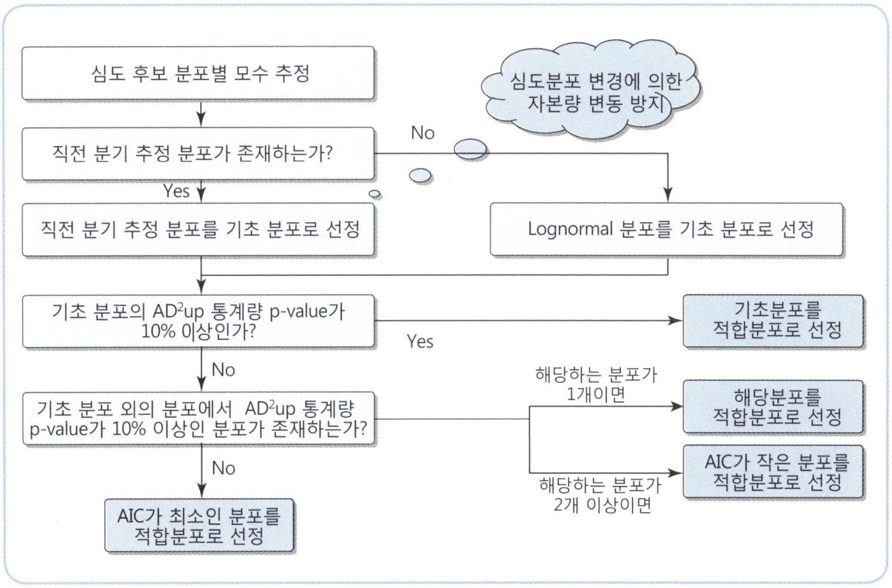

아래는 국내 은행에서 실제로 사용하고 있는 심도분포 선정절차를 예시적으로 설명하는 것이다. 심도분포를 AD^2up 검정법Quardratic Upper-tail AD Test과 AIC 통계량을 이용하며, 선택 원칙은 다음과 같다.

a. 직전 분기 추정분포가 존재하는 경우 해당 분포의 사용 여부를 AD^2up로 판단함: 직전 분기 추정분포가 존재하지 않는 경우 대수정규분포 사용
b. 직전 분기 추정분포가 사용하기 어렵다고 판단되는 경우, AD^2up와 AIC를 이용하여 적합한 분포를 선택(1차 조건) AD^2up에서 사용 가능하다고 판단된 분포(2차 조건) AIC 기준으로 가장 적합하다고 판단된 분포

분포 통합 및 집계화

분포 통합

심도분포와 빈도분포를 통합하여 손실분포의 생성을 위해서는 분석적 방법Panjer 방식과 시뮬레이션 방법몬테칼로 시뮬레이션이 사용될 수 있으나, 주로 몬테칼로 시뮬레이션이 사용되고 있으며, 이는 다음과 같은 절차에 따라 진행된다.[5]

① 빈도분포에서 난수random number를 하나 추출함

② 추출된 난수에 해당되는 횟수의 손실금액을 심도분포에서 추출함

③ 1회 손실크기는 심도분포로부터 추출된 손실금액을 합해서 산출

④ 위 과정을 정해진 횟수예: 100,000번만큼 반복하여 손실분포를 생성시킴

이러한 시뮬레이션 절차를 통해 각 셀별로 손실분포를 생성할 수 있으며, 분포의 99.9퍼센타일에 해당되는 값을 Op VaR로 산출할 수 있다.

집계화 방법론

집계화방법aggregation method은 개별 측정단위예: 셀별로 생성된 손실분포 또는 Op VaR를 전사 차원으로 '통합'aggregation하는 방법을 의미하며, 이를 위해서 완전상관perfect correlation을 가정하는 단순합 방식과 통계적으로 정확한 상관성 구조dependent structure를 파악하기 위해 다변량 확률분포를 생성시키는 코플라함수copula function를 활용방식이 존재한다.[6]

① 단순합에 의한 방법

단순합simple sum에 의한 집계화는 개별 측정단위에서 손실분포접근법에 의해

5 Panjer 방법은 진동수영역(frequency domain)에서의 스펙트럼 분석을 통해 확률분포를 통합하는 방식으로 UFJ Financial에서 사용하는 분포 통합 방식으로 알려져 있다.

6 셀별 Op VaR를 집계화하기 전에 각 셀별로 영업환경/내부통제요인(BEIC)에 의한 자본량 조정, 보험경감 등을 적용할 수 있다.

도출된 손실분포들이 완전상관되어 있다고 가정하고 전체 Op VaR를 계산하는 방법이다. 단순합에 의한 Op VaR의 산출은 통합 대상이 되는 개별 측정단위의 99.9퍼센타일에 해당되는 값을 모두 합하는 방식이다.

② Copula함수에 의한 방법

전사 Op VaR를 산출하는 두 번째 방식은 코플라함수를 사용하여 상관성 구조를 파악하는 방법이다. 금융그룹의 사업영역이나 손실사건유형 사이에 완전상관은 아니지만 일정한 양+의 상관성이 존재하며, 이를 고려하지 않고 산출되는 Op VaR는 정확하지 못한 추정치로 간주될 수 있다. 하지만, 손실데이터의 부족 및 분포 형태의 차이 등으로 인해 이러한 상관성 구조를 기존 선형 상관계수correlation coefficient로 파악하는 것은 어렵다. 이론적으로 코플라함수는 단변량 확률분포의 종류만큼이나 다양하지만, 대략 타원형 코플라Elliptical copula와 아키메디

| 표 9.3 | 바젤위원회 LDCE(2009) 조사결과: 상관성 반영 방법

〈상관성 측정 대상 자료〉

구분	은행 수*	비율
전문가 판단	17	40%
내부 손실 자료	15	36%
외부 손실 자료	7	17%
시나리오	4	10%
미반영	12	29%

✔12개(29%) AMA은행은 상관성을 반영하지 않음.
- 일본의 6개(86%), 호주의 3개 은행(60%)은 미반영

✔다수의 북미 은행들(6개, 60%)은 외부손실자료를 활용하여 상관성 평가

〈상관성 반영 방법〉

구분	은행 수*	비율
코플라(Copula)	18	43%
Gaussian	15	36%
t-copula	4	10%
Zero copula	1	2%
상관계수 행렬	7	17%
기타	13	31%

✔다수의 은행(43%)이 코플라 함수를 이용하여 상관성 반영
- Gaussian copula, t-copula, Zero copula 등이 사용되며,
- Gaussian copula의 활용도가 가장 높음(36%)

* 조사 대상 AMA 은행 42곳(유럽 20개, 북미 10개, 일본 7개, 호주 5개), 중복 선택.

안 코플라Archimedean copula로 구분가능하다. 타원형 코플라함수에는 Normal copula, t-copula 등이 포함되며, 이는 시뮬레이션 등이 쉽다는 장점을 가지고 있으나, 다변량 대칭형 분포로 극단적인 결합손실을 표현하기 어렵다는 단점을 가지고 있다. 한편, 아키메디안 코플라함수는 비대칭성 등 다양한 형태를 표현할 수 있으며, 여기에는 Frank copula, Clayton-Cook-Johnson copula, Gumbel-Hougaard copula 등이 포함된다. 코플라함수를 사용하는 방식은 개별 셀들의 상관성을 통계적인 방식으로 고려하여 Op VaR를 계산하는 것으로 이론적으로 정확하고 모형화로 인한 편의를 줄일 수 있다는 장점이 있으나, 계산과 구현이 용이하지 않다는 단점이 존재한다.

아래 LDCE2009의 조사결과를 보면, 글로벌 금융그룹의 경우 전사적 운영리스크 자본량 산출을 위하여 상관성을 반영하고 있으며, 반영방법은 전문가 판단이나 Copula 방법에 의존하는 것으로 확인된다. 동 조사에 의하면, AMA 적용 금융그룹 중 상관성을 반영하는 회사 중 43%가 Copula함수를 사용하는 것으로 알려져 있다.

9. 2 시나리오 분석에 의한 Op VaR 산출

시나리오 Op VaR 산출절차

시나리오 VaR는 시나리오 평가결과를 이용하여 빈도/심도분포를 추정하는 시나리오 손실분포법(LDA)을 이용한다.

① 시나리오별 개별 평가자의 평가결과를 평균하여 분포 및 모수추정에 이용함

그림 9-5 시나리오 빈도모수 추정 예시

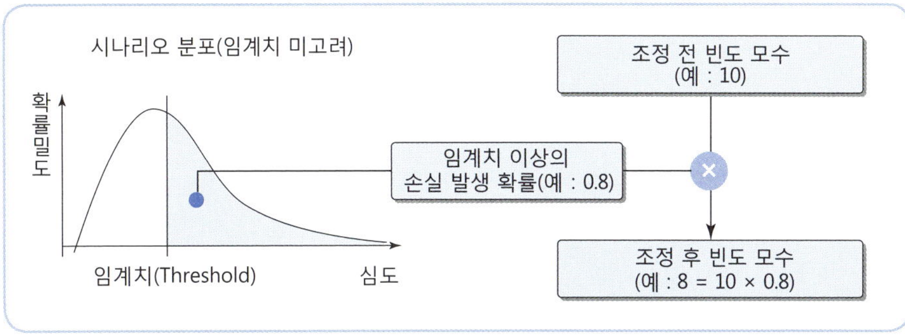

② 측정단위

- 시나리오 VaR는 [업무영역×손실사건유형]을 기본단위로 산출함
- 시나리오 빈도분포는 포아송분포를 가정하고 빈도평가치의 결과를 이용하여 모수를 추정한다. 즉, 각 시나리오별 연 평균발생빈도를 포아송분포의 모수 λ로 가정하며, 추정된 빈도모수는 0원 이상의 손실에 대한 발생빈도이므로, 임계치를 고려하여 조정해야 한다.

③ 빈도모수 조정의 필요성

- 시나리오 평가결과는 0원 이상의 손실에 대한 평가치임
- 손실 LDA에서는 임계치100만원 이상 손실의 발생빈도를 추정하므로, 기준 통일이 필요

④ 빈도모수 조정절차

- 시나리오 평가결과0원 이상의 손실에 대한 평가치에 대하여 빈도모수 추정
- 추정된 빈도모수를 임계치 이상에서 손실이 발생할 경우의 확률로 조정

$$\lambda_{adj} = \lambda \times (1 - F(H_{int}))$$

λ: 조정 전 빈도모수

λ_{adj}: 조정 후 빈도모수

H_{int}: 내부 손실자료의 임계치(100만원)

F: 임계치를 고려하지 않은 시나리오 심도분포의 누적 확률밀도함수

심도분포

① 시나리오 심도분포의 가정

② 시나리오 심도분포는 내부 손실데이터의 분포를 따르며, 내부 손실데이터의 분포가 없는 경우 대수정규분포를 가정함

③ 시나리오 심도모수의 추정

시나리오별 평균 손실금액TS: Typical case Severity을 심도분포의 평균으로, 심각 손실금액WS: Worst case Severity을 심도분포의 99%-tile로 가정한다. 시나리오 분포로 가정된 심도분포는 두 개의 모수로 구성된 분포이므로 2개의 모수에 대한 연립 방정식의 해를 수치적으로 구하여 모수를 역산할 수 있다.

그림 9-6 시나리오 심도분포 가정 예시

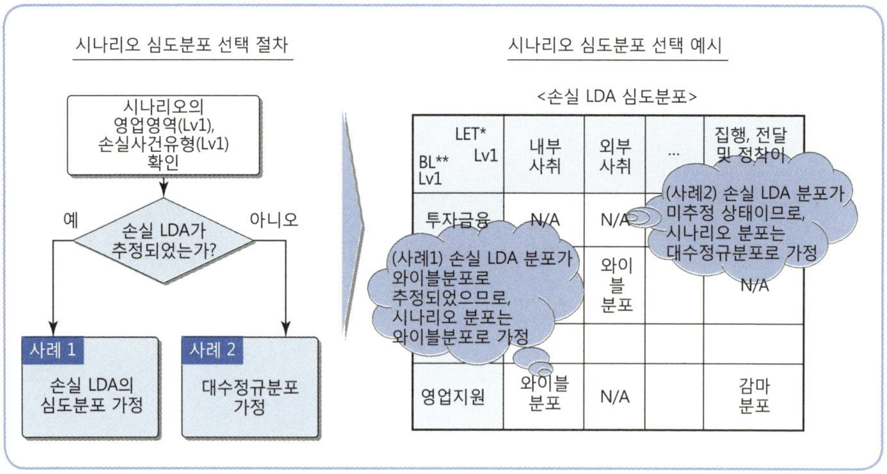

④ 시나리오 심도분포의 조정

손실 LDA의 분포적합 시 좌측절단을 고려하므로 논리적 일관성 확보를 위하여 시나리오 분포도 이를 고려하여야 함

참고 9.3 **심도모수 추정 예시**

시나리오 심도분포로 대수정규분포 가정: 대수정규분포 가정 시 추정해야 하는 모수

- μ: 위치모수(Location Parameter)
- σ: 척도모수(Scale Parameter)

□ 대수정규분포의 평균식과 99%-tile 식

- 평균식: $\exp\left(\mu + \frac{\sigma^2}{2}\right)$
- 99%-tile 식: $\exp(\mu + \sigma Z^{-1}(0.99))$

□ 연립방정식

$$\begin{cases} \exp\left(\mu + \frac{\sigma^2}{2}\right) = \text{평균 손실금액}(TS) \\ \exp(\mu + \sigma Z^{-1}(0.99)) = \text{심각 손실금액}(WS) \end{cases}$$

□ 수치최적화

$$\begin{cases} \mu = \ln(WL) - Z^{-1}(0.99)\sigma \\ \sigma = Z^{-1}(0.99) - \sqrt{(Z^{-1}(0.99))^2 + 2 \times \ln(EL/WL)} \end{cases}$$

여기서, Z^{-1}는 표준정규분포의 역함수를 의미함

9. 3 Op VaR의 정성적 조정방법

BEIC에 의한 조정

정성적 자본량 조정은 Op VaR 산출시점으로부터 시간이 지남에 따라 변동하는 영업환경 및 내부통제BEIC: Business Environment & Internal Control을 반영하기 위해 이러한 요인들을 계량화하여 산출된 Op VaR를 사후적으로 조정해 실제 리스크에 민감하게risk sensitive 만들어 주는 절차를 의미한다.

그러나, 이와 관련하여 전 세계적으로 정성적 자본량 조정에 대한 일반화된 방법은 존재하지 않는다. 다만, 대체로 KRI, RCSA 결과 및 내부감사 결과 등을 활용하여 점수를 산출하고 이 점수를 이용하여 Op VaR를 조정하는 형식이 주류를 이루고 있는 것으로 보여진다.

국내 은행권은 크게 두 가지 타입으로 구분되는데, BEIC에 의한 조정이 이미 시나리오 평가 시 반영되었으므로 추가적으로 반영할 필요가 없다는 입장과 시나리오에 충분히 반영되기 어렵기 때문에 독립적으로 반영해야 한다는 입장이다. 물론 전자는 BEIC에 의한 조정을 따로 수행하지 않으며, 후자의 경우에서는 정성적 조정의 이중계상double counting의 문제가 존재할 수 있다. 예를 들어, 시나리오 분석 과정에서 반영된 RCSA 결과를 다시 BEIC에 의한 자본량 조정에 사용하는 것은 고급측정법 4요소의 이중계상에 해당될 수 있기 때문이다. 그러므로 후자의 은행들 경우에 시나리오 분석이 연 2회 실시된다면, 시나리오 분석결과가 최초로 반영되는 자본산출 분기에는 이중계산 문제를 방지하기 위해 질적 조정을 수행하지 않는 등의 방식을 적용하고 있다.

이러한 방식의 자본산출 및 자본조정 주기는 아래와 같다.

즉, 시나리오 분석이 시행되는 분기에는 BEIC에 의한 자본량 조정 없이 산출되고 시나리오 분석이 실시되지 않은 2/4 및 4/4 분기에는 자본량 조정을 수행하는 것이다.

조정의 범위 및 단위

BEIC에 의한 자본량 조정은 RCSA 결과 및 KRI 추세를 통하여 간접적으로 현재의 운영리스크 변화를 고려하는 것이다. 그러나 이러한 자본량 조정에 대해서 제한범위를 두지 않을 경우, RCSA 및 KRI 변동에 의해 운영리스크 자본량이 크게 변화할 수 있다는 우려가 존재한다. 물론 이러한 변화가 AMA 방식의 기본 특성인 리스크 민감도를 나타낸다고 해석될 수도 있으나, 금융회사에 내재된 운영리스크가 비즈니스 혹은 프로세스의 변화 없이 3개월이라는 짧은 시간 동안 크게 변화한다는 것은 문제가 있다. 이러한 점을 감안할 때, BEIC에 의한 자본량 조정에는 제한범위를 두는 것이 바람직하다고 할 수 있다.

우선, 글로벌 금융그룹의 사례를 검토해보도록 하자.

- Bank of America BOA: RCSA 결과를 활용하여 사후적으로 자본조정을 실시하며, 10~25% 사이에서 자본량을 조정함
- JP Morgan Chase & Citigroup: RCSA, KRI, Audit score 등을 활용하여 사후적으로 자본조정을 실시하며, 제한범위는 알려져 있지 않음

대부분의 글로벌 금융그룹들이 사후적 자본조정을 실시하고 있으며, 제한 범위는 −10%~25% 정도인 것으로 알려져 있다. 이러한 점을 감안하여, 국내 은행들은 −10%~+10%의 범위 안에서 자본량 조정을 수행하고 있으며, 이는 Basel Ⅱ에서 최대 보험경감 범위가 20%이므로 이를 초과하기는 어렵다고 판단했기 때문이다.

아래는 국내 은행권에서 수행하고 있는 BEIC에 의한 자본량 조정방법에 대해 예시적으로 설명한 것이다.

RCSA 결과에 의한 조정

RCSA 결과를 활용하여 자본량 조정을 실시하는 방식은 기본적으로 시나리오 분석이 수행된 시점을 기준치로 하여 조정을 수행하게 되며, 통제점수의 변화를 기반으로 산출하게 된다. 통제점수control score는 통제효과 평가와 통제 준수도 평가의 두 부분으로 구성되어 있다. 통제효과란 통제가 효과적으로 잘 설계되었는지에 대한 평가로 1~5등급으로 나누어 통제구조가 잘 설계되어 있을 경우 높은 등급을 부여한다. 통제 준수도는 설계되어 있는 현재의 통제가 실제적으로 얼마나 잘 지켜지고 있는지를 평가하는 항목이며 통제효과와 마찬가지로 1~5등급으로 나누어져 있다. 통제점수는 통제효과의 평가등급과 준수도의 평가등급을 곱하여 산출한 값으로 1점부터 25점까지의 범위를 갖게 된다. 통제가 잘 설계되어 제대로 지켜지고 있다면 점수가 높게 산출될 것이며, 손실을 효과적으로 감소시키고 있다는 판단을 할 수 있을 것이다.

그 구체적인 방식은 아래와 같다.

- 개별 통제점수 산정방식: 통제효과×준수정도
- 개별 조정비율 산정: (당기 통제점수/기준치 통제점수)−1
- 제한범위의 적용: 개별 조정비율은 ±2.5%의 제한범위를 가지고 있음조정비율이±2.5% 초과 시±2.5%로 한정함.
- 사업부문 혹은 내부 수익부서별 조정비율의 산출: 사업부문 혹은 내부수

의 부서별 조정비율은 해당 부서에 속하는 개별 조정비율의 평균으로 산출함.

KRI에 의한 조정

KRI 역시 기준치 대비 당기의 변화율을 이용하여 조정비율을 산출하게 된다. 여기서 기준치는 가장 최근 시나리오 분석을 실시한 분기의 KRI값이 된다.

구체적으로 KRI를 활용하여 조정비율을 산정하는 방식은 아래와 같다.

① KRI 선정

KRI에는 산출주기가 일/월/분기 등이 있으므로, 분기별로 산출되는 KRI는 분기 값을 사용하고 월/일로 사용되는 것은 3개월 치 평균을 사용

② 개별 조정비율 산정

(당기 값/기준치 값)－1

③ 방향성의 적용

- 개별조정 비율×방향성1 또는 －1
- 방향성이라는 것은 해당 KRI가 증가하는 것이 긍정적인지, 감소하는 것이 긍정적인지를 나타내는 값임. 가령 '직원 근속연수'와 같은 KRI는 직원의 숙련도를 나타냄으로써 근속연수가 증가할수록 손실사건 발생이 적을 것으로 가정하여 도출된 KRI라면 이 값이 증가할수록 위험이 줄어들게 되므로 리스크량을 감소시켜야 함. 따라서 이 경우는 방향성이 －1이 됨.

④ 제한범위의 적용

개별 조정비율은 ±2.5%의 제한범위를 가지고 있음조정비율이 ±2.5% 초과 시 ±2.5%로 한정함.

⑤ 사업부문 혹은 내부 수익부서별 조정비율의 산출

사업부문 혹은 내부수익 부서별 조정비율은 해당 부서에 속하는 개별 조정비율의 평균으로 산출함.

참고로 개별 조정비율에 대해서 제한범위를 적용하는 것은 일부 변화가 큰 KRI에 의해 해당 사업부문 혹은 수익부서의 조정비율이 왜곡되는 현상을 막기 위해서이다.

이러한 국내 은행권의 BEIC 조정방안에 대하여 금융감독원은 AMA 승인과정에서 다음과 같은 문제를 제기한 바 있다. 첫째, 조정 폭예: -10~20%에 대한 근거가 미흡하고, 둘째, 평가항목RCSA, KRI 등에 대한 가중치에 대한 근거가 부족하다는 점을 지적한 바 있다.

보험에 의한 조정

보험에 의한 리스크경감이란 금융회사가 보험에 가입함으로써 운영리스크를 경감하는 것을 의미한다. 보험에 의한 리스크 이전Risk Transfer은 그 자체적으로 리스크를 통제하는 역할을 하지는 못하나, 실제적인 리스크의 회피나 방어 혹은 경감을 위한 것이다. 고급측정법은 필요자본량 산출시 보험에 의한 운영리스크 경감효과를 20%까지 경감할 수 있도록 하고 있다.

여기서는 운영리스크관리 측면에서 보험의 역할과 자본량 경감에 관한 규제요건 등에 대하여 설명하고, 보험에 의한 리스크 경감효과를 자본량 차감에 반영하는 방식에 대하여 국내 은행의 사례를 예시적으로 설명할 것이다.

보험은 주로 발생빈도가 낮은 심각한 손실사건들 또는 통제가 어려운 외부요인에 의한 리스크를 이전하는 데 주로 사용되는데, 보험을 효과적으로 이용함으로써 금융회사는 동일한 보유 자본량으로 보다 큰 리스크를 흡수할 여력을 가지게 된다.

보험경감에 대한 규제요건

다음의 요건을 충족하는 경우에 한하여 보험으로 보장된 부분에 대해 리스크 경감효과를 인정받을 수 있다.

① 보험회사의 지급능력 등급이 'A'이거나 이에 준하는 등급 이상일 것

운영리스크 고급측정법 세부지침

Basel II에서의 "보험회사의 최소 지급능력 등급이 A등급"의 의미는 국제적인 신용평가기관(예: S&P, Fitch, Moody's)의 A등급을 의미함 다만, 동 등급에 준하는 등급도 동일한 지급능력을 보유한 보험회사로 간주할 수 있으므로 이에 대한 세부 기준은 추가로 제시될 예정임

② 보험잔존기간 90일 이상

운영리스크 고급측정법 세부지침

운영리스크 VaR값의 Time horizon이 1년인 점을 감안할 때, 보험상품으로 인한 리스크 경감효과를 100% 인정받기 위해서는 보험상품의 잔존만기가 최소 1년 이상이어야 함 따라서 잔존만기 1년 미만 보험에 대해서는 원칙적으로 다음과 같은 경감효과 차감률을 적용함 $0 \leq RT \leq 90$, $HC = 100\%$ $91 \leq RT \leq 364$, $HC = (365 - RT)/275 \times 100(\%)$ RT(Residual Term): 보험의 잔존만기(일수) HC(Haircut Ratio): 보험에 의한 리스크 경감효과의 경감률(%) 다만, 일반적인 업계 관행으로 1년 만기 보험이 계속적으로 재계약되는 경우 당해 은행이 보험 재계약이 거의 확실시된다는 사실을 약관 특별조항 등으로 입증하는 경우에는 리스크 경감을 인정할 수 있음

보험증권의 최초 계약기간이 1년 이상이어야 하며, 잔존기간이 1년 미만일 때는 잔존기간에 따라 자본량 경감금액이 줄어들게 해야 한다는 조항이다. 이는 자본량이 1년 기준으로 계산되는데, 보험 잔존기간이 이와 맞지 않을 경우 생기는 기간의 불일치를 고려하기 위해 도입된 것이다. 그러나, 대부분의 보험이 1년 단위로 계약되므로 이 같은 기준은 보험계약 직후부터 자본량 경감금액이 줄어들게 될 뿐 아니라 자본량 산출시점에 따라 자본량이 크게 달라질 수 있

음을 의미하기 때문에 위와 같이 "보험 재계약이 거의 확실시된다는 사실을 입증하는 경우" 인정하고 있다. 물론 이는 은행이 보험약관 등을 통하여 설명할 수 있어야 한다.

③ 최소 사전통지기한 90일 이상

운영리스크 고급측정법 세부지침

국내 상법상 유효한 계약취소의 사전통지기간이 60일임에도 불구하고 리스크 경감을 인정받기 위해서는 보험약관상 90일 이상으로 명시하여야 함

보험 계약취소 90일 前에는 사전통보를 해야 한다는 기준으로 보험 보장의 불확실성과 관련된 조항이다. 현재 일반적으로 보험사에서 일방적으로 보험을 취소하는 경우 60일 전 통보가 대부분이며 개별 보험약관에 따라 15일인 경우도 있다. Basel Ⅱ 하에서 보험을 이용한 자본량 경감을 위해서는 이러한 조항이 90일로 연장되어야 하다.

④ 배제조항 및 제외조항 여부

보험약관이 감독당국의 조치벌금, 과태료 등을 제외에 의한 손실이나 청산인, 채권자의 행위청산절차 후 일어난 손실 제외에 대해 제한을 가지면 안 된다고 명시한 것이다.

이는 일반적으로 보험들이 벌금, 과태료 등에 대해서는 보장을 해주지 않고 있으며Moral Hazard Issue, 청산절차에 들어가면 바로 보험이 해지되는 시장 상황을 반영한 것이다.

⑤ 보험으로 인한 리스크 경감효과와 손실분포 산출의 일관성 확보

운영리스크 고급측정법 세부지침

보험 보상범위와 운영리스크 손실 간의 관련성은 보험에 의한 리스크 경감의 유효성을 결정짓는 중요한 요소이므로 은행은 이에 대한 적절한 판단기준을 마련하고 감독당국에게 이를 입증하여야 함

관련성 판단을 위해 보험약관을 점검하는 방법 외에 발생한 손실사건의 실제 보험정보(보험회수, 수령정보 등)를 분석하여 판단하는 방법이 있음

보험을 통해 자본량을 경감하기 위해서는 보험으로 보호되는 범위가 실제 손실이 일어날 확률이나 손실금액을 계산하는 방식과 일관성 있는 방법으로 투명

표 9.4 보험경감 관련 공시요건

<table>
<tr><th>대상</th><th>공시요건</th><th>내용</th><th>관련 할인율</th></tr>
<tr><td rowspan="6">개별
보험
약관</td><td>가입된 보험회사의 신용등급 및 등급 부여 신용평가기관</td><td>(하나의 상품에 여러 개의 보험사 포함 가능)
－보험사 명
－신용평가회사
－신용등급</td><td></td></tr>
<tr><td>보험약관상 최초 계약기간 및 잔존기간, 기간에 따른 리스크 차감액</td><td>－최초 계약기간
－현재 계약기간
－기간에 따른 리스크 경감액</td><td>(1) 보험약관의 1년 미만 잔존만기
(2) 보험약관의 1년 미만 계약취소 조건</td></tr>
<tr><td>보험약관상 보상 배제 조항이나 제한 조항</td><td>－제외조항 여부
－보험 약관 중 보상제외 대상</td><td></td></tr>
<tr><td>보험의 보상범위와 은행의 운영리스크 손실 발생가능성 및 손실영향과의 일관되고 투명한 관계를 객관적으로 증빙할 수 있는 내용</td><td>－약관 중 보상대상 내용 (사건유형과 매핑)
－해당 보험의 지급 선례
－손실분포 생성 시 경감 요소를 반영하는 문서화된 방법</td><td>(3) 보험금 지급의 불확실성
(4) 보장내용과 실제 운영리스크 손실 익스포저와의 불일치</td></tr>
<tr><td>보험회사의 지배구조</td><td>보험사의 독립성 여부</td><td></td></tr>
<tr><td>갱신 및 취소 조건</td><td>보험계약의 갱신 및 취소 조건 명시</td><td>(1) 보험약관의 1년 미만 잔존만기</td></tr>
<tr><td rowspan="2">리스크
경감절차/
결과</td><td>보험에 의한
리스크 경감 절차</td><td>보험에 의한 자본 경감량을 결정하는 절차
－운영리스크 관련 보험약관 조사
－경감 적용 기준 만족하는 보험 추출
－보험(약관)의 사건유형 매핑
－경감 반영요소 추정
－경감 리스크량의 결정</td><td></td></tr>
<tr><td>보험에 의한
리스크량 경감 내역</td><td>－보험 경감 전 리스크량
－보험 경감 후 리스크량
－최종 리스크량</td><td></td></tr>
</table>

하게 반영되어야 한다는 것이다. 이는 보험약관의 리뷰뿐 아니라 실제 데이터로서 분석하여 판단하는 방법이 필요하다.

⑥ 보험회사의 독립성

운영리스크 고급측정법 세부지침

보험회사가 은행의 자회사이거나 동일계열인 경우 은행의 도산위험으로부터 절연되지 않아 보험금 지급가능성 및 규모가 제한될 수 있으므로 위험 경감효과 불인정

실질적으로 노출된 위험을 독립적인 제 3 자에게 이전하기보다 동일 계열사인 보험회사로 이전하는 경우가 존재하고 있으나, 이는 그룹 전체의 리스크 특성 자체를 바꿀 수 없으므로 이러한 보험을 리스크 경감에 이용하는 것을 제한하기 위한 기준이다.

⑦ 보험에 의한 리스크 경감방법의 합리성과 문서화

보험에 의한 자본량 경감을 하기 위해서는 합리적 근거를 가지고 동 내용을 문서화해야 하며, 이러한 내용을 공시해야 한다는 조항이다.

⑧ 경감에 사용하는 보험에 대한 공시

운영리스크 고급측정법 세부지침

보험에 의한 리스크 경감은 고급측정법을 적용하는 은행에게만 허용되는 것으로써 이에 대한 요건 충족여부를 확인할 수 있도록 다음과 같은 예시사항을 공시하는 것이 바람직함

- 가입 보험회사의 신용등급 및 등급 부여 신용평가회사
- 보험약관상 최초 계약기간 및 잔존기간, 기간에 따른 리스크 경감액
- 보험약관상 보상 배제조항이나 제한조항
- 보험의 보상범위와 운영리스크 손실 발생가능성 및 손실영향과의 일관되고 투명한 관계를 객관적으로 증빙할 수 있는 내용
- 보험회사의 지배구조
- 보험에 의한 리스크 경감절차
- 갱신 및 취소조건
- 보험에 의한 리스크량 경감내역

자본량 경감에 이용하는 개별 보험상품에 대해 다음의 정보를 공시해야

한다.

⑨ 자본량 경감 시 경감률

운영리스크 고급측정법 세부지침

은행은 보험금의 지급규모 및 가능성을 낮출 다양한 요소를 고려하여 보험에 의한 경감액을 산출하여야 함

은행은 보험에 의한 경감액 산출시 보험금의 지급규모 및 가능성을 낮출 다음과 같은 다양한 요소들을 고려하여 보수적으로 접근하여야 함

– 잔존만기, 계약취소 조건, 보험금 지급의 불확실성, 보장내용과 불일치, 보험금 지급시 분쟁 발생 가능성 등

– 은행은 보험계약의 적절한 지급 선례가 있다는 것을 보여주는 등 보험에 의한 경감액 산출이 보수적으로 접근되었다는 것을 입증하여야 함

감독당국은 위의 조건들을 만족하는 보험에 한해 다음의 차감률haircut을 고려하도록 요구하고 있다.

- 보험 계약 만기 1년 미만일 경우 잔존기간에 따라 경감금액을 줄여야 함
- 보험 취소통지가 90일 이전에 안 될 경우 차감률을 고려해야 함
- 보험사의 지급능력등급 등의 요소로 지급의 불확실성이 존재하는 경우 차감률을 고려해야 함.
- 기존 보험들의 보장범위Coverage가 운영리스크 손실과 정확히 일치되지 않으므로 보장되지 않는 부분에 대해 차감률을 고려해야 함

보험에 의한 리스크 경감 절차

보험을 이용하여 자본량을 경감하는 방법은 아래와 같이 세 가지 방법을 사용할 수 있다.

① 손실분포 생성 시 보험 경감효과 고려

② 손실분포 생성 후 셀별 회수율을 감안하여 보험 경감효과 고려

①의 방법은 손실분포 생성 시 보험 경감효과를 고려하는 방법으로 과정이 복잡하고 까다롭지만 절차가 자본량 산출방법과 일관성 있게 이루어지는 접근

그림 9-7 보험경감 효과 반영방식

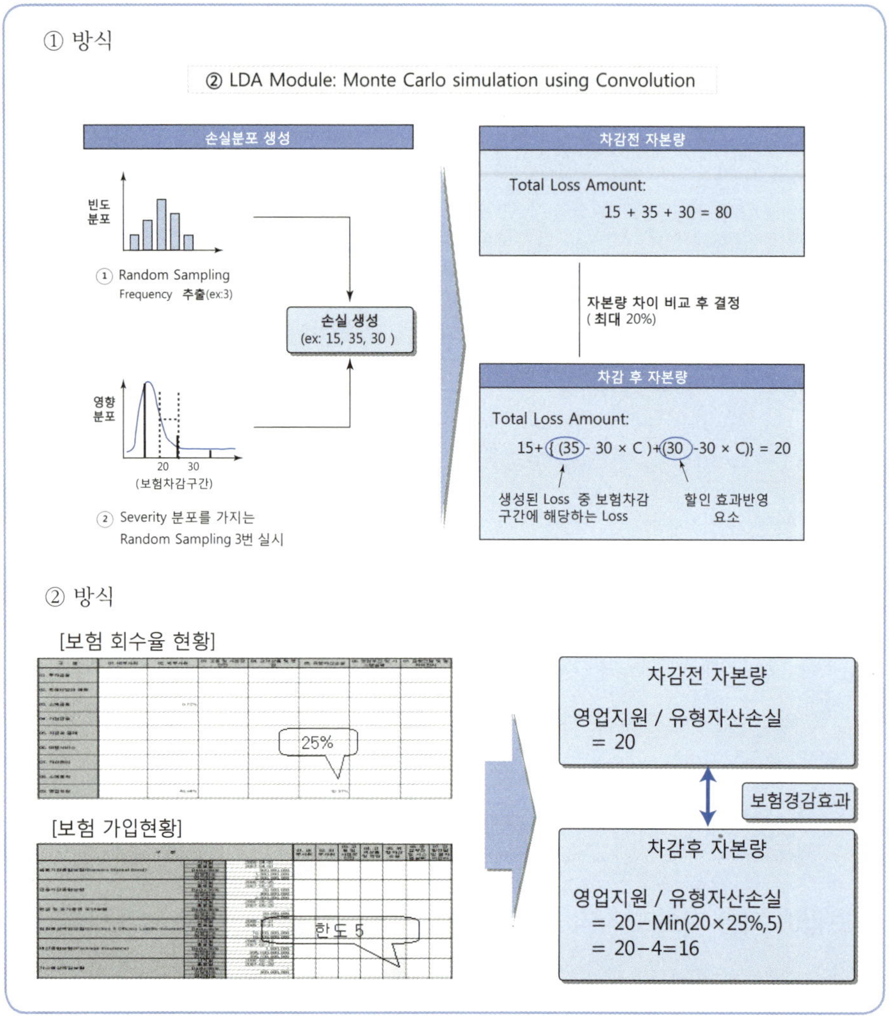

법이다. 그러나, 각 측정단위예: 셀별 보험 관련 손실사건의 비율을 계산할 수 있을 때 적용 가능하고, 또한 측정단위 내에 여러 개의 보험을 적용할 수 없다는 단점을 가지고 있다.

②의 방법은 손실분포 생성 후에 셀의 보험회수율을 감안하여 경감하는 방법

으로 ①의 방법에서 필요로 하는 보험관련 손실사건의 비율이 존재하지 않아도 보험경감이 가능하다.

리스크 이전risk transfer 효과를 고려하여 운영리스크 자본량을 경감하기 위해서는 먼저 은행에서 가입하고 있는 운영리스크 관련 보험들 중 규제요건을 충족시키는 것을 확인하고 이들 보험에 대해 필요 정보를 수집/정리하여야 한다.

일반적으로 다음의 절차를 통해 보험 경감금액을 계산하게 된다.

- 총무부 등 보험을 관리하는 부서에 운영리스크 손실사건과 관련된 모든 보험약관을 수집/조사
- 수집된 보험 중에서 규제요건에 따라 자본량 경감에 사용 가능한 보험을 확인

그림 9-8 보험 경감절차

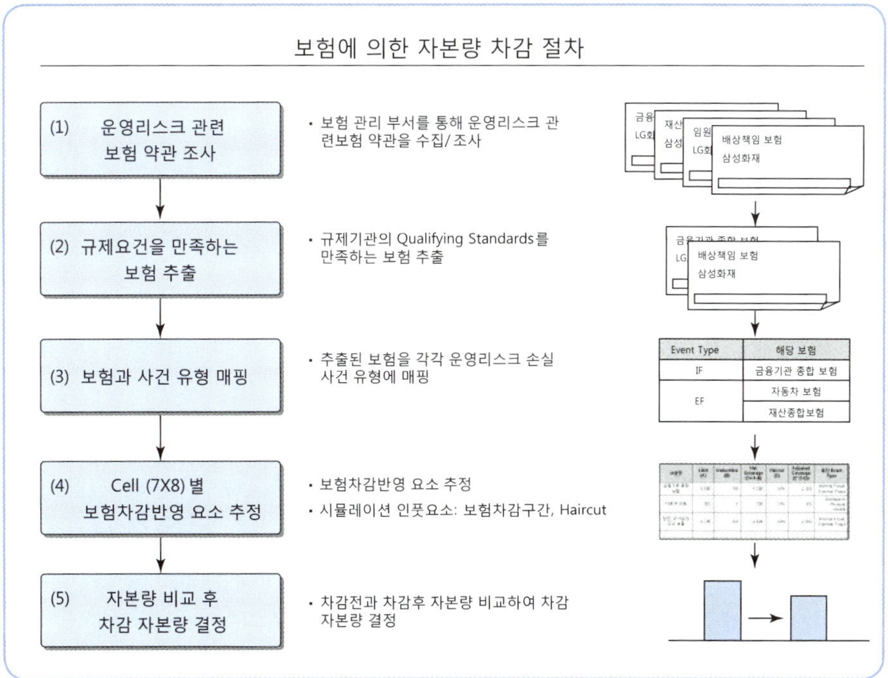

- 선택된 보험을 각각 운영리스크 손실사건유형에 매핑
- 보험에 의한 리스크 경감효과를 반영하기 위한 차감률 반영 요인들을 확인, 차감률 결정
- 경감 전/후 자본량 비교 후 경감 규모 결정

보험약관 및 관련 데이터의 수집

운영리스크 관련된 보험은 대부분 총무부 등 보험을 관리하는 부서에서 총괄하게 되는데, 인터뷰 등을 통해 이들 보험 관리 부서를 중심으로 운영리스크 손실사건과 관련된 모든 보험의 약관을 수집/조사한다.

국내 A은행의 운영리스크 관련 보험 및 해당 보험 관리부서는 다음과 같다.

보험	관리 부서
금융기관종합보험	총무부
도난보험	
임직원배상책임보험	
재산종합보험	
자동차종합보험	안전관리부
산업재해보상보험	안전관리부
가스배상보험	각 지점
신원보증보험(계약직)	HR부서

경감 적용 가능한 보험약관의 추출

앞서 수집한 보험 정보와 규제요건을 토대로 운영리스크 자본량 경감에 사용할 수 있는 보험을 선택한다. 다음 항목을 모두 만족시키는 보험만이 자본량 경감에 사용될 수 있으며, 하나의 보험약관이 여러 보험사가 참여하여 계약된 것이면 이러한 기준을 통과하는 보험사의 비중만을 인정하다.

보험과 손실사건유형의 매핑

규제요건을 충족시키는 보험의 약관 내용 중 부보대상과 보상제외대상을 고려하여 운영리스크 손실사건유형에 매핑한다. 예를 들어, 금융기관종합보험의 보상 대상과 보상제외 대상 내역을 부분별로 검토하여 사건유형에 매핑할 수 있다. 통상적으로 금융기관종합보험은 부보 대상으로서 내부사취절도 및 사기, 외

| 표 9.5 | 손실사건유형과 보험 매핑 예시

손실사건유형(Level 1)	손실사건유형(Level 2)	관련 보험
내부사취	비인가된 행위	N/A
	절도 및 사기	금융기관종합보험
외부사취	절도 및 사기	금융기관종합보험
	시스템 보안	N/A
고용 및 사업장 안전	고용 관행	임직원배상책임보험
	사업장 안전	산업재해보상보험
	차별	임직원배상책임보험
고객, 상품과 영업관행	적정성, 공시 및 신용	임직원배상책임보험
	부적절한 영업 및 마케팅 행위	임직원배상책임보험
	상품설계의 결함	임직원배상책임보험
	선택, 후원 및 익스포저	임직원배상책임보험
	자문활동	임직원배상책임보험
유형자산 손실	재해 및 기타 사건	재산종합보험 자동차종합보험
업무중단 및 시스템 장애	시스템	N/A
실행, 전달 및 절차의 관리	거래의 포착, 실행 및 유지	임직원배상책임보험
	모니터링과 보고	임직원배상책임보험
	고객확보 및 문서화	임직원배상책임보험
	고객 계좌 관리	임직원배상책임보험
	거래상대방 관리	임직원배상책임보험
	공급자	임직원배상책임보험

부사취절도 및 사기 관련 손실을 커버할 수 있다.

다음 [표 9.5]는 국내 은행들이 부보하고 있는 운영리스크 관련 보험과 손실사건유형을 정리한 것이다.

보험에 의한 자본량 경감금액 산출

보험 경감효과 적용을 위한 요건은 다음과 같이 설정할 수 있다. 보험회수 한도는 총 보상한도에서 자기부담금을 차감하여 산출하며, 보험회수 한도가 보장내용별로 상이한 경우 보수적 관점에서 가장 작은 값을 사용하도록 한다.

다음 식과 같이 보험회수 한도에 잔존기간 조정률을 곱하여 보험회수 한도를 조정한다.

$$\text{조정률} = \min\left\{\max\left(1 - \frac{365 - \text{잔존기간(일)}}{275}\right), 1\right\}$$

보험회수율 및 부보 수준은 손실사건유형별로 아래 산식을 사용하여 적용할 수 있다.

$$\text{보험회수율} = \frac{\text{보험회수금액 합계}}{\text{총손실금액 합계}}$$

$$\text{부보 수준} = \frac{\text{보험청구수}}{\text{손실사건수}}$$

보험의 보상한도는 측정단위별로 배분되며, 리스크 경감금액은 해당 측정단위의 보험회수 한도와 규제 요건상의 리스크 경감한도 이내에서 산출된다.

우선, 보험별 한도를 측정단위별로 배분하며, 회수한도는 보장내역별로 보장한도에서 자기부담금을 차감하여 산출하며, 보장내역별로 상이한 경우 가장 작은 값을 사용하여야 한다.

그림 9-9 보험 경감액 산출절차 예시

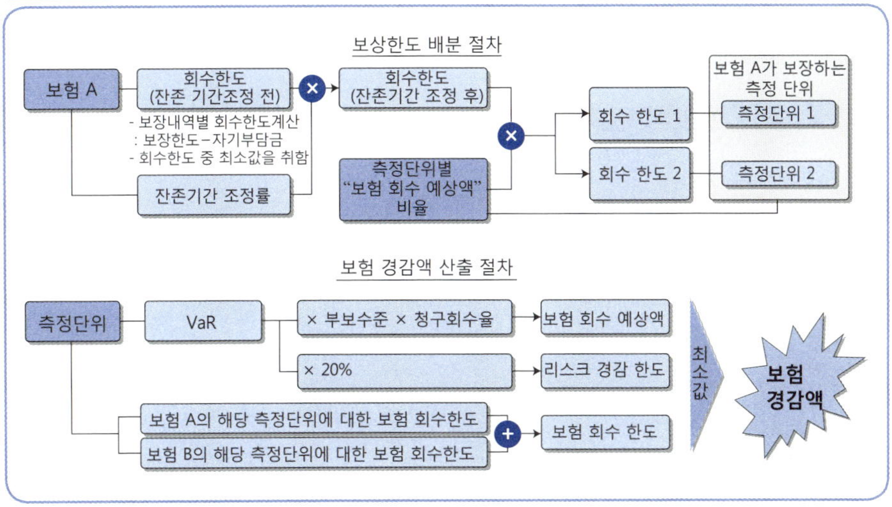

측정단위별 보험경감금액을 산출하기 위해서는 다음 절차를 따르게 된다.

- 측정단위별 보험회수 예상금액 = 측정단위별 VaR × 부보수준 × 청구회수율
- 측정단위별 리스크 경감한도 = 측정단위별 VaR × k%
- 측정단위별로 보장하는 보험의 회수한도 합
- 상기 산출된 보험회수 예상액과 리스크 경감한도, 보험 회수한도 합을 비교하여 가장 작은 값을 보험경감금액으로 산출함

9.4 측정 관련 이슈

국내 은행권 전반적 이슈

2005년 이후 국내 시중은행들은 운영리스크 고급측정법AMA을 도입하여 시행하고 있다. 2012년 현재 5개 은행국민, 기업, 우리, 외환, 하나이 금융감독원으로부터 고급측정법 사용을 승인 받은 상태이나, 산출결과의 신뢰성은 그다지 높지 않은 것 같다.

국내 은행권에서 사용하고 있는 운영리스크 고급측정법 관련 주요 이슈는 다음 세 가지로 정리될 수 있을 것이다.

① 시나리오 분석의 객관성 미흡 및 과다 의존성

앞서 설명한 바와 같이, 바젤위원회에서는 고급측정법AMA에 의한 자본량 산출 시 시나리오 분석을 포함하도록 요구하고 있다. 이는 운영리스크의 특성상

그림 9-10

주요문제점	은행권 현황	검증방향
시나리오 분석의 결함	• 객관적인 생성기준 부재 • 평가결과에 대한 검증절차 부재 • 평가결과 활용방법론의 오류	• 문서화된 절차와 기준에 의거한 수행 여부검토 • 생성기준/검증절차 보완 • 평가결과 활용방법론 수정/보완
측정결과의 불안정성	• 심도분포의 가정(예 : 대수정규)에 크게 의존	• 최적 분포 선택방안 보완
리스크 민감도 반영 곤란	• 측정결과가 은행의 리스크 특성을 반영하지 못함(꼬리분포 특성 미반영) • 측정결과가 투입요소의 특성을 적절하게 반영하지 못함	• 셀별 리스크 특성에 맞는 적정 분포의 선택여부 검토 • 투입 요소와 측정 결과의 일관성 유지 여부 검토

과거 발생한 손실데이터만으로 리스크를 측정하게 되면 정확한 측정이 어렵다는 이유로 인하여 보다 미래지향적이며 실제 금융회사의 건전성에 영향이 큰 사건을 포괄하여 리스크 측정이 이루어지도록 하기 위함이다. 예를 들어, 과거에 대형 손실사건이 발생했다고 하더라도 그 이후 내부통제를 개선하고 시스템이 변경되어 그러한 사건의 재발 가능성이 극히 낮음에도 불구하고 과거 손실데이터만으로 리스크를 측정하게 되면 현재의 상황을 제대로 반영하기 어렵기 때문이다.

이러한 주요한 장점에도 불구하고, 국내 은행권에서는 시나리오 분석이 미래지향적 관점을 반영하고 빈번하지는 않지만 손실영향이 큰 사건을 반영하기 보다는 부족한 손실데이터를 보완하기 위한 목적에만 그 활용이 제한되고 있는 실정이다.

이는 근본적으로 해외 금융회사들과 달리, 국내 은행권의 운영리스크 측정단위granularity가 활용 가능한 내부 및 외부 손실데이터 數에 비해 상대적으로 지나치게 세분화되어 있어 데이터 기반 통계적 방식에 의한 리스크 측정이 여의치 않기 때문이다.

실제로 국내 은행들은 7×8 운영리스크 행렬의 각 셀을 리스크 측정단위로 설정하고 있으며, 즉, 56개 셀별로 손실분포를 생성하는 등 리스크를 측정하고 있으나, KOREC 데이터를 포함한 내부 및 외부 데이터는 소매금융/기업금융-내외부 사취 등 일부 셀에는 통계적 추정이 가능한 데이터 數를 포함하고 있어 여타 셀에 있어서의 리스크 측정을 위해서는 시나리오 분석에 의존할 수밖에 없는 상황이다.

그러나, 시나리오 분석은 본질적으로 업무전문가들의 리스크 평가에 기반하는 주관적인 방식이므로 데이터에 기반한 통계적 방식을 보완하는 형태로 반영되는 것이 바람직하다고 할 수 있다. 북미나 유럽계 은행들은 대부분 내외부 손실데이터에 기반한 측정방식을 중심으로 하고 시나리오 분석을 보완적으로 반영하는 방식을 채택하고 있으나, 국내 은행들의 경우, 운영리스크 측정결과의 대

| 표 9.6 | AMA 4가지 투입요소 비교: LDCE(2009)

〈4가지 투입요소의 영향력〉

투입요소	은행 수*	영향력**
시나리오	31	55%
외부 손실자료	17	37%
내부 손실자료	32	31%
BEIC	10	11%

* 해당투입요소를 자본량 산출에 반영하는 은행 (중복선택)

** 은행의 자본량 중 투입요소의 비중

- 다수의 은행들은 시나리오 및 외부손실자료를 심도분포의 꼬리 부분(저빈도 · 고심도)에 활용
  - 일본의 모든 은행들은 외부손실자료를 측정모형에 투입하지 않고, 시나리오 참고용으로만 사용
- 내부손실자료를 반영하는 은행들은 모두 모형에 자료를 직접 투입(direct input)하여 활용

✔일본 및 유럽지역 은행의 경우, 자본량 중 시나리오의 비중이 높음
- 일본 5개 은행 84%, 유럽 15개 은행 64%
- 북미 은행의 경우, 시나리오 비중 작음(33%)

✔북미 은행의 경우, 시나리오보다 외부 손실 자료의 비중이 더 큼 (37%>33%)

✔내부 손실자료의 비중은 지역별 차이를 보임
- 북미 은행의 경우, 내부 손실자료의 영향력이 가장 큼(50%)
- 일본 은행 15%, 호주 은행 16%로 비중 작음

부분이 시나리오 평가결과에 의해서 결정되고 있으므로 리스크 측정결과의 신뢰도를 높이는 데 제한이 되고 있다.

[표 9.6]에서 보여지듯이, 해외 금융회사들의 시나리오 평가결과의 가중치가 55% 수준인 데 반해 대부분 국내 은행들의 경우 90%가 넘고 있으며, 심지어 99%가 넘는 은행들도 있는 실정이다. 물론 이들 은행의 경우, 시나리오 평가 시 내외부 손실데이터를 사례로 평가자들에게 제공하여 간접적으로 이들 정보가 시나리오 평가결과에 반영되고 있으나 BIS비율을 결정하게 되는 리스크 측정결과로서는 신뢰도를 충분히 가지기 어렵다고 할 수 있겠다. 게다가 운영리스크 자본량을 사업부문별로 배부하여 한도관리 및 성과평가가 수행되는 경우 시나리오 평가자들이 객관적인 평가를 할 수 있을 것인가에 대해서 의문이 제기되고 있는 실정이다.

또한, 측정 시 KOREC 데이터와 같은 외부 손실데이터의 반영 비중을 증대시

키려는 노력이 필요하다. 국내 은행들의 경우, 유사한 비즈니스 특성을 가지고 있으므로 특별한 규모조정scaling 없이도 리스크 측정 시에 외부 데이터를 직접 사용하는 것이 크게 문제가 되지 않을 것이다.[7] JP Morgan이나 Citigroup 등 북미계 금융회사들은 주관적인 시나리오 평가보다 객관적인 외부 손실데이터의 활용도를 높임으로써 지나친 주관성을 줄이려는 노력을 기울이고 있음에 주목해야 한다. 실례로, Citigroup의 AMA 모형에서는 ORX 등 다양한 소스의 외부 손실데이터를 측정에 적극적으로 반영하고 시나리오 분석은 외부 손실데이터의 빈도와 심도를 씨티에 맞게끔 조정하는 형태로 활용하는 것으로 알려져 있다.

② 측정결과 불안정성

고급측정법 도입 초기에 국내 은행들은 다양한 후보 심도분포의 사용 및 최적 심도분포의 결정과정의 미흡함으로 인하여 측정결과가 상당히 불안정하게 나타났다. 특히, 데이터 數가 부족한 상황에서 심도분포가 자주 변경됨으로 인해 특정 셀에서는 자본량 변동이 수백~수천억원씩 나타나기도 하였다. 그러나 금융감독원의 AMA 승인 과정을 통과하면서 국내 은행들의 운영리스크 자본량 산출결과의 안정성은 크게 제고되었는데, 특히 후보 심도분포의 다양성을 줄이고 후보분포의 數를 제한하였고, 최적 심도분포 선택 절차도 상당 부분 보완함으로써 안정성은 이전보다 크게 개선되었던 것이다.

아래 표는 국내 B은행의 운영리스크 자본량 산출결과를 보여주고 있는데, 2009년 1분기 7,190억원인 손실데이터 기반 Op VaRLDA VaR가 2009년 2분기 12,909억으로 크게 증가하여 불안정한 결과를 나타내고 있다. 이러한 LDA VaR의 불안정성은 내부 손실데이터의 증가도 일부 원인이지만, LDA VaR 산출을 위한 최소 데이터 數 기준이 주 원인으로 판단된다. B은행의 경우, 측정단위셀

7 물론 타사 손실데이터가 우리 회사의 비즈니스나 상품과 관련이 없는 특수한 것인지를 검토하는 필터링 절차는 반드시 필요하다.

| 표 9.7 | 운영리스크 자본량 산출결과: 불안정성

측정단위	구분	2008.1Q	2008.2Q	2008.3Q	2008.4Q	2009.1Q	2009.2Q
기업금융/고객상품	손실데이터 개수	2	3	4	5	3	3
	LDA VaR	N/A	N/A	1,348	646	N/A	N/A
트레이딩/실행전달	손실데이터 개수	2	2	2	2	2	4
	LDA VaR	N/A	N/A	N/A	N/A	N/A	6,775
대행서비스/고객상품	손실데이터 개수	0	0	1	1	3	4
	LDA VaR	N/A	N/A	N/A	N/A	N/A	977
그외 셀	LDA VaR	7,917	7,527	7,884	7,619	6,190	7,957
LDA VaR 소계		7,917	7,527	9,332	8,365	6,190	12,909

별 최소 데이터 기준을 데이터 수 4개로 설정하여, 셀 내의 손실데이터 개수가 4개 미만이면 LDA VaR를 산출하지 않으나, 4개 이상이면 VaR를 산출하였다. 그 결과, 전체 LDA VaR는 최소데이터 기준 충족 셀의 증감에 따라 크게 변동되고 있는 것이다.

③ 리스크민감도 미흡

여기서 리스크민감도는 운영리스크 측정단위별로 상이한 리스크 특성을 운영리스크 측정방법—고급측정법 모형—이 충분히 반영할 수 있는가 하는 문제이다. 실제 '소매금융-내부사취'의 운영리스크는 '투자금융-고객/상품/영업관행'의 운영리스크와 그 특성이 크게 다를 것으로 예상할 수 있다. 즉, 직원의 횡령 등으로 인한 손실사건과 불완전판매 등으로 인한 집단소송 사건은 빈도와 심도 특성이 크게 상이할 것이다.

그럼에도 불구하고 다수의 국내 은행들은 운영리스크 자본량 산출결과의 안정성을 확보하기 위해 모든 측정단위셀에 동일한 분포 가정예: 대수정규분포을 설정하고 있다. 운영리스크 고급측정법 도입 초기에 데이터가 절대적으로 부족한 상황에서 리스크민감도를 일정 부분 희생하고 안정성을 제고하기 위하여 그러한 방법론을 채택한 것은 그 당시로선 최선이었다고 판단되나, 이후 KOREC 데이터 등 이용 가능한 데이터 수도 늘어나고 있음에도 리스크민감도를 높이려는 노력이 거의 이루어지지 않고 있음은 산출결과의 정교성 문제와 함께 국내 고급측정법의 발전에도 큰 장애라고 할 수 있겠다.

이는 은행권 이후에 운영리스크를 도입한 보험, 증권회사들의 경우 은행들이 구축한 방법론에서 거의 발전하지 않은 형태의 고급측정법 방식을 채택하고 있다는 점에서 재차 확인할 수 있다.

원인 및 해결방안

위에서 세 가지 문제점을 언급하였는데, 이들은 모두 측정단위의 수준과 연관되어 있는 문제이다. 우선, 시나리오 분석은 내외부 데이터 이용이 제한적인 상황에서 측정단위가 너무 세분화되어 있어서 발생하는 문제이고, 측정결과의 불안정성도 주로 데이터 數 부족으로 인한 것으로 볼 수 있다. 한편, 리스크민감도는 측정단위가 세분화될수록 보다 높아질 수 있으나 이는 데이터 가용성, 회사의 비즈니스 특성 등을 종합적으로 고려해야 하는 것이다.

[표 9.8]은 국내 은행권에서 주로 사용하고 있는 7×8 행렬 기준과 달리, 해외 금융그룹들은 주요 비즈니스라인사업부문을 통폐합하여 數를 줄이고 손실사건유형은 통제방법이나 통제부서의 유사성 등의 기준으로 줄이는 방향으로 측정단위를 결정하고 있음을 보여주고 있다.

심지어, 스위스의 UBS나 Credit Suisse의 경우, 전사 차원에서 Op VaR를 산출하는 1×1의 측정단위를 적용하는 것으로 알려져 있다. 이들의 경우, 10,000유로 이상의 내부 손실데이터가 2만 건 이상이며, ORX의 외부 손실데이터도 20만 건 이상 이용 가능하나 운영리스크 측정방법이 99.9퍼센타일에 해당되는

| 표 9.8 | 측정단위의 조정 필요성

AS-IS(바젤기준활용)

영역 안내 \ 사건 유형	내부 사취	외부 사취	고용/안전	고객 상품	자산 손실	시스템 장애	성행 전달
투자금융							
트레이딩							
소매금융							
기업금융			7x9				
자금결제							
대행서비스							
자산관리							
소매							
본부지원							

방법	• 7×9 행렬의 각 셀을 측정단위로 적용 – 영업영역: 8대 업무영역+본부지원 – 사건유형: Basel Ⅱ 7개 사건유형
장점	• 감독당국 보고에 편리성
단점	• 손실데이터 부족 • 시나리오에 대한 과대 의존성 • 자본배분 등 내부활용에 부적절

TO-BE(유사 단위 통폐합)

		내부 외부 사취	고용/안전	고객 상품	자산 손실	시스템 장애	성행 전달
투자금융	IB						
트레이딩							
소매서비스	소매						
카드							
PB			5x6 Deutsche Bank				
기업금융	비소매						
무역금융							
특수대출							
전자금융							
자금이체	대행						
수탁							
신탁							
방카슈랑스							
대행판매							
전행공통	전행 공통						

방법	• 은행 특성에 맞게 재구성 – 손실데이터의 가용성 및 유사성에 근거하여 통합 – 바젤 사건유형 중 전행차원 사건유형 통합 – 보험유형 등을 고려하여 손실유형 통합
장점	• Op VaR의 신뢰성/객관성 제고 • 자본 배분 등 내부 활용에 유리 • 시나리오 평가자 선별 및 평가시 이해가 용이
단점	• 감독당국 기준으로 보고하기 위하여 추가적 절차 필요

값을 추정하는 것이므로 꼬리 부분에 충분한 데이터가 확보되기 전까지는 측정단위를 세분화하지 않겠다는 입장을 가지고 있다. Op VaR가 99.9퍼센타일이므로 이를 추정하기 위해서는 최소 1,000개 이상의 데이터가 필요하며 꼬리 부분에 대해 보다 정확한 추정을 위하여 사용되는 극단치 분포 등은 이보다 훨씬 더 많은 수의 데이터가 필요하기 때문이다.

바젤위원회에서 조사한 결과에서 보여지듯이, 국내 은행들이 대략 60개의 측정단위measurement units를 가지고 있는 데 비해 해외 은행들의 45%가 20개 이하의 측정단위를 사용하고 있는 것으로 파악되고 있어 데이터 가용성 등을 고려할 때 지나치게 세분화된 측정단위를 개편할 필요가 있음을 나타내고 있다.

| 표 9.9 | 해외 은행들의 측정단위: LDCE(2009)

〈AMA 적용 해외은행들*의 측정단위〉

투입요소	은행 수*	영향력**
1	1	2%
2~9	10	24%
10~20	8	19%
21~100	12	29%
101~200	4	10%
201~1,000	2	5%
1,001~	4	9%

✔해외 선진 AMA 적용 은행들의 45%가 20개 이하의 측정단위 적용
−일본의 4개(57%, 총 7개) 은행은 9개 이하의 측정단위 수 적용

✔현 국내 은행들의 측정단위에 해당하는 수준

* 조사 대상 AMA 은행 지역 및 수: 총 42개(유럽 20개, 북미 10개, 일본 7개, 호주 5개)

✔대부분의 선진 AMA은행들(30개, 72%)은 2~100개의 측정단위 수 적용
✔선진 AMA 해외 은행의 90%가 BL(Business line, 영업영역) 또는 LET(Loss event type, 손실사건유형)에 기초한 측정단위 구조 적용
−21개 은행은 단일 BL(9개 은행) 또는 단일 LET(12개 은행)만 측정단위에 적용

물론 이는 앞서 언급한 리스크민감도를 지나치게 제한하는 것이므로 리스크 측정치의 활용이라는 측면에서 다소 문제가 있으나 보다 정확한 리스크 측정을 하겠다는 시도는 국내 금융회사들로서도 고려할 필요가 있을 것이다.

또한, 시나리오 분석결과로부터의 리스크 측정결과와 손실데이터로부터의 리스크 측정결과를 결합할 때 적용하는 가중치 결정방식의 통계적 견고성statistical robustness도 제고할 필요가 있다. 국내 은행들의 경우, 감독원 승인 등을 염두에 두고 손실데이터 개수가 절대적으로 부족한 현실을 고려하지 못한 채 지나치게 통계적 방식예: 신뢰도 이론에 의존함으로써 시나리오에 대한 의존도가 너무 높아지는 결과를 보이고 있다. 이는 물론 측정단위의 개편 등과 연관되어 있는 것이긴 하나 현재 상황에서는 99%에 이르는 가중치가 시나리오 평가결과에 부여되는 것은 손실데이터의 활용 의의가 무색할 수준이라고 판단된다.

이외에도 운영리스크 측정결과에 큰 영향을 미치는 상관성 반영 및 보험경감 방안에 대해서도 보다 정교화하려는 노력이 필요하다. 현재 데이터 여건이나 측정모형 구축 운영 경험 등이 미흡하여 단순합simple sum으로 전사 자본량을 집계화하고 있으나, Copula 함수나 Proxy 지표 설정 등 보다 정교한 상관성 반영 방식을 개발하려는 노력이 필요할 것이다. 보험경감 역시 대부분의 은행에서 자본량 산출에 반영하지 못하고 있으므로 데이터 정비, 경감방법 개발 등의 노력이 요구된다고 할 수 있다.

Appendix 9.1

운영리스크 모델링에서의 보험의 리스크경감효과[8]: 이슈 감독당국의 입장

1. 논의배경 및 목적

운영리스크 고급측정법AMA에서 보험의 활용은 고급측정법 적용 은행뿐 아니라 보험회사에게도 잠재적인 이득을 제공할 수 있다. 은행들은 운영리스크에 대한 보험 적용에 따른 보호가 더욱 확실히 될 수 있으며, 보험회사는 보험 체결에 따른 리스크를 투명하게 파악할 수 있고 가격결정을 보다 정확하게 할 수 있을 것이다. 그러나, 고급측정법을 이용한 자본량 산정 시 보험경감효과를 적용하는 것은 아직 다수의 이슈가 남아 있다. 리스크전문가들은 현재의 은행 감독당국에 의해 적용되는 인정 기준이 지나치게 광범위하여 고급측정법에 적용되는 보험경감에 대한 인식이 국가별로 일치하지 않는다는 점에 우려를 표하고 있다.

바젤위원회 산하 운영리스크 실무자그룹SIGOR: Standards Implementation Group for Operational Risk에서는 보험에 의한 리스크 경감을 위해서는 운영리스크 측정 및 관리 시스템에서 보험의 역할을 적절히 통합하는 강력한 프로세스가 필요하다는 것에 대해 동의하고 있다.

8 본 내용은 바젤위원회에서 발표한 “Recognizing the risk mitigating impact of insurance in OR modeling”(2010. 10)의 주요 내용을 요약 정리한 것임.

감독당국은 고급측정법하에서도 운영리스크를 감당하기 위해 충분한 자본이 유지됨을 보장할 수 있어야 하며, 또한 보다 합리적이고 세분화된 리스크를 경감하기 위하여 보험업계의 리스크 경감수단보험상품의 발전을 지원해야 한다. 이러한 문제를 위해서 감독당국은 보험에 따른 리스크 경감 인식을 둘러싼 몇 가지 근본적인 문제를 우선적으로 해결해야 한다.

a. 은행의 운영리스크에 보험의 적용범위가 정확히 매핑될 수 있는가?
b. 보험의 리스크 경감효과를 정량화하는 데 어떤 방법론을 사용해야 하는가?
c. 고급측정법을 사용하는 은행의 운영리스크를 보장할 수 있는 보험회사의 능력은 어떻게 계량화하고 반영되어야 하는 것인가?
d. 리스크에 따른 보험금 지급이 얼마나 걸릴지, 이러한 지급 연기에 따른 영향은 어떻게 반영할 것인가?
e. 고급측정법의 최소요건 내에서 보험경감효과를 인식하는 데 보수적인가?

현재까지 여기서 제시된 문제에 대한 완전한 방법은 없으며, SIGOR는 보험상품 및 운영리스크 모델링 방법에 대해 발전을 유도할 것이며, 효과적인 규제 방안을 마련하기 위하여 은행 및 보험회사와 지속적인 대화를 수행할 것이다.

거시적인 관점에서, 보험업계로 운영리스크 이전에 따른 은행의 운영리스크 감소는 적정 운영리스크 자본량에서 감소로 이어질 수 있으나, 감독당국은 여러 은행으로부터 소수의 보험회사로 운영리스크 전이에 따른 집중 리스크를 인식해야 한다. 은행의 운영리스크가 소수의 보험회사로 전이됨에 따른 집중화는 고급측정법 적용 은행의 요구에 대응하는 상품을 개발하는 보험회사의 숫자가 여전히 상대적으로 소수이기 때문이며, 타 보험회사/재보험회사가 이러한 시장에 참여할 때까지는 시간이 걸릴 것으로 보인다.

2. 감독당국의 평가과정

BIS비율 규제의 일관성과 조화성을 증대시키기 위해 개별 은행의 보험 경감효과에 대한 감독당국의 평가에 대해서 논의가 진행되고 있다. 감독당국은 운영리스크 관리체계 및 고급측정법의 자본량 적정성에 초점을 맞추어 보험 경감효과에 대해 전반적인 평가를 수행해야 할 것이다.

감독당국은 고급측정법에 대한 보험의 경감효과를 완전히 이해하기 위하여 다음과 같은 전문적인 지식을 갖추어야 한다.

- 보험: 보험의 종류와 보장 정책 그리고 보험에 계약에 대한 평가
- 운영리스크: 운영리스크가 가입한 보험의 보장과 어떻게 관련되는지에 대한 평가
- 모델링: 은행의 리스크 경감이 적절한지 그리고 불확실성을 적정한 방법으로 감소시킬 수 있는지에 대한 평가

감독당국은 보험 경감효과에 대한 평가 시 외부 전문가들을 포함할지 여부를 결정해야 한다. 관련 외부 전문가들은 보험회사보험중개인, 보험 감독당국 그리고 독립적인 리스크전문가들이 포함될 수 있다. 하지만 평가참여자들은 운영리스크 자본량 감소를 지지하는 근거를 제공하는 만큼 이에 대해 스스로에게 책임이 있음을 명심해야 한다.

감독당국은 보험의 경감효과 도입과 같은 자본량 산출방법이 적정한 기술과 경험을 가진 리스크전문가들의 판단으로 이루어지기를 기대하고 있다. 은행의 고급측정법 관련 보험 정책 역시 같은 방식으로 변화하기를 희망하고 있다. 감독당국의 고급측정법 가이드라인은 측정모형 변화와 관련된 정량적이고 정성적인 분석사항을 포함해야 할 것이다. 감독당국은 평가과정에서 필요한 정보를 정의해야 하는데, 모든 은행들의 보험계약 정보를 수집하는 것은 감독당국으로

서는 매우 부담스러운 일이다. 이런 경우, 감독당국은 대상자들에게 보험 경감의 준수사항에 대해 스스로 평가할 것을 요구할 수 있다. 이러한 자가평가는 감독당국이 인정할 만한 대상에 의해 독립적으로 이뤄져야 하며 평가과정에서 감독당국으로부터 문제제기를 받을 수 있다. 각 은행들에게는 보험 포트폴리오가 운영리스크 익스포저를 줄이는 크기에 대해 명확하게 입증할 책임이 있다.

보험계약은 보장기간, 조건 그리고 계약시작 날짜 등을 포함하고 있는 문서를 근거로 하여 정확히 입증되어야 한다. 보험 보장이 시작되는 혹은 바로 직후에 보험을 완전히 이용한다면 은행들은 계약 이행 문제와 연관된 법률리스크를 감소시킬 수 있다. 이것은 보험 보장이 가능한 리스크에 대해 여러 보험회사들이 참여하고 있는 경우 더욱 중요하다. 감독당국은 지난 몇 년간 점차적으로 계약의 확실성에 대해 주목하게 되었는데, 이는 2001년 9월 미국에 있었던 9.11 테러 때 발생한 재산청구권과 같이 엄청난 손해와 관련된 예기치 않은 손실과 비용 때문이다. 특히 보험회사 사이에서는 미국 무역센터 재산권의 명확한 조항 부재로 보장의 크기와 몇 년 동안 합의해야 하는 재산권 합의 적정성에 대한 논쟁이 있었다.

규제자본 회피거래

보험 경감효과를 인식시키기 위해 감독당국은 보험 보장이 운영리스크의 특징을 잘 나타내는지에 대해 합리적 근거를 은행들이 제출하기를 기대한다. 감독당국은 은행들의 실증분석과 보험 보장의 실제 리스크 경감효과를 뒷받침하는 자료들에 대해서 세밀하게 살펴보아야 한다. 규제자본 회피거래를 제한하기 위해 은행들은 감독당국에게 리스크 경감효과가 잠재적으로 발생할 수 있는 위험의 가능성과 영향에 대한 일정한 보장을 나타낸다는 인식을 입증해야 한다. 감독당국은 은행들의 자본 경감을 승인하기 전에, 은행의 운영리스크 구조가 예상되는 경감방식과 일치하는지를 확인해야 한다.

성과에 대한 입증

감독당국은 보험 포트폴리오가 계획대로 작동할지 그리고 적절한 위험등급을 제공하는지에 대한 확신이 필요하다. SIGOR는 고급측정법에서의 리스크 경감에 대한 인식을 제고하기 위해 '성과 요구사항'의 설정을 고려하였다. 이는 은행들은 자본량 경감 승인 요청을 하기 전에 실행되고 있는 리스크 경감 구조를 감독당국에 보고하도록 하는 것이다.

그러나 SIGOR에서는 '성과 요구사항'이 확정된 보험 보장에 대해 한정적인 정보만 얻을 수 있다고 보고 있다. 특히, 공제율이 높은 보험이나 자주 발생하지는 않지만 큰 충격의 사건에 대한 보장은 운영리스크 보험경감의 효율성을 평가할 수 있는 실제 관측치가 거의 없다. 따라서 성과 요구사항 기간이 만료되더라도 필요자본 내에서 예상되는 보험금 지급과 관련된 불확실성을 적절하게 나타내는 것이 중요하다. 따라서 SIGOR은 성과 요구사항이 '전통적' 보험상품이 예상대로 작동하는 데 대한 신뢰를 높이는 데는 도움이 될 수 있지만, 이러한 요건이 새로운 운영리스크 평가 방법이 제시되고 있는 경우에는 효율적인지를 판단하기 어렵다고 간주한다.

감독당국이 성과 입증을 위해 찾아낸 방법 중 한 가지는 다음과 같은 감독자 평가를 포함하는 것이다.

- 은행은 보험과 운영리스크의 매핑 과정을 통합적으로 수행함으로써 입증
- 주기적으로 리스크 매핑Mapping 과정을 재수행
- 보험 및 리스크 전문가가 참여
- 적절한 리스크관리 기관 또는 위원회에서 공식적으로 승인한 과정을 이용

보험의 매핑 과정은 은행의 운영리스크 자본량 측정과 보험계약 관리의 연계 역할을 하며, 보험의 리스크 경감효과를 계산할 수 있도록 해 준다. 각 은행들은 자신들의 보험 보장을 전반적 운영리스크 손실사건 유형에 매핑하는 방식을

발전시키고 이러한 과정이 법적, 규제상황에 적합한지를 입증해야 할 책임이 있다. 보험 매핑 과정은 잠재적인 운영리스크를 평가하기 위해 다수의 은행들에서 사용하고 있는 시나리오 분석법과 매우 유사하다. 전문가의 의견과 과거 데이터를 이용한다는 점에서 두 가지 방식은 동일하다.

보험 매핑에서 핵심은 은행이 모든 적정 손실사건들에 대해 보험 보장의 확률과 보험회사로부터 지불받는 기간을 평가하는 데 있다. 이는 리스크전문가의 경험을 기반으로 하며 필요한 경우 청구변호사, 중개인 등의 적절한 외부 전문가 등의 지원을 받을 수 있다. 이러한 전문가들은 보험청구가 소송으로 갈 가능성과 처리 기간 그리고 현재 합의의 정도 및 조건 등에 대한 평가를 지원해줄 수 있다. 감독당국이 필요한 정보를 제공하기 위한 외부 평가의 사용은 이를 다루는 은행의 능력과 외부 전문가들의 지원에 달려 있다. 이러한 정보에는 보험 경감에 사용된 방법, 어떤 과거 손실데이터를 사용하였는지 등의 내용이 포함되어야 한다.

'성과 요구사항'을 감독당국의 공식적 요건과 동일하게 생각해서는 안 된다. 감독당국은 은행들의 보험 조정이 고급측정법 자본량에 미치는 영향 실험과 같이 은행들이 수행하도록 해야 할 것이다.

보험계약에 대한 승인

특정 보험계약이 운영리스크 경감에 효과가 존재하는지는 보험계약의 적정성 평가뿐만 아니라 고급측정법 모형에서 경감효과를 반영하는 방법론도 평가해야 하며, 또한 청구 지불 기간과 확률에 대한 평가 역시 고려해야 할 것이다.

이러한 평가의 맥락에서 감독당국은 보험회사들에게 은행들의 고급측정법 자본 축소를 가져오는 보험상품에 대해 광범위한 승인이나 인정을 해 주어서는 안 된다. 감독당국은 보험만으로 분석하는 것은 보험에 의한 자본량 경감이 적정하더라도 올바른 평가방법이 될 수 없다. 보험 정책에 의한 보험 경감 정도와 보험 경감을 위한 방법론은 둘 다 고급측정법의 보험 경감의 인식에서 빠질 수 없으므로 이 두 가지는 따로 나누어서 평가될 수는 없을 것이다.

보험 경감 승인

감독당국은 은행들의 고급측정법에서 보험 경감 모델링 방식이 점차 발전하기를 기대하고 있다. 현재 감독당국은 은행들의 보험 경감에 대한 인식을 받아들이고 있으나 방법론이 기대에 미치지 못한다는 문제에 직면하였다. 감독당국은 은행들이 AMA모형을 계속 발전시키게 하는 한편, 방법론 개선이 필요하다고 판단되는 은행들에게는 지침을 주어야 한다. 감독당국들은 다음과 같은 경우에 보험 경감 인식의 승인을 연기/취소할지 혹은 승인 정도를 감소시킬지 결정해야 할 것이다.

- 은행 모델링 방식이 적합성을 상실하게 됨
- 신용등급 하락 등과 같이 보험회사의 재무적 상태 변화 발생
- 보험회사의 위기나 보험 시스템 실패와 같이 전반적인 경제적 상황이 변화하여 보험 경감을 판단하기 어려워질 경우
- 보험계약에 대한 중대한 개정이나 중요 조건들의 변화가 발생

3. 최대 20%의 운영리스크 자본량 경감 효과

보험 경감효과는 고급측정법 자본량의 20%로 제한되고 있다. 20%는 벤치마크가 아닌 현실에서 필요 자본을 축소할 수 있는 한계 또는 최대 규모로 간주된다. 그러나 실제 적용되고 있는 보험 경감효과는 20%보다 상당히 낮은 수준이다.

바젤위원회의 2009년 LDCE운영리스크 손실데이터 수집 및 분석에 따르면, 일부 북미와 유럽의 은행들만 고급측정법에 따라 보험의 경감효과를 산출하였다. 고급측정법으로 보험 경감효과를 반영했던 은행들 중 4분의 1만이 보험 경감효과가 전

체 AMA 자본량의 3.7%보다 크게 나타났다. 하지만 자본 경감을 20%까지 확대하기 위하여 경감방식 역시 발전하고 있다. 이에 따라 감독당국은 모델 선택과 리스크 경감에 대한 가정 등에 대하여 적합성을 평가하여야 하며, 특히 자본량 산출에 있어 영향이 큰 꼬리 위험tail risk을 보장하는 보험에 대한 가정에 대해 세밀하게 분석하여야 한다.

운영리스크 고급측정법은 은행들마다 매우 다양하므로 감독당국은 보험 경감효과에 대한 은행의 방법론이 고급측정법과 일관성을 가지고 있는지 확인해야 한다. 또한 감독당국은 손실 보장과 관련된 보험회사의 재무적 지불능력과 과거 유사사건에서의 지불 내역들을 은행들이 인식하고 있는지 확인해야 한다. 은행들은 모델에서 사용한 보장과 관련된 가정들을 설명해야 하며, 모형에서 사용하고 있는 회수에 대한 가정에 대해서도 입증해야 한다. 실제 데이터는 한정되어 있지만 자본량에 큰 영향을 주는 꼬리 손실에 대한 보험에 대한 가정은 매우 중요하다.

운영리스크의 범위 내에 포함되는 손실사건의 종류는 다양한데, 이들은 다음과 같은 전통적으로 보험의 범위에 포함되어 있다.

- 포괄적인 보장보험
- 재산보험
- 사업중단보험
- 임직원 배상보험
- 이사 및 임원의 책임
- 전산/컴퓨터 관련 범죄
- 고용 관행의 책임 등

그러나 이러한 보험이 적용되는 손실사건들은 Basel Ⅱ 7대 손실사건에 정확히 부합되지 않는다. 일부 은행들은 내부사용을 위해 그들만의 사건 유형을 개발했다. 따라서 결과적으로 운영리스크 프로파일을 보험에 의해 제공되는 커버에 적용시키려고 할 때, 차이와 중복이 종종 발생하게 된다. 사건 유형별로 매치시키는 것뿐만 아니라, 보험사가 다른 사건유형으로 제공하려고 하는 커버의 금액에 대한 제외 혹은 제한이 존재할 수 있다.

LDCE2009는 은행들의 내부 손실데이터의 어떠한 손실사건들이 보험에 의해 커버되었는지를 명시하기를 요구하였다. LDCE는 다수 은행들이 각 손실사건들을 커버가 가능한 보험에 적용시킬 때 문제점들이 존재할 수 있다고 지적했다. 특히, Basel II 손실사건유형 '레벨 1'을 적용하는 것은 너무 광범위한 반면, '레벨 3'은 정의되지 않는 범주가 존재하는 문제가 발생할 수 있다.

Basel II 기준에 맞추어, 일부 은행 및 보험회사들은 전통적인 보험 커버에서 발생하는 격차를 기입하기 위해 Overlay와 같은 'Basket' 운영리스크 보험 개발을 제안하였다. 이러한 운영리스크 보험정책은 보험회사들이 추가적인 보장을 제공할 수 있으므로 결과적으로 보험보장의 다양성 혜택을 제공한다. 그러나 감독당국은 이러한 정책들이 실제로 어떻게 작동하는지에 대해 신중히 검토해야 한다. 예를 들어, 일부 제안된 보험정책은 전통적으로 커버되지 않았던 손실사건들을 커버할 수 있지만, 때론 여러 이유들 때문에 보장이 제공되지 않았을 수 있다. 한편, 새로운 유형의 커버가 생기게 되면 정책이나 피보험자들의 행동에 대해 추가적인 불확실성이 발생할 수 있다. 이러한 보험계약은 리스크 타입별로 상이하게 적용되는 제한 및 예외를 포함할 수 있다.

이러한 새로운 보험정책은 이전보다 더 많은 보험경감이 가능하도록 하면서 은행들이 가입하고 있던 기존의 보험 포트폴리오를 대체하는 것이 아닌 보완하도록 디자인하는 것이 가능하다. 한편, 앞서 언급한 바와 같이, 보상되는 사건이 정의되는 단위의 수준예: Basel II 손실사건유형 레벨 중 하나에 따라 현재 미정의된 손실사건들이 적용될 것인지 여부가 불명확할 수 있다. 또한 보험경감이 매우 높은 은행들에 대해 감독당국은 보험이 리스크 경감 목적으로 실제 사용되고 있는지, 혹은 자본량 감소에 이득을 보기 위해서만 사용되는지 여부를 확인해야 한다.

새로운 보험계약의 또 다른 문제는 가분성divisibility이다. 예를 들어, 보험회사는 청구된 사건에 연관된 다른 사건의 공개 의무를 위반한 것 때문에, 한 분야 커버 정책에 따라 책임을 피할 수 있다. 따라서 은행에게는 한 보험사가 전체적인 커버를 제공하는 것보다 여러 보험사가 서로 다른 분야에 대해 커버를 제공하는 것이 보다 효율적일 수 있다. 이러한 Basket 계약이 은행들의 운영리스크 프로파일에 얼마나 효과적으로 적용되는지, 그리고 은행들에게 효율적인 가격으로 제공되는지 여부를 지켜보아야 할 것이다.

Basel Ⅱ에 따라 운영리스크 경감 허용을 활용하기 위한 보험 혁신은 운영리스크에 대한 장기보험 개발의 결과이다. 이러한 보험 중 일부는 초기에 결정된 고정 프리미엄을 가지고 있기 때문에, 필요한 경우 보험회사가 보험료를 증가시킬 수 있을까에 대한 의문이 있을 수 있다. 대안적으로, 매년 갱신하는 보험 계약에서 은행이 보험인수 과정에 동의하지 않을 경우, 계약기간 1년이 지난 후 보험료의 프리미엄의 상당한 증가를 규정할 수 있을 것이다. 그러한 경우 감독당국은 보험료를 증가시키는 것이 다른 보험 요건을 위반하지 않도록 주의해야 하는데, 보험 보장이 2번째 해에 적용할 수 있는지에 대한 불확실성은 모델에 적절하게 반영되어야 한다.

Appendix 9.2

결합가중치 결정방법

손실분포접근법LDA과 시나리오 평가결과의 결합을 통하여 Op VaR를 산출하는 AMA모형에서 결합가중치는 최종 자본량에 미치는 영향이 큰 중요한 요인이다. 따라서 다음 세 가지 기준을 가중치 체계가 갖추어야 할 바람직한 특성desired properties으로 고려하여 가중치 결정방식을 결정할 수 있다.

① 기준 1

추정손실과 실제손실의 차이가 작을수록 동 요인에 대한 가중치를 점진적으로 높게 설정함

이는 실제 손실에 대한 예측이 정확한 요인에 보다 높은 신뢰도를 주게 되는 형태임

② 기준 2

LDA 및 시나리오 둘 다 0 이상의 적정한 가중치가 부여하여야 함

AMA 요건에서 4가지 기본요소를 모두 활용토록 규정하고 있으므로 손실데이터와 시나리오 분석의 두 가지 정보 모두를 최종 자본량 산출에 포함할 필요가 있음

③ 기준 3

최종 자본량의 안정성을 확보하기 위하여 가중치의 시계열적 변동은 크지 않아야 함

가중치가 시간에 걸쳐서 크게 변동하면 현재 AMA 자본량이 불안정해질 우려가 있으므로 상대적으로 변동성이 낮은 가중치체계를 선호함

아래 내용은 AMA 승인을 받은 국내 A은행의 가중치 결정방식을 위 세 가지 기준에 의거하여 평가한 것이다. A은행의 AMA모형에서 가중치 결정방식은 앞서 언급한 〈기준 1〉과 〈기준 2〉를 충족하고 있으나, 〈기준 3〉의 충족 여부를 확인해보기 위하여 다음과 같은 분석을 수행하여 보았다.

결합가중치는 연간기준annual으로 산출하고 있으나, 시계열적 안정성을 확인하기 위하여 동일한 가중치 산출방식을 적용하여 분기별quarterly 가중치를 산출하여 보았다. 이를 통하여 연간기준의 가중치 산출결과의 안정성을 간접적으로 확인할 수 있을 것이다.

시나리오에 대한 가중치는 0.6~26%까지 산출되었으며, 최대값은 26% '07. 2/4분기로 최소값 0.6%'08. 1/4분기에 비해 대략 43배 수준으로 변동폭이 과다한 것으로 나타났다.

이러한 산출결과는 분기별로 얻어진 것이므로 연간기준을 적용하는 측정결과의 자본량 변동에 직접적으로 연결시키기는 어렵지만, 이와 같이 높은 가중치의 변동성은 LDA와 시나리오에 의해 산출되는 자본량의 차이가 비교적 큰 현재 A은행의 자본량 산출결과에서 볼 때 최종 자본량의 불안정성을 우려하지 않을 수 없다.

| 표 A.9.1 | 시나리오 가중치 산출결과(최소 데이터 수 기준: 10개 적용시)

시점	'07.1/4	'07.2/4	'07.3/4	'07.4/4	'08.1/4	'08.2/4	'08.3/4
가중치 산출결과	14%	26%	22%	2.9%	0.6%	8.0%	9.1%

| 표 A.9.2 | 시나리오 가중치 산출결과(최소 데이터 수 기준: 5개 적용시)

시점	'07.1/4	'07.2/4	'07.3/4	'07.4/4	'08.1/4	'08.2/4	'08.3/4
가중치 산출결과	13.5%	28.8%	11.4%	35.6%	34.6%	29.4%	18.7%

또한, 특정 시점에서는 시나리오에 대한 가중치가 너무 낮게 산출되어—0.6%'08. 1/4분기—앞서 언급한 〈기준 2〉도 충족하기 어려운 것으로 판단되었다.

이에 따라 A은행에서는 자본량 산출의 안정성을 제고하고 시나리오에 대한 가중치도 과다하게 낮은 수준으로 부여되지 않도록 하기 위하여 가중치 산출시 LDA 추정을 위한 최소 데이터 수 기준을 5개로 조정하여 보았다.

산출결과, 시나리오에 대한 가중치는 11.4~35.6%로 변동폭이 상대적으로 크게 축소되었으며, 시나리오에 대한 가중치도 최소한 10% 이상으로 부여되어 최소 데이터 수 기준 10개 적용 시에 비해 크게 개선된 것으로 확인되었다.

또한, 다음 표에서 보여지듯이, 실제 가중치가 적용될 연간 가중치 산출결과를 보더라도 5개 기준을 적용할 경우가 가중치 산출의 안정성을 확보할 수 있는 것으로 판단된다.

이에 따라 A은행에서는 가중치 산출시 적용하는 최소 데이터 수 기준을 10개에서 5개로 조정하여 적용하기로 하고, 향후 지속적인 모니터링을 통하여 가중치 결정방식의 적정성을 평가하기로 결정하였다.

| 표 A.9.3 | 연간 가중치 산출결과 비교

	2007년도	2008년도
데이터 수 기준 10개	16.2%	5.9%
데이터 수 기준 5개	22.3%	27.5%

Appendix 9.3

경기변동과 운영리스크

여기서는 운영리스크가 경기변동에 영향을 받는다는 이론적 관점에 대해 실제 국내 KOREC 데이터를 활용하여 실증분석을 수행하였다.

본 실증분석에 사용된 데이터는 다음과 같다.

2003년 1/4분기~2008년 4/4분기총 24개 데이터 수

경기상황에 대한 정의는 경기동행지수 순환변동치의 분기별 증감에 따라 정의하였으며, 분석기간 동안 13번의 하승기와 11번의 상강기가 포함되어 있다. 다음 그림은 KOREC 데이터를 Basel Ⅱ 7대 손실사건유형(LET)별로 구분하여 경기상승기와 하강기의 손실사건 발생빈도를 구분한 결과이다.

분석결과, 내부사취, 외부사취, 고객/상품/영업관행 유형에서 유의적인 차이가 나타나고 있음을 확인할 수 있으며, 이는 경기침체기에 임직원에 의한 횡령, 서류 위조 등에 의한 외부인 대출사기 증가 등이 증가할 것이라는 일반적인 직관과 일치하는 것이다.[9]

운영리스크 관리 관점에서의 시사점을 얻기 위하여 7대 손실사건유형을 보다 세분화한 레벨 2 단위에서 분석을 수행하여 보았다. 레벨 2 단위에서는 경기국

---

9 한편, 고용 및 사업장 안전도 경기국면에 따라 상이한 결과를 보이고 있으나, 데이터 수 자체가 적어 유의적인 결과라고 판단하기 어려웠다.

그림 A9-1 KOREC 데이터의 손실사건유형 구분

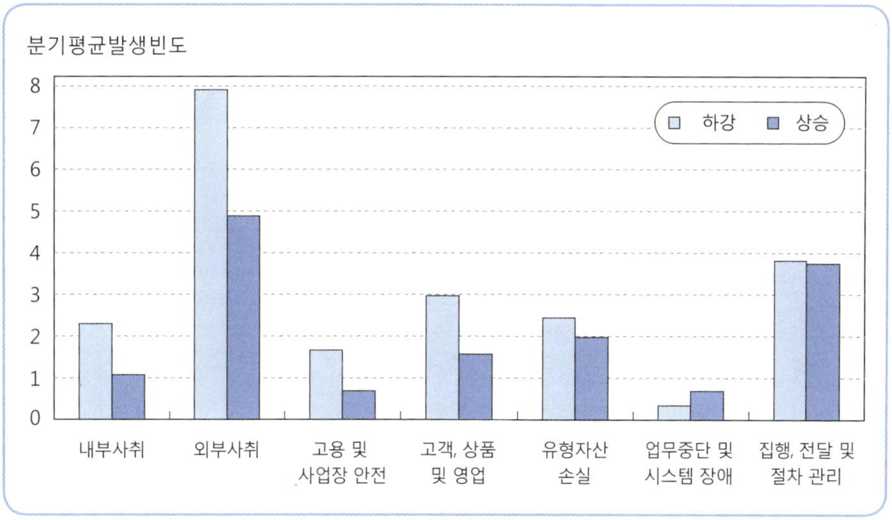

면별로 분석에 필요한 충분한 수의 데이터를 확보하지 못하여 확정적인 결과를 얻기는 어려웠으며, 외부사취 유형 내 절도와 사취 유형에서 경기침체기에 사건 발생빈도가 크게 증가한다는 사실은 확인할 수 있었다. 그 중에서도 대출서류의 위변조 관련 손실사건이 경기침체기 시기에 전체 외부사취 유형에서 79%를 차지하여 뚜렷한 특징을 보여주었다.

결론적으로, 경기가 하강하는 시점이거나 하강이 예상되는 시점에서는 외부인이 대출서류 등을 위변조하는 대출사기가 발생할 가능성이 높아지므로 이를 중점관리 대상으로 선정하여 모니터링 수준을 높일 필요가 있다.

그림 A9-2 경기침체기의 손실사건 발생빈도

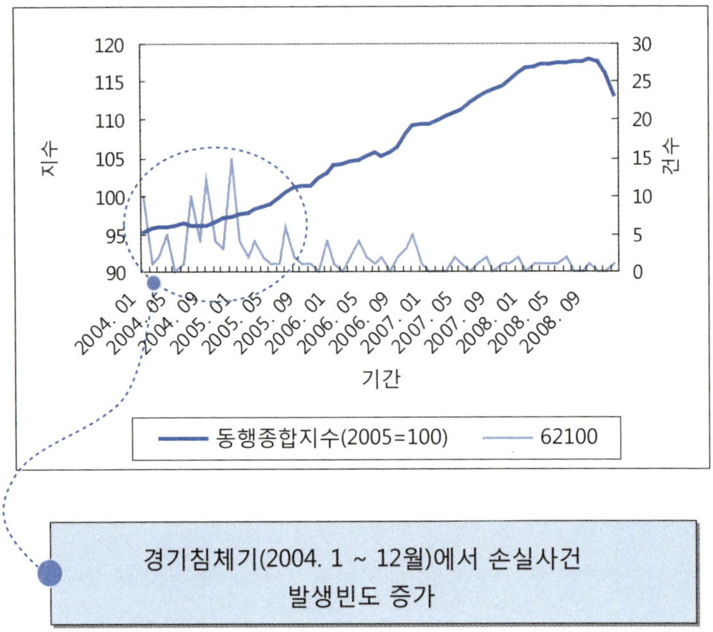

*Note: 62100은 외부사취 중 서류 위변조 관련 사건을 나타냄.

제10장 적합성 검증

10. 1 적합성 검증체계

적합성 검증 정의 및 목적

일반적으로 리스크관리시스템에 대한 적합성 검증validation이란 금융회사가 리스크를 관리하는 절차 및 방법이 적정한지를 확인하는 일련의 과정을 의미한다. 'Basel Ⅱ 조항 500'에 따르면「금융회사는 리스크요소에 대한 추정 시 정확성과 일관성을 보유하고 있음을 검증하는 체계를 갖추고 있어야 하며, 금융회사는 감독당국에 내부 검증절차가 리스크를 일관되게 평가하고 있음을 증명해야 한다」라고 명시되어 있다.

금융회사는 운영리스크 고급측정법AMA 모형에 대한 적합성 검증을 통하여 모델리스크model risk를 최소화하여 모형의 신뢰성을 제고하고, 이와 동시에 운영리스크관리시스템의 개선을 지원하여 궁극적으로 은행의 건전성 제고를 지향할 수 있다.

검증범위 및 원칙

운영리스크 고급측정법에 대한 적합성 검증의 범위는 운영리스크관리체계, 운영리스크 측정시스템투입요소와 측정모형, 운영리스크통제구조와 관련된 절차, 구조 및 방법을 전반적으로 평가해야 한다.

적합성 검증의 주요 검증원칙은 다음과 같다.

적합성 검증의 독립성

적합성 검증은 모형개발 및 운영조직과는 독립적인 조직function에서 수행하여야 한다.

운영리스크관리에 대한 포괄적 평가

운영리스크시스템에 구축된 방법론, 성능, 데이터관리, 경영에의 활용 및 통제구조 등 전반에 걸쳐 다양한 질적 및 양적 검증기법을 활용하여 운영리스크관리 전반의 적정성에 대해서 평가하여야 한다.

주기적인 검증

다양한 질적 및 양적 검증기준에 의해 주기적으로 검증을 수행하고, 검증결과를 운영리스크관리조직ORM팀에 전달하여 모형의 한계점 및 개선이 필요한 사항에 대해서 의견을 전달한다. 또한 외부환경의 변화 또는 검증기법의 발전 등을 반영하여 검증방법을 주기적으로 개선하여야 한다.

적합성 검증 관련 역할과 책임

검증부서의 역할과 책임

검증부서는 적합성 검증지침에서 정의한 역할과 책임에 의거하여 적합성 검증을 체계적으로 이행하여야 하며, 검증수행 시에는 체크리스트 및 검증매뉴얼의 갱신 필요성을 확인하고 필요시에는 수정보완하여 적합성 검증에 활용하여야 한다.

개발 및 운영부서의 역할과 책임

모형개발 및 운영부서는 운영리스크관리시스템을 구축하여야 하며, 구축된 관리시스템의 운영 및 개선, 데이터 유지 관리와 관련된 업무를 수행하여야 한다. 특히, 운영리스크관리시스템을 새롭게 개발하거나 개선한 경우에는 모형설계, 개발 방법론, 사용한 데이터 원천 등을 문서화하여야 한다.

10. 2 검증방법 및 절차

운영리스크관리시스템에 대한 적합성 검증은 4개의 주요 분석방법에 의거하여 수행한다. 4개 분석방법이란 문서 검토documentation review, 데이터 분석data analysis, 담당자 인터뷰interview, 시스템 리뷰system review이며, 이를 통하여 운영리스크관리 관련 전반적인 문서화 수준 및 업무실행도 수준을 평가하고 감독당국 요건과의 갭gap을 분석하여야 한다.

효율적 검증수행을 위하여 검증항목별로 문서 검토, 데이터 분석, 담당자 인터뷰, 시스템 리뷰의 4가지 검증방법을 필요에 따라 적용하여 적합성 검증을 수행할 수 있다.

그림 10-1 적합성 검증 구조

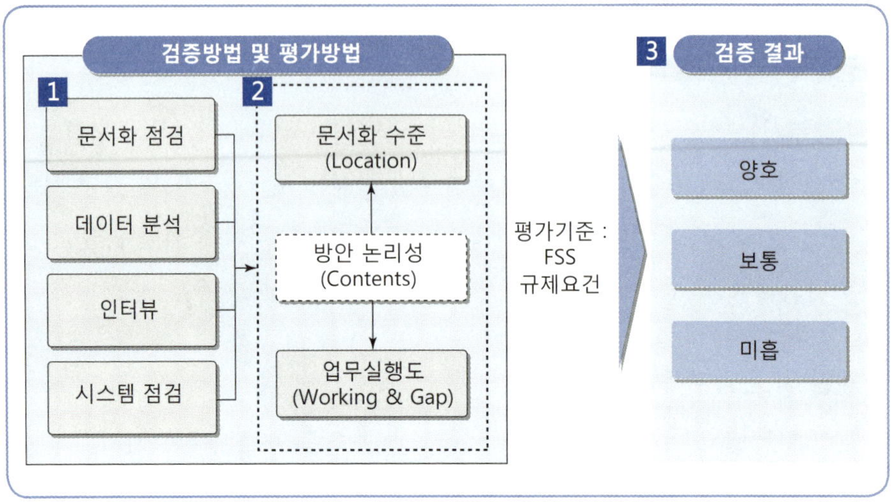

① 문서 검토(documentation review)

운영리스크관리 관련 규정, 업무매뉴얼, 개발보고서, 협조공문 및 각종 보고자료 등 금융회사의 운영리스크관리 관련 문서에 대한 검토를 통하여 문서화 여부 및 문서화된 내용의 적정성contents을 확인한다.

② 데이터 분석(data analysis)

Op VaR 산출결과의 적절성, KRI의 유효성 검토, 시나리오 평가결과의 비교검증 등 각 모듈별 업무 수행의 적정성 여부를 데이터 분석을 통하여 확인한다.

③ 담당자 인터뷰(interview)

운영리스크관리조직의 모듈별 담당자, 단위사업부문의 업무담당자, 이사회/경영진에 대한 인터뷰를 수행하여 문서화된 내용이 실제로 수행되고 있는지를 확인한다.

④ 시스템 리뷰(system review)

운영리스크 데이터관리시스템을 점검하고, 데이터의 무결성을 확보하기 위

그림 10-2 평가방법 및 기준

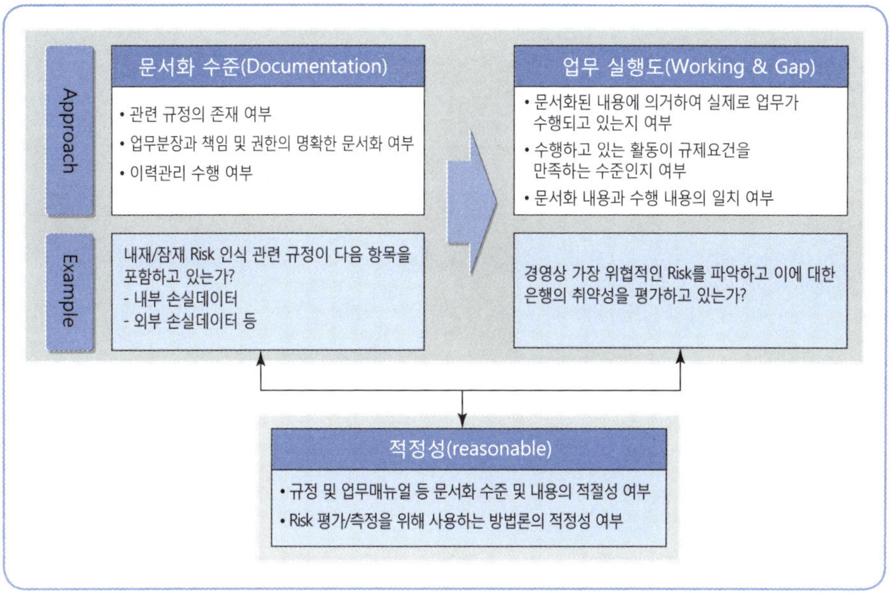

한 방안 및 시스템의 지속적 운영과 관련한 활동 수준을 확인한다.

이러한 4가지 검증방법에 의해서 확인된 내용은 궁극적으로 문서화 수준 및 업무 실행도의 2가지 차원에서 평가하여야 한다.

- 문서화 수준

운영리스크 관리활동의 문서화 여부, 관련 규정의 존재 여부, 업무분장, 책임 및 권한의 명확한 문서화 여부, 이력관리 수행 여부를 확인한다. 또한, 운영리스크관리 관련 문서화된 내용의 적정성필요사항 포함 여부 등을 평가한다.

- 업무 실행도

문서화된 내용에 의거하여 실제로 업무가 수행되고 있는지 여부, 수행하고 있는 활동이 규제요건을 충족하는 수준인지 여부, 문서화 내용과 수행 내용의 일치 여부를 확인하여 평가한다.

검증 체크리스트

검증항목

운영리스크 적합성검증을 위한 검증항목은 금감원 운영리스크 고급측정법 체크리스트의 분류체계에 기반함으로써 규제요건의 모든 항목을 포괄적으로 고려하여야 한다. 통상적으로 금융회사에서 사용하는 검증 체크리스트에 포함되는 검증항목은 [표 10.1]과 같다.

평가기준

각 검증항목에 대한 평가결과는 감독당국의 규제요건 및 국내외 선진사례 등을 바탕으로 양호Green, 보통Amber, 미흡Red의 3등급으로 평가되며, 평가 결과에 따라서 개선작업의 요구수준이 결정된다.

① 양호(Green)

감독당국의 요건을 포괄적으로 충족하며, 선진사례에 비추어 개선과제가 없거나 단기간 내에 해결이 가능한 아주 경미한 수준의 개선사항이 존재함

② 보통(Amber)

감독당국의 요건 중 핵심사항을 충족하여 규제기준 대비 수용 가능한 수준이나 선진사례에 비추어 부분적으로 개선과제가 도출되며 실행이 필요함

③ 미흡(Red)

감독당국의 요건에 수용 불가능한 수준으로 반드시 전면적인 개선이 필요한 경우이며, 구체적인 개선계획을 요청하고, 개선 후 재검증이 요구됨

물론 4등급 체계의 평가결과를 사용할 수도 있으나, 실제 개선업무와의 연관성 등을 고려해볼 때 유용성은 크지 않은 것으로 판단된다.

| 표 10.1 | 적합성 검증항목

구 분			검증항목
Ⅰ. 관리체계	1. 인식 및 평가	1.1. 운영리스크의 인식 및 평가	1. 운영리스크를 인식 및 평가할 수 있는 방안 보유
			2. 잠재 운영리스크 인식 및 평가 수행
		1.2. 인식 및 평가절차의 적정성	3. 인식 및 평가의 주체와 주기, 대상범위의 적정성
			4. 평가 화면내용 및 화면 기능구성의 적정성
			5. 리스크 평가체계의 적정성
			6. 리스크 평가의 주관성 완화방안 수립
			7. 평가결과의 분석 및 주요 경영의사결정에의 활용
			8. 평가항목의 주기적 갱신
	2. 모니터링 및 보고	2.1. 운영리스크 모니터링 및 보고	9. 운영리스크 변화에 대한 정기적인 모니터링
			10. 모니터링 결과에 대한 정기적인 보고 및 후속조치 시행
		2.2. KRI의 생성 및 관리방법의 적정성	11. KRI 관리체계의 적정성
			12. KRI 한도설정을 통한 모니터링 수행
			13. KRI의 손실자료와 관련성
	3. 통제/경감 및 경영에의 활용	3.1. 운영리스크 관리전략의 적절성	14. ORM 전략 및 대응방안 수립 여부
			15. 보험을 활용한 이전방안 수립 여부
		3.2. 경영에의 활용	16. 리스크평가/측정 결과의 주요 경영의사결정에 활용 여부
			17. 자본배분/RAPM 수행의 적절성
	4. 문서화	4.1. 문서화 여부	18. 운영리스크 관리체제, 측정시스템 및 통제구조 전반에 관련된 문서화
	5. 영업연속성 계획(BCP)	5.1. BCP 실행조직 및 절차 구축여부의 적정성	19. BCP와 CP 수립
			20. BCP 실행 조직 및 절차의 구축
		5.2. BCP 실행여부의 적정성	21. BCP Test 실행
	6. 운영리스크 통합데이터 관리시스템	6.1. 데이터관리시스템	22. 데이터관리시스템의 구축 및 운영 여부
		6.2. 데이터 유지관리	23. 데이터 유지 관리 여부

구 분			검증항목
Ⅱ. 측정 시스템	1. 측정방법론	1.1. 운영리스크 측정기간 및 신뢰수준의 건전성 충족 여부	1. 측정기간 및 신뢰수준의 적정성
		1.2. 운영리스크 측정단위의 적정성	2. 운영리스크 측정단위의 적정성
		1.3. 측정모형 투입요소들의 수집 및 관리의 적정성	3. 투입요소들의 체계적인 수집 및 축적
		1.4. 4대 기본요소의 적정성	4. 4가지 투입요소에 의한 자본량 산출과정 적절성
		1.5. 측정모형에 이용된 각종 가정의 적정성	5. 측정모형에 이용된 가정의 적절성
		1.6. 측정모형의 정교성	6. 분포의 꼬리특성 반영하는 측정모형의 정교성
		1.7. 셀별 상관관계 적정성	7. 상관관계 결정절차의 적절성
		1.8. 측정모형의 적정성 및 안정성	8. 측정결과의 민감도
			9. 측정결과의 안정성
		1.9. 측정모형의 예상손실 및 미예상손실 반영여부	10. 예상손실 및 비예상손실을 반영 여부
	2. 내부자료	2.1. 내부손실자료 수집/관리 및 평가	11. 내부 손실자료 수집 및 관리 현황
		2.2. 내부손실자료 수집절차의 적정성	12. 내부 손실자료 수집절차의 적정성
		2.3. 내부손실자료의 측정 반영 방식의 적정성	13. 측정 반영방식의 적정성
		2.4. 내부손실 자료 축적 이력	14. 내부 손실자료 축적 이력
	3. 외부자료	3.1. 외부손실자료 관리 및 활용	15. 외부손실자료 수집 및 관리 현황
		3.2. 외부손실자료의 적정성 평가	16. 외부손실자료 데이터항목의 적정성
		3.3. 외부손실자료의 필터링 및 스켈링 적정성 평가	17. 외부손실자료 필터링 및 스케일링의 적정성

구 분			검증항목
Ⅱ. 측정 시스템		3.4. 외부손실자료를 측정에 반영하는 방식의 적정성	18. 측정에 반영하는 방식의 적정성
	4. 시나리오	4.1. 시나리오 생성의 적정성	19. 시나리오 생성절차에 대한 적정성
			20. 필요 자본량 측정시 활용하는 시나리오 개수에 대한 적정성
		4.2. 시나리오 평가의 적정성	21. 시나리오 평가절차에 대한 적정성
			22. 시나리오 평가 템플릿의 적정성
			23. 시나리오 평가시 주관성 완화 방안 마련 여부
		4.3. 시나리오 적정성 평가	24. 시나리오 평가결과의 적정성
		4.4. 시나리오 평가 결과의 활용	25. 측정에 반영하는 방식의 적정성
			26. 자본량 측정 이외의 시나리오 활용방안
	5. 영업환경과 내부통제 요인(BEIC)	5.1. BEIC 요인 선정 및 계량화의 적정성	27. 주요 영업환경과 내부통제요인 반영을 위한 BEIC 요인 선정의 적정성
		5.2. BEIC 각 요인변화에 대한 리스크 추정치의 민감도와 가중치의 적정성	28. BEIC 요인에 대한 계량화 적정성 여부
		5.3. BEIC 요인의 측정 반영 방식의 적정성	29. BEIC 각 요인 가중치의 적절성
			30. BEIC 요인의 측정 반영 방식의 적정성
	6. 보험에 의한 리스크 경감	6.1. 보험에 의한 리스크 경감 요건 충족 여부	31. 보험회사 지급능력(신용등급)의 적정성과 은행으로부터의 독립성
			32. 보험약관조항의 감독당국 요건 충족 여부
			33. 보험경감을 위한 데이터 관리
			34. 리스크 경감목적 보험내역의 공시
		6.2. 보험에 의한 리스크 경감액 산출방안의 적정성	35. 보험경감금액 산출방안의 적정성
			36. 보험경감금액의 운영리스크 자본량 20% 초과 여부

구 분			검증항목
Ⅲ. 통제 구조	1. 이사회/경영진의 감독	1.1. 이사회의 역할과 책임	1. ORM에 대한 이사회의 최종 책임
			2. ORM에 대한 정기적 점검
		1.2. 경영진의 역할과 책임	3. ORM 정책 및 절차 수립
			4. ORM 시스템의 실행 책임
		1.3. 이사회/경영진의 운영리스크 이해	5. 이사회/경영진의 ORM에 대한 이해
	2. 단위사업부문의 역할과 책임	2.1. 단위사업부문내 운영리스크 관리 기능의 역할과 책임	6. 단위사업부문내 ORM 기능 구축
			7. 단위사업부문내 ORM 기능의 역할과 책임의 적정성
		2.2. 단위사업부문의 자체 운영리스크 관리	8. 단위사업부문에서 ORM 활동의 실질적 수행
	3. 독립적인 운영리스크 관리	3.1. 독립적인 운영리스크 관리부문의 역할과 책임	9. 독립적인 ORM조직의 구성 및 동 조직의 역할과 책임에 대한 문서화
		3.2. 전행 운영리스크 관리활동의 적정성	10. 전행 ORM 현황에 대한 분석
			11. 전행차원 ORM시스템 구축
			12. ORM시스템에 대해 지속적인 검토와 변경에 대한 책임
			13. ORM 관련 지원부서의 책임과 역할
	4. 독립적인 제 3 자에 의한 점검	4.1. 독립적인 제 3 자에 의한 점검 및 검증리뷰	14. 독립적인 제 3 자(예: 검사부)의 ORM에 대한 정기적 점검 및 적합성 검증리뷰
			15. 규정/절차/방법론 수립 여부
			16. 조치필요사항에 대한 강제권한 보유 여부

검증주기

정기적인 적합성 검증은 지속적이고 반복적인 절차에 의해 최소 연 1회 이상 실시하여야 한다. 구체적으로 금융회사는 개별 검증항목별로 검증주기를 다음 세 가지로 구분하여 정의하고, 해당 주기에 의거하여 검증을 수행한다.

① 정기검증

정기검증은 최소 연 1회 이상 주기적으로 검증을 수행하여야 하는 검증항목으로 주로 운영리스크관리 업무의 실행도working를 평가하는 항목들이다.

예를 들어, '운영리스크 인식'의 검증항목은 지난 검증 이후 동 기간 동안 발생한 내부 및 외부 손실데이터 등을 통하여 새롭게 인식된 리스크들이 RCSA 템플릿 등에 업데이트되었는지 등을 정기적으로 검증하여야 한다.

② 비정기검증

비정기검증은 한번 문서화되거나 시스템으로 구현되어 최초 검증을 통과하여 실행되고 있는 검증항목들로 이는 다음 두 가지 형태로 구분할 수 있다.

a. 제약조건이 없는 경우비제약

비정기-비제약 검증항목은 이미 실행되고 있는 방법론, 시스템 등에서 주요 변경사항이 있을 경우에는 정기검증시 검증을 수행하고, 주요 변경사항이 확인되지 않을 경우, 지난 검증결과를 그대로 유지하는 것이 가능하다.

예를 들어, 시스템 내 RCSA 평가화면 구성의 경우, 최초 검증 이후 현재 실행중인 화면구성내용에 변경사항이 확인되지 않는 경우 지난 검증결과를 그대로 유지할 수 있다.

b. 제약조건이 있는 경우제약

비정기-제약 검증항목은 이미 실행되고 있는 방법론, 시스템 등에서 주요 변경사항이 없을 경우, 〈비정기-비제약〉의 항목과 동일하게 지난 검증결과를 그대로 유지하는 것이 가능하다. 그러나, 방법론 등에서 주요 변경사항이 발생한 경우에 운영리스크전담조직ORM팀은 변경사항을 실행하기 전에 적합성 검증조직에 적합성 검증을 요청하여야 하며, 검증조직은 정기검증 이전이라도 검증을 수행하여 변경사항의 실행 여부에 대한 의견을 제공하여야 함

이러한 〈비정기-제약〉 항목의 변경 시에는 사전에 감독당국에 보고report하여야 한다.

검증결과 보고

사전에 정의된 검증방법 및 절차에 의거해 운영리스크관리시스템 전반에 대한 적합성 검증이 완료되면, 검증항목들에 대한 평가의견을 종합하여 기술한 검증결과보고서를 작성하여야 한다.

작성된 검증결과 보고서는 금융회사의 CRO에게 보고하고 운영리스크전담조직은 동 보고서의 주요 내용을 리스크관리위원회에 보고하여야 한다.

- 정기검증 & 비정기-제약-보고서 작성
- 비정기-비제약-보고서 작성 불필요

세부 검증방법

관리체계

리스크 인식/평가, 모니터링, 보고체계 통제경감, 경영에의 활용, ORM시스템, 문서화의 6가지 영역에 대하여 문서화규제 및 정책검증와 실행도ORM 평가결과/분석결과서 등에 대한 검증활동을 수행한다.

① 리스크 인식/평가

■ 리스크를 누락 없이 인식하기 위하여 다양한 방법들을 적용하는지 여부

(a) 내/외부 손실데이터, 프로세스 분석, 비즈니스 분석 등의 다양한 방법을 통해 리스크를 인식하는지 여부, (b) 신상품 도입 혹은 경영환경 변화 시에 발

생 가능한 리스크를 인식하는지 여부의 확인을 통해 누락 없이 리스크를 인식할 수 있는 방안을 확인한다.

▪ 리스크 평가를 위한 RCSA의 수행이 적절하게 수행되고 있는지 여부

(a) 전사 차원의 주기적 RCSA 수행 여부, (b) RCSA 템플릿이 담당자가 용이하고 분명하게 평가할 수 있도록 설계되었는지 여부, (c) 리스크/통제에 대한 영향/빈도 평가기준이 평가에 용이하도록 수립되어 있는지 여부, (d) 리스크 경중의 파악이 가능한 평가척도 구성 여부는 이들 리스크 평가척도 또는 통제평가 척도 등을 통해 리스크의 높고 낮음의 평가가 가능한지 여부, (e) RCSA의 용이한 평가를 위한 교육이 실시되고 있는지 여부를 확인하여 RCSA의 수행이 적절히 수행되고 있는가를 파악한다.

다음 그림은 RCSA 평가결과가 지나치게 주관적/자의적으로 이루어지지 않도록 평가결과 이상치를 검증하는 업무 수행을 나타내는 것이다.

그림 10-3 운영리스크관리체계에 대한 적합성 검증절차

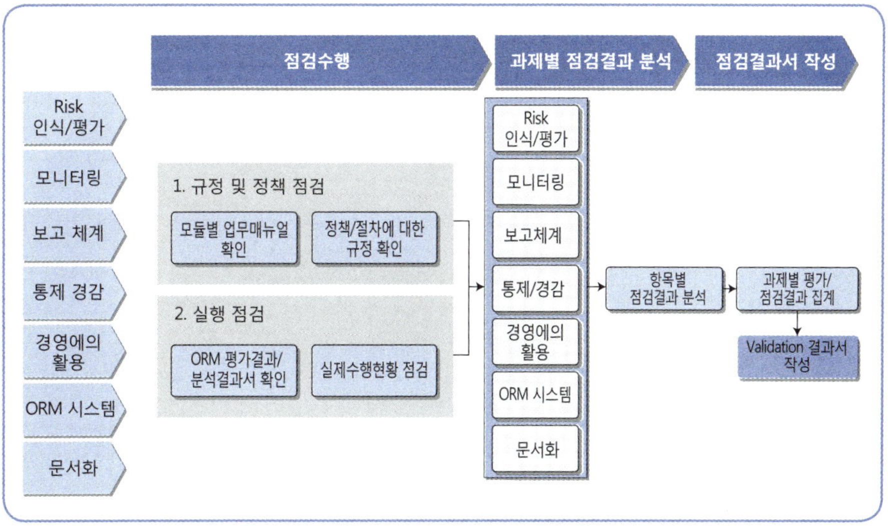

■ RCSA 수행결과를 분석하고 그 결과를 활용하는지 여부

(a) RCSA 평가결과를 이용해 리스크의 경중을 판단하는 리스크 등급체계가 구성되어 있는지 여부를 확인, (예) 리스크에 대한 손실금액을 평가하고 그 크기에 따라 등급화하여 관리함

(b) 손실위험 가능성이 높은 사건들을 (중점) 관리대상으로 지정하여 관리하는 기준이 마련되어 있는지를 확인, (c) 수행된 평가결과의 분석과 보고 여부, (d) RCSA 결과로 확인된 통제 취약점에 대해 개선방안을 마련하고 활용되는지를 확인하여 RCSA 수행결과의 분석 및 보고가 적절히 수행되고 있는지 검증한다.

참고 10.1 RCSA 평가결과 검증방법

- 전체 평가항목의 70%~80%를 동일등급에 평가한 평가자가 다수 존재할 경우 평가결과의 유의미성이 낮다고 판단할 수 있음
- 동일한 항목을 다른 평가자가 평가하는 경우에 평가결과를 비교하여, 큰 편차(예: 3등급 이상)가 나타나는 경우 평가결과의 유의미성이 낮다고 판단할 수 있음
- 평가결과가 특정 등급에 몰려 있을 경우 평가기준이 불명확할 가능성 존재
- RCSA 위험등급(위험, 주의, 양호) 산출 시 적용되는 산식의 산출결과 값을 동일 평가항목을 기준으로 2분기를 비교하여, 2등급 이상 차이가 발생할 경우 평가결과 일관성이 없다고 판단
- 2분기에 걸친 RCSA 평가결과, 동일 평가자가 동일 항목에 대하여 평가한 등급이 전기 대비 2등급 이상 차이나는 비율이 높을 경우에도 평가결과의 일관성이 없다고 평가할 수 있음
- 중요 손실데이터(1억원 이상) 대비 평가결과(1~5등급)를 비교하여 평가결과 유효성 확인

② 모니터링

- 주요 운영리스크 모니터링: 금융회사가 당면하고 있는 주요 운영리스크와 손실사건에 대해 모니터링이 실시되고 있는지 여부

손실사건, 리스크지표, 자본량 산출 등을 통하여 금융회사의 운영리스크에 대한 정기적 모니터링을 실시하는지 여부를 확인함으로써 운영리스크의 모니터링이 적절히 수행되고 있는지 검증한다.

- KRI 관리프로세스가 적절히 수립되고 이에 근거하여 KRI 관리가 수행되고 있는지 여부

(a) KRI 선정에서 검증 및 활용까지의 관리프로세스, (b) KRI 선정/변경/삭제가 객관적 절차와 방법에 의해 수행되고 정합성확보를 위한 절차가 수행되고 있는지 여부전산화, 검증방법 등의 확인을 통해 KRI 관리프로세스가 적절히 수립되고 수행되고 있는지를 확인한다.

- KRI에 대한 유효성 분석을 수행하고, 이 결과를 반영하여 조기경보체계를 수립하고 있는지 여부

KRI와 손실간의 연관성이 주기적으로 분석되고 이에 따라 KRI의 유의성이 확인되고 있는지를 확인하여 KRI의 유효성 분석과 이를 반영한 조기경보체계가 수립되어 있는지 확인한다. 개별 KRI와 손실사건과의 연관성 분석에 활용되는 주요 방법론은 상관분석correlation analysis과 시차분석time lag analysis이다. 상관분석은 KRI와 손실자료간 동행적 연관성을 분석하는 방법이고, 시차분석은 KRI가 손실사건에 선행적으로 예측력을 지니는지를 분석하기 위한 분석방법이다. 따라서 KRI가 조기경보의 기능을 수행하는지를 다음과 같이 검증할 수 있다.

- KRI에 대한 한도관리가 적정하게 수행되고 있는지 여부

(a) KRI 한도 부여의 객관적 근거, (b) 한도가 개별 KRI의 특성을 반영하는지 여부, (c) KRI 한도의 모니터링 및 조기경보 기능 수행을 위한 활용 여부, (d) KRI 한도초과시의 대응방안이 적정하게 수행되는지 여부, (e) KRI 한도의 승인절차 수립과 실행 여부를 확인함으로써 KRI의 한도관리가 적정하게 수행되고

그림 10-4 KRI 유효성 검증결과의 활용 절차

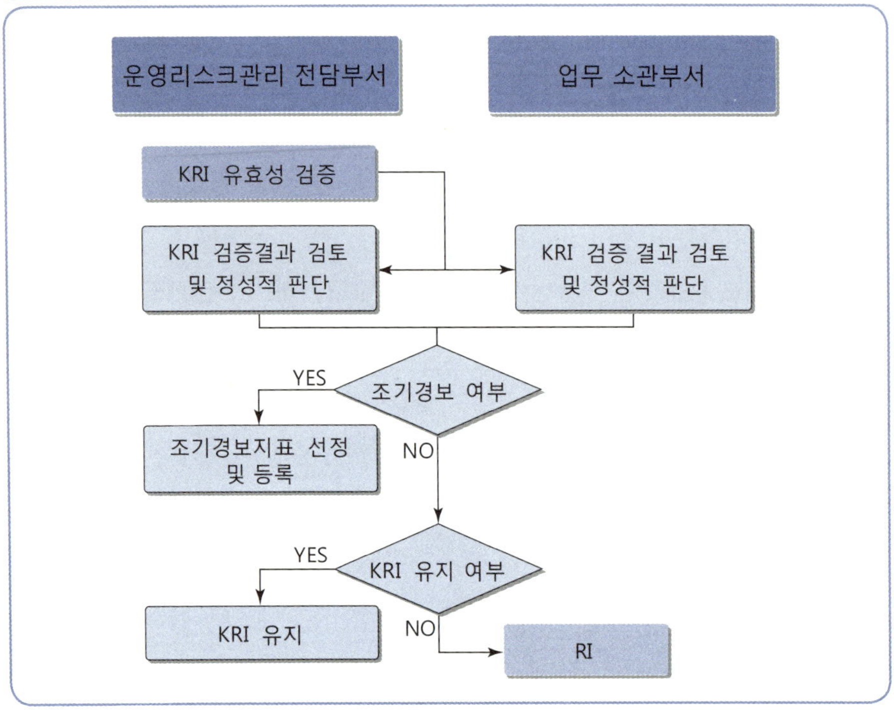

있는지 검증한다.

▪ 이사회/경영진에 대한 ORM 현황 보고의 수준 및 내용이 적정한지 여부

(a) 이사회/경영진에 대한 ORM 현황의 정기적 보고 여부, (b) 단위사업부문 경영진에 대한 보고 여부, (c) 각 업무별RCSA, KRI, 측정 등로 모니터링에 가능한 수준으로 내용이 분석되고, 이를 통한 보고가 운영리스크관리체계 전반을 포괄하는지 여부를 확인함으로써 이사회/경영진의 운영리스크 현황 파악 및 내용의 적정성을 검증한다.

③ 통제/경감

▪ 통제/경감을 위한 전략이 수립되고 실행되고 있는지 여부

(a) ORM팀의 통제/경감을 위한 방안의 수립 및 수행 여부, (b) 보험현황에

대한 분석 수행, (c) ORM 전략 반영 여부를 확인함으로써 통제/경감을 위한 전략이 수립되고 이행되고 있는가를 검증한다.

④ 경영에의 활용

■ 운영리스크 평가결과를 일상적인 리스크관리에 활용하고 있는지 여부

(a) 운영리스크 자본량Op VaR 측정결과의 자본배분 및 성과평가RAPM 반영 여부, (b) 금융회사의 운영리스크 성향분석에 기초하여 리스크허용수준risk tolerance이 설정되고 이에 대한 관리가 수행 여부를 확인함으로써 운영리스크 평가결과의 활용 여부를 검증한다.

⑤ 운영리스크 데이터관리

■ 운영리스크 통합데이터관리시스템이 구축되어 적정하게 운용되고 있는지 여부

(a) 통합 운영리스크 데이터웨어하우스DW 구축, (b) 여타 전산시스템과의 유기적인 관련성 및 데이터관리시스템의 장애에 대비한 비상계획백업 및 복구절차 등이 수립되고 운용되고 있는지 여부를 확인하여 운영리스크 통합데이터관리시스템의 구축 및 운용여부를 검증한다.

■ 운영리스크데이터 유지관리가 적정하게 수행되고 있는지 여부

(a) 데이터의 무결성을 보장할 수 있는 체계적인 데이터 수집절차와 문서화, (b) 데이터 생성에서 소멸까지 동일한 기준에 의한 데이터관리, (c) 운영리스크 데이터 전반RCSA, 내/외부손실데이터, 시나리오, 보험, KRI 등의 포괄적인 수집/관리, (d) 관리데이터의 정합성을 위한 평가절차의 수립과 이에 따라 정합성 검증이 수행되고 있는지를 확인함으로써 운영리스크 데이터가 적절하게 유지/관리되고 있음을 검증한다.

⑥ 문서화

■ 운영리스크관리의 정책과 절차, 각 부문 책임자의 R&R에 대한 문서화 여부

(a) 운영리스크관리의 각 단계리스크인식 및 평가, 모니터링, 보고체계, 통제경감, 경영에의 활용, 측

정시스템, 투입요소 등별 정책과 절차의 규정화, (b) 각 모듈별 업무매뉴얼, 운영리스크 각 부문별이사회/경영진, ORM팀, 단위사업부문, 독립적인 3자, 적합성검증 조직 책임과 역할의 문서화 확인을 통해 운영리스크 관리의 정책과 절차, 그리고 R&R에 대한 문서화 여부를 검증한다.

■ 문서화 사항의 지속적인 변경과 유지 등을 통하여 문서화 수준의 적정성을 지속적으로 유지되고 검토되고 있는지 여부

(a) 전체 문서화수준에 대한 지속적인 변경 및 유지 관리, (b) 관련 이력 관리 승인권자에 의한 문서변경관리 수행 여부를 확인함으로써 문서화의 적정성을 지속적으로 유지/관리하는가를 검증한다.

통제구조

운영리스크 통제구조 검증의 프로세스 또한 관리체제와 동일한 프로세스에 의해서 검증을 수행한다. 3개의 영역에서 검증된 문서화와 실행도는 항목별 검증결과를 분석하여 결과를 집계하고 적합성 결과보고서를 작성하게 된다.

① 이사회/경영진의 역할과 책임

■ 이사회가 ORM에 대한 책임과 역할을 수행하고 있는지 여부

(a) 이사회의 ORM에 대한 최종 책임과 승인 및 정기적 검증의 수행 여부, (b) 이사회가 운영리스크관리를 실행할 수 있는 적절한 관리구조를 구축 여부를 확인하여 이사회가 가지고 있는 운영리스크관리의 책임과 역할의 수행을 검증한다.

■ 경영진이 ORM에 대한 책임과 역할을 수행하고 있는지 여부

(a) 경영진의 ORM 실행 책임 및 관리에 필요한 정책 및 절차를 구축 여부, (b) 경영진이 운영리스크관리 현황에 대한 보고에 대하여 정기적으로 모니터링하고 이를 주요 정책에 반영하는지 여부를 확인하여 경영진의 운영리스크관리 책임과 역할 수행 여부를 검증한다.

그림 10-5 운영리스크 통제구조 검증절차

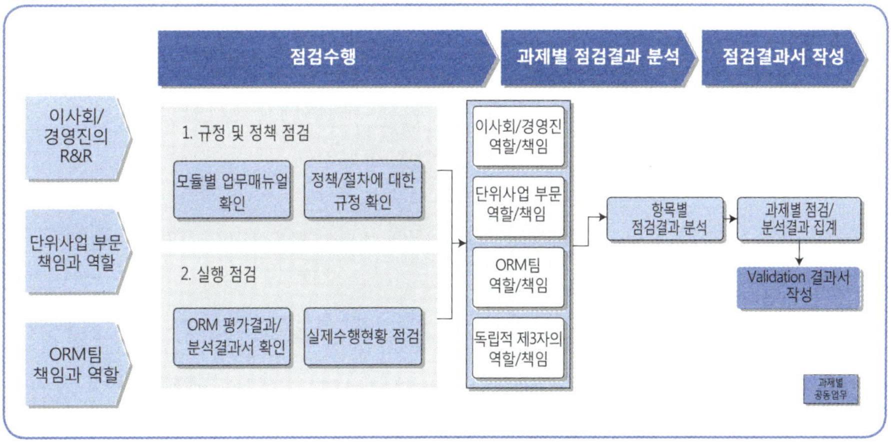

② ORM팀의 역할과 책임

- ORM팀이 적절한 업무를 수행하기 위한 자원을 효율적으로 보유하고 있는지 여부

(a) 리스크관리 전문인력 및 적정인원 확보, (b) 각 담당업무별 적정한 업무분장의 수립, (c) 담당직원 부재 시 대체인력 활용방안에 대한 확인을 통해 운영리스크관리조직의 효율적 자원 보유 여부를 검증한다.

- ORM팀이 책임과 역할을 적절히 수행하고 있는지 여부

(a) 각 업무분장에 의거한 담당업무별 업무 수행, (b) 전사 차원의 ORM 현황에 대한 분석 수행, (c) ORM 전략 수립, 보고, 교육 등의 업무를 적절하게 수행하는지를 확인하여 운영리스크관리조직의 책임과 역할이 적절히 수행되고 있는지 검증한다.

③ 단위부분의 역할과 책임

- 단위사업부문이 ORM 책임과 역할을 적절히 수행하고 있는지 여부

(a) 단위사업부문의 ORM 책임과 역할, 보고 등의 문서화, (b) 단위사업부문

담당자 지정과 이를 통한 관련 업무수행의 체계적 수행, (c) 본부부서들의 전문적 ORM 지원 확인을 통해 단위사업부문에서 운영리스크관리의 책임과 역할이 적절히 수행되고 있는지 여부를 검증한다.

측정 투입요소

측정 투입요소 검증은 내/외부 손실데이터, 시나리오, BEIC 및 보험경감에 대해서 수행된다.

내/외부 손실데이터의 경우, 업무매뉴얼을 통한 문서화와 수집기준 및 절차의 적절성을 검증한다. 이와 함께 수집된 데이터의 수령 및 관리현황을 점검함으로써 내/외부 손실데이터의 수집 및 관리의 수행 현황을 검증한다. 이렇게 작성된 내/외부 데이터의 점검 결과를 분석하여 과제별 검증/분석결과를 집계함

그림 10-6 운영리스크 측정체계 검증 절차

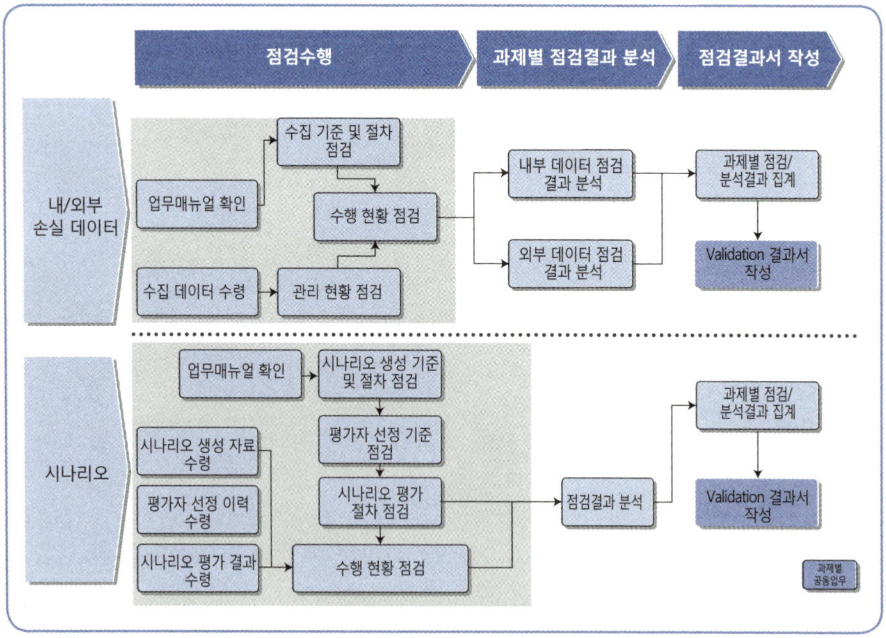

으로써 적합성 결과보고서를 작성한다.

시나리오의 경우 업무매뉴얼과 이에 따른 시나리오의 생성기준/절차, 평가자 선정 기준 및 시나리오의 평가절차를 검증하며, 그 외에 시나리오 생성 시 활용된 자료, 평가자 선정 이력 및 평가 결과를 분석하여 시나리오의 생성, 평가 및 활용과정을 검증한다. 이를 통해 과제별 검증/분석결과를 집계하여 적합성 결과보고서를 작성한다.

경영환경 및 내부통제요인BEIC 및 보험 경감의 경우, 매뉴얼과 인식 및 계량화 방안을 점검하며 문서화와 계량화 방안의 적절성, 안정성 등을 평가한다. 또한 이를 통해 산출된 자본량 조정방안과 이외의 관리현황 평가를 종합적으로 분석하여, BEIC과 보험 경감방안에 대한 검증결과를 분석한다. 이후 과제별 평가/분석결과의 집계를 바탕으로 적합성 결과보고서를 작성한다.

① 내부 손실데이터

■ 내부 손실데이터 수집과 관리를 위한 절차가 적정한지 여부

(a) 재무적 손실과 비재무적 손실, 유사손실이 포괄적 구분/수집, (b) 수집 정보의 감독당국 요건 충족, (c) 데이터 분류를 위한 적정한 기준의 수립 및 적용, (d) 데이터 수집업무의 R&R에 의한 전사적 차원의 데이터 수집, (e) 손실데이터의 누락 없는 수집 및 일관성 유지 (f) 데이터관리를 위한 시스템의 적합한 운

참고 10.2 데이터 분류기준 및 관리 수준 평가

- 분류 기준(사업영역/손실사건 유형)의 객관성 평가: 사업영역/손실사건 유형 재분류 후 처음 분류 상태와 상이한 건수 확인
- 개별 손실사건의 정합성 평가: 손실사건의 정합성 조건 위반건수 확인, 필수 입력항목의 누락 건수 확인
- 손실사건 관리의 일관성 평가: 유사한 손실사건이 상이하게 분류된 건수, 동일 사건이 중복 등록된 건수 확인

영 여부를 확인하여 내부 손실데이터의 수집과 관리의 적절한 절차 여부를 검증한다.

② 외부 손실데이터

■ 외부 손실데이터 수집과 관리를 위한 절차가 적정한지 여부

(a) 외부 손실데이터 수집 절차, (b) 내부 손실데이터와의 일관성 확보방법필터링 여부, (c) 활용목적에 적합한 규모조정scaling 방안의 수행, (d) 심각한 손실 인식을 위한 외부 손실데이터 활용 여부를 확인함으로써 외부 손실데이터의 수집/관리/활용에 대한 적절한 절차가 수립되고 수행되고 있는지 검증한다.

③ 시나리오

■ 시나리오가 적정한 절차와 방법에 의해 생성되는지 여부

(a) 전문성과 객관성 있는 인력이 (b) 투명한 절차에 의해서 시나리오를 생성하고, (c) 완전성을 검증하는 절차가 수립/실행되고 있는지 여부를 검증하여 시나리오 생성 절차의 적절성을 검증한다.

■ 시나리오 평가를 위한 적정한 절차와 방법이 수행되고 있는지 여부

(a) 평가자 선정기준이 시나리오 평가에 적합하도록 수립되었는지 여부업무 수행 연수, ORM 활동 경험 등와 기준에 부합한 평가자가 선별 활동 여부, (b) 평가의 주관성을 완화하기 위한 절차의 실행 여부, (c) 평가 시에 제공된 정보의 유효성 여부, (d) 평가결과를 검증하기 위한 검증주체의 자격 적절성 여부, (e) 검증을 위한 기준과 절차의 수립 여부, (f) 수립된 절차가 주기적으로 수행되었는지 여부를 확인함으로써 시나리오 평가의 적절한 절차 및 수행여부를 검증한다.

④ BEIC

■ BEIC에 반영할 요소의 선정과 계량화를 위한 방안이 적정한지 여부

BEIC 계량화에 사용되는 지표들이 (a) 영업환경의 변화를 반영할 수 있는지 여부, (b) 리스크관리 변화를 반영할 수 있는지 여부, (c) 지표들의 갱신 주기가

자본량 조정에 활용되기에 적합한지 여부, (d) 지표별 리스크 민감도를 반영할 수 있도록 일관된 가정하에 지표별 계량화 방안이 마련되었는지 여부를 통하여 BEIC 지표 선정과 이에 따른 계량화 방안이 적절한지 검증한다.

⑤ 보험경감

■ 보험경감방법이 적정하게 수립되어 있는지 여부

자본량 경감에 보험이 사용된다면 해당 보험이 (a) 감독당국이 제시한 요건보험회사의 자격조건, 보험약관의 면책, 공시 등에 대한 조건을 충족하는지 여부, (b) 보험 경감방법이 보험 지급 불확실성, 잔존만기, 부보 범위 등을 고려하여 보수적이고 객관적인 경감 금액을 산출할 수 있도록 설계되었는지 여부, (c) 이를 수행하기 위한 정보들이 데이터베이스화하여 관리되고 있는지 여부를 확인하여 적정한 보험 경감방법의 수립여부를 검증한다.

AMA 측정모형

측정모형의 경우, 적합성 검증 매뉴얼을 바탕으로 업무매뉴얼을 통한 문서화 검증과 함께 측정모형의 로직을 검토한다. 측정모형이 합리적이고 통계적 결함이 없는지 검토하며, 이때 측정 프로그램의 코드를 수령하여 측정모형의 구현 현황을 분석한다. 또한 측정 투입요소를 모형에 적용하여 모형의 실행 결과가 통계적으로 유의한지 검토한다. 이러한 검증결과를 통해 과제별 평가/분석결과를 집계하여 적합성 결과보고서를 작성한다.

① 측정방법론

■ 측정모형의 구현을 위한 방법론이 건전하게sound 구현되어 있는지 여부

(a) 감독당국이 규정한 투입요소가 측정모형에 모두 적절하게 반영되고 있는지 여부, (b) 측정모형에 적용되는 방법이 적절한지 여부, (c) 투입요소가 이중으로 계산에 활용되는지 여부, (d) 측정단위measurement unit가 금융회사의 리스크 특성민감도과 통계적 적정성안정성을 고려하여 설정되었는지 여부, (e) 꼬리부분의

심각한 손실을 포착하기 위한 방법론이 고려되고 있는지 여부, (f) 금융회사의 리스크특성에 부합하는 객관적 분포 선택기준 수립 여부, (g) 투입요소의 통합을 위한 방법론의 투명성 여부, (h) 자본량 산출 시 측정단위별 상관관계를 결정하기 위한 적절한 결정절차 수립여부, (i) 자본량 측정기간 및 건전성 수준이 감독당국의 요건을 충족하는지 여부를 측정모형의 방법론이 건전하게 구현되어 있는가를 검증한다.

② 측정결과

▪ 측정결과의 유효성 검증

(a) 선택된 분포와 분포 추정에 활용된 손실데이터의 분포 적합도 수준의 적정성, (b) 전기에 추정된 통합분포와 당기에 관찰된 손실데이터의 적합도 수준의 적정성을 확인하여 측정결과의 유효성을 검증한다.

▪ 측정결과의 안정성 검증

(a) 데이터 추가/제거 시에 Op VaR 변동 방향이 일정한지 여부, (b) Op VaR 값이 시계열적으로 변동하는 경우, 이에 대한 근거가 확인되는지 여부를 검증하여 측정결과의 안정성을 검증한다.

▪ 측정결과의 리스크 민감도 검증

투입요소별 Op VaR와 통합 Op VaR의 크기 순위 일관성 여부를 확인하여 측정결과의 리스크 민감도를 검증한다.

▪ 측정모형의 사후검증

모형에 의해서 시뮬레이션된 결과와 시뮬레이션 이후 관측된 데이터를 활용하여 (a) 설정된 신뢰수준하에서 해당 결과를 수용할 수 있는지 여부, (b) 수용이 어려운 경우 해당 모형의 수용가능성 여부를 검토하여 수립된 모형의 적절성을 검증한다.

10. 3 감독당국의 AMA 자본량 검증방안

여기서는 감독당국의 입장에서 개별 금융회사의 AMA 자본량의 적정성을 검토하는 방안을 설명하고자 한다. 설명하는 내용 중 일부는 개별 금융회사 차원에서 자체 적합성 검증 수행 시 참고할 수 있을 것이다.

벤치마크에 의한 적정성 검증

감독당국에서는 여러 동류그룹peer group들의 벤치마크 자료를 활용하여 개별 금융회사의 운영리스크 자본량의 적정성을 평가할 수 있다. 여기서는 벤치마크 자료를 이용하여 전사/BL별 표준방법 및 고급측정법 자본량을 비교하는 방법 및 절차에 대해 검토해보도록 하자.

검증절차

① 검토대상인 금융회사이하 K은행와 비즈니스 특성 및 자산 규모가 비슷한 동류그룹peer group을 선정함

- 국내: 6개 은행Peer Group 1
- 외국: 10개 내외 선정Peer Group 2[1]

② 동류그룹의 자료에서 전사 및 8대 사업영역BL별로 표준방법 자본량 및 고급측정법 자본량 산출결과 비교함

(전사 차원 예시)

Peer group 1국내의 표준 자본량 평균 1,000, AMA 자본량 평균 800이면,

[1] 감독당국에서는 해외 감독당국과의 협조를 통하여 관련 정보 입수가 가능할 것으로 판단되며, 그 외의 경우에는 리스크 공시보고서 등을 통하여 대상 금융회사를 선정할 수 있을 것이다.

AMA Ratio = SA Capital / AMA Capital = 1.2

[AMA Ratio Range=Ratio_min ~ Ratio_max]
Ratio_min = 개별 은행별 AMA Ratio 산출결과 중 최소값 Ratio_max = 개별 은행별 AMA Ratio 산출결과 중 최대값 * Peer group 2(외국)도 동일하게 산출

(BL별 예시)

BL1소매금융에서 Peer group 1의 표준방법 자본량 평균이 100, AMA 방법의 자본량 평균이 50이면,

AMA BL1 Ratio = SA Capital BL1 / AMA Capital BL1 = 2.0

[AMA BL1 Ratio Range=Ratio BL1_min ~ Ratio BL1_max]
Ratio BL1_min = AMA BL1 Ratio 산출결과 중 최소값 Ratio BL1_max = AMA BL1 Ratio 산출결과 중 최대값 -나머지 BL2~BL8까지 동일하게 산출함 * Peer group 2(외국)도 동일하게 산출

③ 금융회사의 AMA Ratio 산출

금융회사의 AMA Ratio = SA Capital / AMA Capital

④ 금융회사의 AMA Ratio가 국내 동류그룹(Peer Group 1)에서 다음 조건을 만족하는지 여부 확인

■ AMA Ratio값을 평균으로 +/-20% 범위 내에 포함되는지 여부

금융회사의 AMA Ratio가 전사 및 각 BL별로 AMA Ratio의 평균치를 기준으로 +/−20% 범위 내에 포함되면 산출결과 Pass, 범위를 벗어나면 Fail로 간주

범위의 결정 시 정규분포 가정하에 +/−3 sigma 등의 범위를 선정할 수도 있으나, 측도의 독립성 측면에서 +/−20% 수준으로 결정하는 것이 타당하다

고 판단되며, 20% 수준은 현재 감독당국의 AMA 승인 이후 표준방법 대비 하한이 20%로 설정되어 있으므로 이보다 더 큰 편차는 받아들이기 어렵다고 판단된다.[2]

- 산출한 AMA Ratio Range에 포함되는지 여부

전사 및 각 BL별로 AMA Ratio Range 내에 포함되면 산출결과 Pass, 범위를 벗어나면 Fail로 처리

- 위 두 가지 조건 모두 Fail되는 경우 검증결과를 Reject로 판단

금융회사의 AMA Ratio에 대한 검증에서 두 가지 기준 모두 Fail일 경우, 종합판단을 Reject로 결정

- 둘 중 하나가 Fail일 경우, 판단보류 대상으로 선정

판단보류 대상에 대해서는 직후 1분기 산출결과가 둘 다 Pass가 되지 않으면 최종 Reject로 결정

측정모형이 Reject되는 경우, 원인분석을 수행하고 이후 1분기 동안 모니터링을 수행해야 할 것이다. 원인분석 결과, 투입요소에서 중요한 변화significant changes가 확인되지 않고, 모니터링 결과 1분기 내 Accept로 복귀되지 않는 경우에는 측정방법론의 변경이 필요할 것이다.

| 표 10.2 | 검증결과에 의한 판단

구분				
기준 1	Pass	Pass	Fail	Fail
기준 2	Pass	Fail	Pass	Fail
	Accept	판단보류 대상	판단보류 대상	Reject

2 이러한 방식 이외 다음과 같은 대안을 검토 가능할 것이다.
AMA Ratio Range 중에서 최대, 최소를 제외하고 나머지 값들로 범위를 정하는 방법도 고려 가능한데, 예를 들어, Peer group 1의 6개 은행 중 최대, 최소 2개를 제외한 나머지 4개 값으로 AMA Ratio Range를 결정할 수 있다. 어떤 방법이 더 적정한지에 대해서는 실제 데이터에 기반한 성과비교분석(performance comparison analysis)이 필요할 것으로 판단됨.

| 표 10.3 | Peer Group 1의 자본량 비율 산출결과 및 검증결과 예시

구분	SA Capital (평균)	AMA Capital (평균)	AMA Ratio	AMA Ratio Range	K은행 AMA Ratio	검증결과
전사	1,000	800	1.2	0.8~1.6	1.1	Accept
BL1	100	80	1.2	1.0~1.4	1.6	Reject
…						
BL8	80	100	0.8	0.6~1.4	1.2	Accept

통계적 방식에 의한 적정성 검증

앞서 동류그룹의 벤치마크 자료에 기반하는 검증방식 외에 통계적 방식의 검증방식도 고려할 수 있을 것이다. 다만, 통계적 검증방식을 적용하기 위해서는 준거점과 표준모형이 도입이 필요하다.

요구사항

① 자본량 적정성 확인을 위한 통계적 방식의 준거점Reference Point이 필요함

② 산출된 자본량의 적정성을 파악하기 위해서는 준거점Reference Point 이외에도 준거점으로부터의 거리에 대해서 평가할 수 있는 접근법이 필요함

접근 방향

① Reference Point는 표준 LDA를 활용함

표준 LDA는 가장 많이 활용하는 AMA 방법론을 기준으로 설정할 수 있는데, 예를 들면, 심도분포는 대수정규분포를 가정하고 빈도분포는 포아송분포를 가정하여 추정하는 방식을 사용할 수 있음

② Reference Point로부터의 거리에 대한 평가방법은 Reference Point의 신뢰구간을 활용함

기본 속성

① 데이터가 따르는 분포가 명확하고 데이터가 충분하다면, 해당 데이터를 다른 분포로 적합한 경우 측정결과의 오차는 상수 값으로써 일정할 것이다. 예를 들어, shape 모수=3, scale 모수=2인 감마분포Gamma를 따르는 데이터를 대수정규분포Lognormal로 적합할 경우 추정되는 모수는 항상 일정하다. 이를 LDA에 적용해보면, 감마분포를 따르는 심도 데이터를 감마분포로 추정하여 산출한 Op VaRTrue 값와 대수정규분포로 추정하여 얻어낸 Op VaR의 차이/비율은 항상 일정하다고 생각할 수 있다.

② 위 ①의 속성은 데이터가 충분할 경우에만 성립하며, 데이터 개수가 충분치 못하다면 해당 차이/비율은 일정한 값이 아닌 분포를 따른다.

준거점의 신뢰구간 산정 방법

① 빈도분포예: Poisson를 가정한다.

② 모수가 θ인 심도분포예: Log-normal를 가정한다.

③ LDA를 적용하여 Op VaR를 추정한다.

④ 손실데이터의 개수를 N개로 가정하고, ②의 분포에서 N개의 난수를 추출한다.

⑤ 추출된 난수를 Gamma분포를 이용하여 적합하고, 적합 결과를 저장한다.

⑥ ⑤의 결과를 이용하여 Op VaR를 계산한다.

⑦ ⑥의 결과를 분모로, ③의 결과를 분자로 해서 Op VaR 오차율을 저장한다.

⑧ 모수 θ 및 손실데이터의 개수 N을 변경해가면서 ①~⑥의 절차를 반복 시행한다.

⑨ 감마분포의 모수 추정 결과, 손실데이터의 개수, 빈도분포를 기준으로 Op VaR 오차율들을 정리한다.

⑩ 정리된 Op VaR를 크기 순으로 나열하고, 원하는 신뢰수준예: 95%에 해당하는 오차율을 저장하여, 〈자본량 적정성 점검표〉를 작성한다.

자본량 적정성 검증방안

① 자본량 적정성을 확인하고자 하는 셀의 심도분포와 Op VaR를 확인한다.

② 해당 셀의 손실데이터를 표준 LDA를 통하여 적합한다.

③ 〈자본량 적정성 점검표〉 중 해당 셀의 심도분포에 해당하는 부분을 추출한다.

④ 추출된 〈자본량 적정성 점검표〉에서 표준 LDA에서의 심도분포 모수, 빈도분포 모수, 손실데이터 개수에 해당하는 Reference Point의 신뢰구간을 확인한다.

⑤ 해당 신뢰구간 내에 해당 셀의 Op VaR가 포함되는지 확인한다.

⑥ 신뢰구간을 벗어나는 경우 주어진 신뢰수준 하에서 산출 자본량을 기각한다.

참고문헌

[국내문헌]

김명직, 원대식, "효과적인 운영리스크 관리방안: 핵심리스크지표를 이용한 운영리스크지수 접근법", J. of Economic Research, 한양대학교, 2011.

금융감독원, 「금융지주회사의 그룹 내부통제 모범규준 마련」, 보도자료, 금융감독원, 2010. 2. 10.

박병수, "금융지주사의 자기자본규제제도 개선방향", 연세대 AFRM 과정 강의안, 2011.

박쌍묵, 「국내 금융지주회사 리스크 관리」, 『금융지주그룹의 리스크 관리 방안』 세미나 발표자료, 한국금융연구원, 2008.

백규정, "운영리스크관리에 있어서 리스크통제자가진단과 핵심리스크지표의 역할", 리스크리뷰 No. 6, 2006.

서정호, 「금융그룹에 대한 건전성규제 강화 논의와 정책과제」, 『주간 금융브리프』 19권 21호, 한국금융연구원, 2010.

원대식, "금융지주회사의 리스크관리 감독", 『금융지주그룹의 리스크관리방안』세미나 발표자료, 한국금융연구원, 2008.

이명활, "금융그룹 차원의 리스크 평가 및 관리", 『금융지주그룹의 리스크 관리 방안』 세미나 발표자료, 한국금융연구원, 2008.

이승국, "손실분포접근법에 의한 운영리스크관리", 리스크리뷰 No. 5, 2006.

이승국, "국내은행들의 운영리스크 특성에 대한 분석: 내부 손실자료를 중심으로", 리스크리뷰 가을호, 2006.

이장영, 『바젤 III와 리스크관리』, 박영사, 2011.

조하현, 이승국, 김종호, 『운영리스크: 측정과 관리』, 세경사, 2004.

[외국문헌]

Baud, Frachot, Roncalli, "How to Avoind Over-estimating Capital Charge for Operational Risk?" Working Paper, Credit Lyonnais, 2002.

BIS, "Sound Practices for the Management and Supervision of Operational Risk," BCBS, 2001.

BIS, "International Convergence of Capital Measurement and Capital Standards: A Revised Framework," BCBS, 2004.

BIS, "Range of Practices and Issues in Economic Capital Frameworks," BCBS, 2009.

BIS, "Results from the 2008 Loss Data Collection Exercise for Operational Risk," BCBS, 2009.

BIS, "Operational Risk-Supervisory Guidelines for the Advanced Measure-ment Approaches," Available at www.bis.org. 2010.

BIS, "Recognizing the risk mitigating impact of insurance in operational risk modeling," BCBS, 2010.

CEBS, "Guidelines on Operational Risk Mitigation Techniques," Expert Group on Prudential Regulation, 2009.

Fontnouvelle, Rosengren, Jordan, "Implications of Alternative Operational Risk Modeling Techniques," Working Paper, FRB of Boston, 2003.

Fontnouvelle, Dejesus-Rueff, Jordan, "Using Loss Data to Quantify Operational Risk," Working Paper, FRB of Boston, 2003.

Fontnouvelle, Dejesus-Rueff, Jordan, Rosengren, "Capital and Risk: New Evidence on Implications of Large Operational Losses," Working Paper, FRB of Boston, 2003.

IIF, "Reform in the Financial Services Industry: Strengthening Practices for a More Stable System", 2009.

ITWG, "An LDA-Based Advanced Measurement Approach for the Measurement of Opeational Risk: Ideas, Issues, and Emerging Practices," Industry Technical Working Group on Operational Risk, Discussion paper, 2003.

Joint Forum, "Cross-sectoral Review of Group-wide identification and Management of Risk Concentrations," Bank for International Settlement, 2008.

Joint Forum, "Review of the Differentiated Nature and Scope of Financial Regulation," Bank for International Settlement, 2010a.

Joint Forum, "Developments in Modelling Risk Aggregation," Bank for International Settlement, 2010b.

Kalkbrener, "Deutsch Bank's AMA Model," 『Challenges for Operational Measurement & Management』, FRB of Boston, 2008.

Philips, "Evolving the Scenario Analysis Process at JP Morgan Chase," 『Operational Risk Scenario Workshop』, Bank of Japan, 2006.

SSG, "Risk Management Lessons from the Global Banking Crisis of 2008", 2009.

국문색인

영문색인

[공저자 소개]

조하현

- 연세대학교 대학원 경제학과(경제학 석사)
- 미국 University of Chicago 대학원 경제학과(Ph.D.)
- 현재 연세대학교 상경대학 경제학과 교수
  연세대학교 경제연구소 소장/고급금융리스크분석가과정 지도교수
  고용노동부, 우정사업본부, 수출보험공사 리스크관리위원회 위원장

원대식

- 고려대학교 경영학 석사
- 한양대학교 경제학 박사
- 금융감독원 리스크검사지원국 운영리스크팀장
- 현재 금융감독원 일반은행검사국 리스크검사팀장

이승국

- 연세대학교 대학원 경제학과(경제학 석사)
- 연세대학교 대학원 경제학과(경제학 박사)
- Booz Allen Hamilton, 선임연구위원
- 금융감독원 신BIS실 근무
- Ernst & Young, 금융리스크관리본부, 이사
- 현재 F1 컨설팅, 신사업추진부, 이사/고급금융리스크분석가과정 강사

금융그룹의 운영리스크관리

2012년 2월 27일 초판발행
2012년 8월 15일 중판인쇄

공저자 조하현 · 원대식 · 이승국
발행인 안 종 만
발행처 (주) 박영사
서울특별시 종로구 평동 13-31번지
전화 (733)6771 FAX (736)4818
등록 1959. 3. 11. 제300-1959-1호(倫)

www.pybook.co.kr e-mail: pys@pybook.co.kr

저자와 협의하여 인지첩부를 생략함

정 가 27,000원 ISBN 978-89-6454-264-4